民主的救赎

龙若来 著

加拿大国际出版社

Canada International Press

书名：民主的救赎

作者：龙若来

出版：加拿大国际出版社 www.intlpressca.com

Email: service@intlpressca.com

2025 年 3 月加拿大第一版

2025 年 3 月第一次印刷

印刷版国际书号 ISBN: 978-1-990872-92-1

9 781990 872921

电子版国际书号 ISBN: 978-1-990872-93-8

Title: Democracy's Salvation

Author: Ruolai Long

Publisher: Canada International Press

www.intlpressca.com

Email:service@intlpressca.com

First Edition in Canada, Mar 2025

First Printing, Mar 2025

Printed Edition ISBN: 978-1-990872-92-1

E-Book ISBN: 978-1-990872-93-8

自序：民主能不能当饭吃

2023 年 3 月 29 日，美国、韩国、哥斯达黎加、荷兰和赞比亚共同主办了第二届民主峰会。在第二届民主峰会召开前两天，赞比亚总统希奇勒马在彭博社发表了一篇文章，标题是《民主不能当饭吃》。这篇文章的开头写道："我了解不完美的民主的粗糙边缘。"文章还写道："保护和振兴民主的进程中我们必须问两个问题。第一，世界各国可以采取哪些措施来改善本国境内的民主？第二，我们如何共同创造使得民主繁荣的国际条件？"最后文章提到："我们不能简单地重复民主对公民的好处。必须感受到。"

《民主不能当饭吃》的内容是强调民主还不完美，需要改善，但醒目的标题也让人们意识到："民主的种子虽然已经撒遍了全世界，可民主能不能当饭吃，这还是一个问题！"

民主能不能当饭吃，要先看民主国家有没有饭吃。

全世界有几十个发达国家，除了新加坡，其他发达国家都是民主国家，这绝非偶然，这让人感觉民主确实可以当饭吃。

民主国家有发达富裕的，有贫穷落后从没翻过身的，有穷到靠借贷或援助生存的，有掉到中等收入陷阱爬不出来的，有政治动荡黑帮横行民众朝不保夕的，民主世界良莠不齐，民主能不能当饭吃，这还是一个问题，对于许多发展中民主国家的民众来说，民主并没有实用价值，仅仅是一个政治信仰或政治标志罢了！

在东欧剧变和苏联解体前，东欧诸国和苏联因为囿于社会主义理论，长期搞计划经济，结果经济濒临崩溃边缘，连吃饭都成了问题，商店货架上缺少食品，人们排队买面包。

东欧剧变和苏联解体后，东欧的社会主义国家和苏联加盟国都转向了民主体制和市场经济，但美好的生活并没有如期而至，在好多年里，货架上倒是有面包了，但买面包的钱却少得可怜，人们对民主体制和市场经济非常失望，这也许是几个已转向民主体制的原苏联加盟国再次转向威权体制的主要原因之一。

几千年来，中国都是农业社会，现在中国已经实现了工业化和商业化，但中国社会小农思维盛行，绝大多数民众都没有政治理想，吃饱饭就是人生目标，过好日子就是最高理想，如果说对民主有所期待，那就是期待民主可以当饭吃，如果对自由有所希望，那就是希望自由能带来好日子，至于民主、自由、平等、人权和法治等普世价值，没有多少中国人真正感兴趣。

当年东欧剧变和苏联解体后，中国老百姓都预期民主体制和市场经济会创造神话，预期东欧的原社会主义国家和原苏联的加盟国会实现经济繁荣，结果这些国家转型后穷到连军饷都发不出来，军人靠倒卖军火谋生，这彻底改变了中国老百姓对民主的认知，民主神话破灭了，从那以后，民主不能当饭吃的印象就在中国老百姓的心里扎了根。

在中国改革开放以前，人们下意识里觉得民主体制和市场经济是天作之合，但中国改革开放成功后，人们才知道民主体制和市场经济是可以拆分的。社会主义和市场经济似乎更般配，两者相结合产生的社会主义市场经济发展极快，中国用了三十多年时间就走完了资本主义国家用几百年走过的发展之路，从经济弱国变成了世界第二大经济体，其他各方面也快速进步，发达的民主国家与中国相比失去了曾经拥有的优越性。

当然，社会主义和市场经济只是兼容，不可能真正配合，近些年来中国的集权政治和市场经济似乎出现了排斥反应，中共不断出台打压市场经济的政策，外贸、投资、消费等经济引擎纷纷衰退或熄火，经济开始下行，失业率大幅上升，出现了通货紧缩的现象，中国的未来充满了不确定性。

近些年来，在民主世界里，除了个别民主国家发展速度还算可以，其他民主国家，包括那些发达国家，都发展缓慢甚至低迷，美国的经济、政治和社会更是各种问题缠身，在这种背景下召开民主峰会，虽然让连续十几年走下坡路的民主世界为之一振，但如果民主不能真正当饭吃，民主世界的未来就不可能是光明的。

世界在不断地变化，现代民主体制无所适从，与其声嘶力竭推销有缺陷的民主，不如完善现有的民主体制，创造新的民主理论，推行民主的改革和转型，让民主世界有新的生机。

民主应该可以让大多数民主国家兴旺繁荣，至少应该国泰民安，因民主转型而出大问题的概率应该象发生飞行事故的概率一样低。

民主首先应该解决发达国家的危机，尤其是美国的危机，还要能解决东欧、阿拉伯世界和东南亚因为转型失败而遗留的问题。

如果民主可以当饭吃，有无可置疑的实用价值，民主将成为不可抗拒的历史潮流，否则人们就会怀疑民主，转而把希望寄托于非民主的政治体制或某个独裁者。

我写《民主的救赎》，主要是分析民主世界的民主危机和民生困境，尤其关注美国的政治危机和经济困境，探讨美国通过民主改革摆脱困境的可能性。

美国是世界上最有政治影响力的民主国家，但美国的民主体制出现了许多问题，如果这些问题引发了政治危机，在民主世界可能会出现多米诺骨牌效应，整个民主世界也会出现危机。

《民主的救赎》这本书的主题思想是：民主其实可以当饭吃，民主改革不但可以促进政治进步，还可以促进经济增长和民生改善，同时还可以缩小贫富差距，促进地区之间的均衡发展。我在书中提出了许多政治理念：设立民主改革特区，利用特区推进民主改革，利用特区平衡全局；在现代民主国家选举中，抽签选举可以弥补投票选举的不足，一个选民因严格守法和缴纳个人所得税纳等原因可以有两到三张选票；选民可以直接考核政绩，民选官员和议员有合法发财的机会；谋杀之都实际上处于特殊的战争状态，需要平民民主专政打击暴力犯罪；书中还提出了几个公民考核政绩的公式，其中一个公式是：奖金=（政府债务总额标准值-政府债务总额）X（公民满意比例-公民满意比例标准值）X 奖金系数，这个公式既要让公民满意，还要减少政府债务。

英雄不问出处，真理莫查来源！

本书不是一本严谨的学术著作，我写这本书是为了创新，书里的新理论和新观点都是我独立思考的结果，也许是不完善的，但这是创新的必经之路。第一辆汽车诞生时竟然没有刹车，火车刚出来时比马车还慢，富尔顿试验的第一艘轮船被人骂为富尔顿的蠢物，莱特兄弟研制的飞机开始总是摔到地上，新事物如此，新理论也如此，都需要完善。

我不是政治学家和经济学家，不是著名的教授和学者，也不是某智库的智囊，只是一个软件工程师，会开发软件，会做软件架构和软件设计。政治经济学是非常敏感的领域，成功人士囿于固有的理论和政治阵营的限制，又非常看重自己的财富、权力、名誉、地位，对于在政治经济学领域里创新必然慎之又慎，象我这样的无名之辈无所顾忌，反而更有可能独辟蹊径。

IT（信息科技）行业是一个崇尚创新和跨界的行业，喜欢挑战权威，相信一切皆有可能，我想跨界到政治经济学领域，用 IT 思维创造政治经济学新理论，要象做软件架构和软件设计那样，做政治架构和政治设计，将来还要想办法考证、论证、实践验证和实践，要引进概率学、统计学等现代学科优化理论，要反复迭代改进。我不知道我选的路有多少艰难和凶险，正所谓无知者无畏，我没有经过心理挣扎就跨出了这一步！

感谢朋友们的鼓励和支持，让我在写作过程中感到沮丧、迷茫和无助时又振作起来，谢谢！

龙若来

2024 年 2 月 26 日

目 录

第一章　自由民主的疲软和脆弱

1.1 从国会山骚乱事件说起

国会山骚乱事件

2021年1月6日，即将卸任的美国总统川普的支持者们在首都华盛顿举行了大规模的示威游行活动反对拜登当选美国总统，川普在白宫前讲话称绝不承认败选。当天下午，在美国国会大厦召开国会联席会议，将认证总统大选结果，在国会山附近，示威者试图冲过金属围栏，警方使用防狼喷雾、喷水枪等驱散示威人群，还有抗议示威者破窗而入在国会内与警察发生冲突，大选结果认证程序暂停，议员们被紧急疏散。

随后，川普和拜登分别发表讲话，呼吁停止暴力活动。

华盛顿官方宣布1月6日晚上6点直至1月7日早上6点实施宵禁。

暴力冲突期间，一名女性中枪倒在国会大厦地板上。稍晚些时候，华盛顿大都会警察局发言人称，该名女性在一家地区医院被宣告死亡。

华盛顿警察局长表示，在当日的国会暴乱过程中，有3人因出现病症死亡。

在冲突期间，一名国会警察头部被抗议者使用灭火器砸中，随后被送医接受治疗并依赖相关系统器械维持生命。在这场暴乱中，已经有4人被确认死亡，其中1

人在国会内被警察射杀，另有 3 人出现医疗症状身亡。

华盛顿当地时间 1 月 9 日，一名警察在应对国会暴乱后，于当日下班后死亡，疑似为自杀。

骚乱事件造成包括一名国会警察在内的 5 人死亡和约 140 名执法人员受伤。

暴乱发生后，议员们撤离到了国会大厦和华盛顿各处的安全场所。国会随即进入封锁状态。

国会大厦被示威者占领后不久，全副武装的联邦探员和国土安全部防暴部队等执法部门，进入国会以应对暴力冲突。

在经历了数小时的暴力占领后，2021 年 1 月 6 日 18 时左右，美国官员们宣布，国会大厦已经安全。众议院议长佩洛西称，在与五角大楼、司法部和副总统彭斯协商后，众议院决定，一旦国会大厦获准使用，众议院就应该前往国会大厦，计划恢复联席会议，认证总统当选人拜登的胜选。

2021 年 1 月 7 日，美国国会大厦周围建起一道 7 英尺(约 2.1 米)高的围栏。这个 7 英尺高的围栏将从宪法大道延伸到独立大道，从第一大道延伸到国会大厦前的池塘附近。这些围栏将保留 30 天，当天华盛顿警方和国民警卫队等都在安装现场周围负责安保工作。

当地时间 1 月 20 日中午，美国当选总统、民主党人拜登在国会山宣誓就职，正式成为美国第 46 任总统。

1 月 6 日国会的骚乱，令本次权力交接仪式气氛紧张，华盛顿早早进入紧急状态。在白宫、国会山、林肯纪念堂附近，戒备森严，2 万多名国民警卫队人员严阵以待。

1 月 20 日一早，川普为自己举办告别仪式后，就乘坐"空军一号"离开了生活四年的白宫，飞往佛罗里达州海湖庄园，川普成为一百几十年来美国头一位缺席继任者就职典礼的卸任总统。

国会山骚乱事件意味着什么？

国会山骚乱事件意味着美国向寡头政治迈进了危险的一大步。

如今的美国，经济濒临衰退的边缘，枪击事件频发，犯罪率居高不下，治安混乱，两党恶斗，政治两极分裂，族群矛盾有发展到冲突的可能性，非法移民问题还没有解决的希望，越来越多的民众对现有的民主体制失望至极，开始转向激进的民粹主义，希望政治强人打破僵化的民主体制，而一旦政治强人和民粹主义相结合就有可能出现寡头政治，美国有陷入内乱或内战的风险，作为世界民主灯塔的美国民主将成为世界笑话，整个民主世界都可能发生动摇！

2022 年中期选举

2022 年 11 月 20 日， 2022 年美国中期选举结果基本明朗。据美国媒体测算和统计，在本次国会换届选举中，共和党从执政的民主党手中夺下众议院控制权，民主党守住参议院多数党地位。

2022 年美国中期选举仍是一场两极分化的政治斗争，仍是一场混乱的选举，但所幸没有发生大的动乱。在这次选举中，不同党派支持者的关注点差异明显：共和党选民最关注经济、移民和犯罪问题；而在民主党选民心中，堕胎权、气候变化和控枪政策才是最重要的问题。

2022 年 11 月 9 日， 美国《大西洋》月刊网站刊登题为《美利坚分众国》的文章，作者是戴维·格雷厄姆，文章摘要： 如果你逐渐开始"享受"过去几年极度让人焦虑的美国政治，那么 2022 年的大选将给你带来"好消息"。

对于现在的美国来说，美利坚分众国比美利坚合众国可能更贴切。

今年 4 月以来，得克萨斯、亚利桑那、佛罗里达等共和党主政州，用大巴或飞机将数以万计从美国南部边境非法入境的移民运送至东北部一些民主党人主政的城市和地区，以此来抗议民主党无视"边境非法移民危机"，民主党则指责共和党恶意炒作非法移民问题以增加政治筹码。

据《华盛顿邮报》报道，美国有至少 9 个州在内的民主党人已花费 5300 多万美元来支持一些共和党竞选人，这些共和党竞选人立场更激进，也因此在本州最后的两党对决中可能更容易被击败。

今年 8 月，共和党籍前总统川普的住所海湖庄园遭联邦调查局突击搜查后，美国多地发生针对联邦调查局的暴力事件，10 月底，美国国会众议院议长佩洛西的丈夫在家中遇袭受伤。

据美国"公开的秘密"网站统计，2022 年联邦以及州一级选举累计花费预计超过 167 亿美元，远高于 2018 年 71 亿美元的纪录，成为美国历史上"最贵"中期选举。

"公开的秘密"网站执行董事希拉·克鲁姆霍尔茨表示，与 4 年前相比，美国今年中期选举不仅政治分歧更突出，而且"烧钱"更凶猛，竞选支出的激增反过来又助推了政治极化。

竞选双方都押下巨额政治献金，都志在必得，有如豪赌。

种种迹象表明，2022 年美国中期选举不但丝毫没有弥合巨大的政治分裂，反而把原来的裂口撕开得更大了！

猜疑和怨恨的种子种下了，已经生根发芽，未来会开出什么花结出什么果？

2024 年大选

2022 年 11 月 15 日，美国前总统川普在海湖庄园发表演讲，正式宣布将参加 2024 年美国总统大选。

共和党在 2022 年中期选举中表现不如预期，川普对共和党的控制正在减弱，但他仍拥有广泛的共和党基层民众支持、大量的竞选资金，仍有再次当选美国总统的可能。

如果川普成为共和党总统候选人并参加 2024 年总

统大选，无论成败，都可能象 2016 年大选和 2020 年大选一样在美国政坛掀起巨大的波浪！

　　对于容易引发选举争议的邮寄选票、改划选区、选民身份证明和已经释放囚犯的投票权等问题，共和党和民主党仍难以达成共识，现在两党互不信任互相鄙视，已经不是竞争对手的关系，而是敌对的关系。如果在 2024 年美国大选中出现两个候选人选票相差无几的情况下，就有可能再次出现失败方不承认选举结果的政治事件，如果这种事件发生了，美国能不能象 2020 年国会山骚乱事件那样有惊无险渡过难关将是一个未知数！

结语

　　尽管美国是世界上最有影响力的民主国家，但美国的政治选举制度已经隐患重重，尽管已有人对此担忧不已，但无论政治候选人还是选民都更关注选举结果。

　　如果民主体制崩溃了，那选举结果还重要吗？

　　选民和候选人不应该只关心选举结果，更应该多关注民主体制本身！

1.2 民主危机和民生困境

良莠不齐的民主世界

什么是民主国家？

如果一个国家通过普选产生政府，如果这个国家的公民可以自由参与政治，如果这个国家的政府试图保护所有公民的人权，如果这个国家的司法试图实现法律面前人人平等，这个国家就算是民主国家。

这个民主概念比较宽松，没办法，民主就象爱情，不能太较真，太较真就没有民主国家了。

以宽松的民主概念为标准，全世界大多数国家都算是民主国家，这些民主国家之间比较容易产生认同感，形成了民主世界，有时民主世界会联合举办民主活动，比如全球民主峰会。

民主世界的民主观念大同小异，基本就是普世价值观念，但民主国家之间良莠不齐，差异极大，发达国家几乎都是民主国家，但不可忽视的是，大多数民主国家还是发展中国家。

有的民主国家已经形成寡头政治，几个家族控制了国家命脉资源，所谓的民主就是几个家族轮番执政。有的民主国家一个政党或一个家族控制了国家的一切，民主制度形同虚设，政治竞选有如表演，人们不用猜就能知道政治竞选结果，选民还肯投票可能就是图个热闹。有的民主国家政治动荡，帮派作乱，暴力肆虐，毒品泛滥，经济倒退，民不聊生。有的民主国家分裂了，军阀割据，常年战乱，战争、瘟疫和天灾摧毁了正常的社会秩序，人们生活困苦不堪，朝不保夕。有的民主国家民主转型前虽然穷困潦倒还算国泰民安，民主转型后民众没有迎来民主的红利，反而一切都乱了，各方面都倒退了，这些国家有的兜兜转转回到民主转型前的政治原点，其他的仍在混乱动荡中进退失据。

那些没有发展好的民主国家各有各的失败原因，失败原因都一言难尽，但都显示出了一个事实，那就是在那些国家里民主是软弱无力的，缺乏政治进步的原动力，缺乏拨乱反正的能力，难以改变糟糕的现状。

发达的民生困境

资本主义社会初期，没有社会保障体系，没有失业、医疗、工伤、意外和养老等社会保险，劳动者一旦失业、患重病、年老力衰失去劳动能力，或者在生产中受伤致残，或者遇到车祸等意外，就只能自求多福了。

马克思曾经总结资本主义的危机规律，大致意思是：资本家非常贪婪，总想扩大再生产，生产更多的产品，要从市场中赚取无限的利润，但由于资本家发给劳动者的薪酬偏低，劳动者的消费能力无法跟随生产规模扩展而提高，长此以往，造成生产过剩，生产过剩经过一段时期的发酵就会爆发经济危机，在经济危机中，一方面产品过剩堆积在仓库里销售不了，许多企业破产倒闭，另一方面大量劳动者失业，缺吃少穿，难以维持最基本的生活，由于在资本主义社会里企业扩大再生产和工人消费能力低之间的矛盾无法克服，所以这种经济危机会周期性爆发，最终必然导致资本主义的灭亡。

经济危机没有导致资本主义的灭亡，但每一次发生经济危机，经济萧条，失业率高涨，成千上万劳动者失业，政府和社会只能提供微薄的救济，数以万计的失业者生活陷入困境，在美国经济大萧条时期，有时领救济食品的穷人排队可长达几个街区。

现在发达的民主国家都是资本主义社会，在资本主义初级阶段，这些国家确实多次爆发了生产过剩导致的周期性经济危机，但资本主义没有终结，成熟的企业和资本对经济危机有了比较成熟的应对方法，有的发达国家政府也有了比较有效的经济宏观调控方式。

1929 年美国爆发了经济大萧条，1933 年富兰克林·罗斯福就任美国总统，抛弃政府不干预市场经济的旧政策，推行一系列新政，包括调整工农业、改革金融业、改革税收法和创建社会保障体系等，从 1935 年开始，美国经济好转，到 1939 年改革获得了巨大的成功。

第二次世界大战过后，全世界进入冷战，由于科技进步、产业过时、产能过剩、通讯和交通快速发展等原因，在资本主义世界，国内产业重新布局，资本在世界范围内进行生产分工。

在发达的资本主义国家，由于土地资源和劳动力等生产成本不断上涨，劳动力成本增加比较快，环保要求也不断抬高，利润不高的劳动密集型产业和污染环境比较严重的产业开始外迁，迁移到土地和劳动力等生产成本比较低的国家，还有对环境污染要求不太严格的国家。美国的中西部铁锈地带地区、德国的鲁尔区、法国的洛林地区和日本的北九州地区都先后经历了工业衰退，大量产业工人失业，几十年过去了，许多工业衰退地区仍然是荒废的。

那些知识和技能均陈旧过时而失业的劳动力难以重新再就业，而再就业往往是做临时工作，甚至没有社会保障，或者就业不充分，或者长期失业，连日本这样崇尚终身制员工的国家都出现了大量的临时工。

二十世纪九十年代，冷战结束后，整个世界快速进入全球化时代，大多数发达国家的资本加速外流，制造业等实体企业加速外迁，再加上自动化和信息化及人工智能快速发展，许多发达国家都出现大量劳动力过剩的问题，那些发达的移民国家由于移民涌入劳动力更加过剩，薪酬长期停滞增长或降薪或就业不充分或失业成了比较常见的社会现象。

在全球化时代，发达国家的跨国企业可以在全世界追逐一波又一波的利润，赢得了无数暴利，而大量劳动力不得不进入收入微薄难以充分就业的服务业，还有大量劳动力常年失业，沦落到靠失业保险和救济金勉强生活的地步，贫富两极分化日益严重。

在发达的民主国家，尽管强调政府不应该介入市场经济，但政治会强调人权，会抑制市场的调节作用，劳动力过剩了并不会降低劳动力最低成本，相反，劳动力最低成本不降反升。政府要求企业提供社会保险，包括失业保险、医疗保险、养老保险、工伤保险、生育保险和住房公积金，要求提高最低工资，要求有偿加班、减少加班和不加班，要求更多的带薪休假，这一切提高了劳动力最低成本，抑制了投资的积极性，经济难以增长，也减少了就业机会，这对找到工作的劳动力当然是好事，但对找不到工作的劳动力来说是坏事，因为更不容易找到工作了。

可见，发达国家虽然发达，但发达国家会有发达的民生困境。

成熟的民主危机

成熟的民主政治也会有成熟的民主危机。

成熟的民主国家一般都有比较成熟的民主机制，但成熟不代表没有问题，就象成熟的人也会遇到难题一样，成熟的民主国家也会有政治危机。

1863 年，林肯在葛底斯堡的演说中提到民有、民治、民享的政府，从此以后经常有人用这三个标准衡量一个政府是不是一个民主的政府。用这三个标准衡量现代民主体制，那么现代民主体制是不是真正地体现了民主？

由于现代国家人口众多，管理复杂，难以施行直接民主，现代民主体制是代议民主，政府的主权和治权是分开的，选民选举精英，选出的精英代表公民管理政府治理国家，听起来很简单，但施行起来非常复杂，所以难免脱离本意。

选举制度和政党制度是现代民主体制的两大支柱，沿着这两根支柱可以分析现代民主体制的运转流程。

在民主国家的政治竞选中，表面看来，选民可以用手中的选票决定哪个候选人当选哪个候选人落选，其实当选民要选择投票给哪个候选人之前，资本和政党已经先选了，为选民选好了候选人，而只有极少数维护资本和政党的利益的政治工作者才可以成为候选人，选民没有多少选择的余地。在政治竞选中，资本对候选人的政治献金有限制，但资本可以为政党提供非常多的资金，还可以花费巨资用各种各样的方法为自己中意的候选人造势，这样被资本和政党排斥的候选人就被边缘化了，独立候选人当选的机会微乎其微。以 2015 年美国民主党党内初选为例，属于民主党建制派的希拉里和表面是民主党实则是独立政治人士的桑德斯竞选民主党总统候选人，正当两个候选人争得难解难分之时，民主党的高层和建制派倒向希拉里，暗助希拉里获胜，最终希拉里成为美国民主党的总统候选人。

尽管现代民主政治允许多党制，但往往在一个民主国家里两三个大政党控制了大部分政治资源，制定各式各样有利于大政党的政治规则，挤压了小党和独立政治人士成长的政治空间，窒息了政治的自由竞争，其实这就是一种比较让人难以看透的具有寡头倾向的政治。大政党日益建制化、官僚化、教条化，战胜政治竞争对手然后执政是最大的政治动机，缺乏解决社会痼疾和政治危机的意愿和能力，而小党和独立候选人即使有更好的政治主张却难以出头。

在许多民主国家里，不认同任何大政党的独立选民数量众多，甚至超过任何大政党的支持者，但没有哪个大政党可以充分代表这些选民的政治利益，这些选民的选票纷纷投给小众的政党候选人和独立候选人，基本等于废票。

在民主政治中，占有越多社会资源的群体，由于有精力和时间了解和参与复杂的民主政治，其投票的意愿越高，占有社会资源越少的群体，由于现实的压力分散了对政治的关注，又由于复杂的民主政治让自己很迷茫，其投票的意愿越低。在政治竞选中，为了赢得选举，政党和政治候选人更关注愿意政治互动比较活跃的群体，更关注有可能投票的群体，也更愿意为可能投票的群体推出有利的政策。当发现自己的政治影响力几乎为零时，大量民众对政治非常冷漠，干脆不投票了，所以政治选举的投票率会非常低。以美国为例，总统大选和国会选举的投票率会比较高，可以接近半数，而地方选举的投票率会比较低，有时会低至几分之一。

在民主国家里，大企业和经济精英控制的政治公关公司、新闻媒体和学术机构由于资本非常雄厚，可以对政府政策有显著的影响，而普通民众和代表普通民众的政治团体对政府政策的影响力非常小，政治影响力的分布绝对是不平衡和不平等的。

在和谐的民主国家，政党代表的族群重合比较大，政党往往是整个社会的一体两面或一体多面的关系，其竞争点往往是施政方法的不同，有的学者还据此说那些政党其实是一伙的，民主政治是虚伪的。

许多民主国家不是和谐的社会，贫富两极分化比较严重，族群利益冲突，族群之间的政治观念分歧较大，族群矛盾比较突出，资本也不是铁板一块，大资本和中小资本的利益并不一致，本土企业和全球化企业的利益可能互相排挤，而民主政治允许甚至鼓励自由平等的政治表达，把怨恨都放大表达出来，结果政治极化比较严重。政治极化可以传递到政党，政党之间会有激烈的竞争，甚至会发生恶斗，有可能陷入内卷、内耗、空转、内讧，民主政治会失灵，当社会痼疾和族群矛盾长期无法解决，民众会失去耐心，民族主义、民粹主义等政治极端主义形成社会潮流，极左、极右等极端的政治团体和政治野心家会乘机铤而走险，内乱、内战、政变就有可能发生。

在第一次世界大战后，德国曾建立魏玛共和国，实现了初步民主，在十几年里，各党派陷入恶斗，政府无法解决经济和外交的严重危机，结果希特勒和他的纳粹党通过暴力政变结束了民主政治，建立了德意志第三帝国，施行独裁专制，后来又发动第二次世界大战，最终给整个世界带来了一场浩劫。

人们认为历史不会重演，但有时现实偏偏证明历史之外没有新鲜事，希望民主国家的民众以史为鉴，未雨绸缪，可以通过民主改革让政治悲剧结束于萌芽状态。

力不从心却又难以改革

在民主国家，政客为了获取权力，为了迎合各派政治势力，不得不曲意迎合，做出许多不合理或根本无法兑现的政治承诺。许多民主政府是讨好型政府，要竭尽全力让更多的支持者都满意，要满足许多明显不合理甚至自相矛盾的政治诉求，要做许多注定无用功的事情，这是许多社会痼疾长期存在的原因，也是财政赤字居高不下和国债屡破上限的缘故。

民主政治有时是碎片化政治，政治权力分散到众多不同派别和势力中心，使得民主政府难以有效运作，不要说创建高效务实的政府，就是组建一个稳定的联合政府都不是一件容易的事。

面对贫富两极分化、族群矛盾、非法移民、高犯罪率、财政赤字居高不下等长期无解还持续恶化的问题，面对越来越多难以实现的政治诉求，现代的民主政府越来越力不从心，不进行民主改革，许多民主国家已经到了难以为继的地步。

在任何一个国家，既得利益者最有能力推动改革，而改革往往会触及既得利益者的利益，既得利益者是改革的阻碍者，所以陷入一种政治悖论陷阱，能改革的不想改，想改革的改不了。在民主国家，往往没有一言九鼎的政治权威，众口难调，改革难以启动，反而在非民主国家，如果改革有利于统治阶级，只要独裁专制者愿意，就可以强推改革。

民主政治碎片化，既得利益的阶级和群体都有自己的政治代言人，其权利都受法律保护，要民主改革就要说服这些阶级和群体，对相关法律做出重大修改或颠覆性修改，在改革中将失去既得利益的阶级和群体必然会全力阻扰改革，会阻止修改法律，最终会让改革流产或夭折。

在民主国家，执政党和执政者往往缺乏推行民主改革的动机，因为民主改革不但容易失败，还往往是一个漫长的过程，而执政党和执政者的执政期限是有限的，一般只有几年，更愿意施行容易见效的政策，对现有的政策修修补补，获取下次胜选的政治资本，而不愿意推行有必要但风险非常大而见效又遥遥无期的民主改革。

结语

人们经常听到这样的故事，有人忙于工作和家事，忽视了健康，感到明显不舒服时去就诊，结果发现自己患了癌症晚期，医生遗憾地对病人说："如果你早点来就诊，就能得到及时的治疗，就可以避免现在的悲剧！"

其实民主国家也会犯类似的错误，政客和选民都忙于获取眼前的政治利益，却忽略了民主危机和民生困境，不愿审视社会的深层次问题，没有及时做出适当的民主改革，就有可能陷入难以逆转的衰落或崩溃状态。

1.3 罗马共和国警示录

罗马共和国

罗马共和国听上去像是一个近现代的国家，其实是古罗马在公元前 509 年到公元前 27 年之间的政体。

公元前 510 年罗马人驱逐了前国王暴君卢修斯·塔克文·苏佩布，结束了罗马王政时代，建立了罗马共和国，公元前 27 年 1 月 16 日，屋大维建立了罗马帝国，罗马共和国成为历史。

罗马共和国有四个主要的政治支柱，包括公民、公民大会、元老院和官员，了解了这四个政治支柱，就会发现罗马共和国其实并不同于近现代的共和国。

罗马共和国首先是一个奴隶制社会，然后才是一个共和政体。

罗马公民的身份首先来自血统但不完全来自于血统，随着罗马疆土不断地扩张，被征服地区的居民也可以被授予罗马公民身份。罗马居民分公民、自由民和奴隶，平民包括妇女、自由人（被释放有了人身自由的奴隶）和外邦人，只享有基本的政治权利，比如人身自由等，公民不但享有基本的政治权利，还享有选举权和被选举权等至关重要的政治权利，至于奴隶，连最起码的人身安全都没有保障，奴隶主可以随意处置自己的奴隶，更不用说其他的权利了。

在罗马共和国，公民之间因为拥有不同的政治条件而享有不同的政治机会，因贵族和平民而不同，因出身氏族不同而不同，因所属的百人队（作战单位）而不同，因居住地域而不同，因财产多寡而不同，总之，罗马的公民是分等级的，不同的等级享有不同的政治权利。

公民大会是罗马共和国的主权机构，公民直接参加公民大会，公民大会是立法机构，也参与重大案件的审理和重要官员的选举。

公民大会的表决方式更接近美国的选举方式，表决是以选举单位投票数统计，单位可以是百人队和部落，每个单位的人数不等，但都只有一票，个人只能在单位内部投票，如果单位内部大多数投票人支持某个选择，那这个单位在公民大会上只能投票支持这个选择。

罗马共和国的公民大会却分几个类型，在共和国中晚期有三类公民大会：百人队大会、部落公民大会和部落平民大会。

罗马共和国所处的时代是战争频繁的时代，所有公民平时为民战时为兵，百人队是军事组织单位，虽然号称百人队，但规模不等，按财产分组，能提供战马的公民属于高等级的骑士队，能提供盔甲和武器的公民属于次高等级的步兵队，所有的无产公民组成一个百人队，贫穷公民虽然数量众多，但只能分到少数几个百人队里，而富裕公民分属多数百人队，这种分组方法有利于富裕公民在公民大会中占据优势地位。

百人队大会主持人是执政官或先行官或独裁官，可以选举执政官、先行官和独裁官，可以立法，有判决死刑的权力。

在罗马共和国，部落不是公民实际生活的社会群体，而是血统出身的群体，是根据公民从父辈那里继承的血统身份分组的群体，罗马共和国有 4 个城市部落，31 个农村部落，共有 35 个部落。

部落公民大会对所有公民开放，平民和贵族都有参加的权利，由执政官或先行官主持，选举财务官和高级市政官。

部落平民大会是平民的大会，不允许贵族参加，由平民出身的保民官或平民市政官住持，选举平民出身的保民官和平民市政官，有立法的职能，也审理重要的案件。

百人队大会、部落公民大会和部落平民大会，这三个大会，如果通过的决议互相矛盾怎么办？

部落平民大会通过的决议比其他两个大会有更大的法律效力，可以否决其他两个大会的立法。

百人队大会、部落公民大会和部落平民大会都在罗马城召开，而罗马共和国的疆域广阔，分散在罗马城之外的公民难以参加公民大会，而常年居住在罗马城里的公民有参加公民大会的便利条件，相当于有了政治特权。

元老院表面只是一个咨询机构，其实也是罗马共和国的主要政治支柱。

元老院原本由贵族组成，后来演变为由前高级官员组成，元老都终身任职，由于罗马共和国的高级官员任期比较短，成为元老的前高级官员也比较多，元老院规模常有几百人之多。元老院虽然是咨询机构，但由于元老们都是政治和军事方面的精英，有非常高的威信，提出的建议对公民大会和官员有极大的影响力，所以实际上元老院有立法、外交、宗教和高级官员选举任命等方面的广泛权力。

官员处理罗马共和国的日常政务，所有的官员都经过选举产生，所有官职都向贵族和平民开放，绝大多数官职的任期只有一年，且不得连任。

罗马共和国的官员包括执政官、独裁官、先行官、财务官、监察官、保民官和市政官，还有行省总督，这些高级官职大多都两人或多人共同任职，执政官 2 人，先行官 16 人，财务官 20 人，保民官 10 人，平民市政官 2 人，高级市政官 2 人，监察官 2 人。

执政官平时是罗马的最高行政长官，负责高级官员的选举，与元老院共商国事，提出立法建议，主持重大案件的审判，任命独裁官，战时担任罗马共和国的最高军事指挥官。

独裁官是为了应对危机设立的临时职位，任期一般只有 6 个月，通常由执政官提名再经元老院同意，独裁官在任期内具有至高无上的权威，主要是为了集权处理外敌威胁或内部叛乱。

先行官是权势仅次于执政官的职位，不能提名独裁官，拥有执政官大部分的权力，执政官可以否决先行官的政策和决议。

财务官主要处理财政方面的事务，这个职位非常重要，因为担任这个职位是担任更高职位的先决条件，担任先行官和执政官之前必须有担任财务官的经历，而担任财务官的条件也不简单，必须至少服兵役十年。

监察官的职责很多，负责普查人口和财产，划分罗马人等级，划分部落，阻止行为不当者担任官职。

保民官是一个非常特殊的职位，只能由平民选举产生，只能由平民担任，顾名思义，保民官的主要职责是保护平民的权益免受侵犯，保民官还有主持部落平民大会的权力，还有阻止或否决其他机构的决议的特权，享有人身不受侵犯的权力。

市政官分高级市政官和平民市政官，高级市政官负责公共建筑和公共秩序的维护，举办公共娱乐活动，也会担任检察官，平民市政官主要担任保民官的助理。

行省总督拥有管理罗马行省的全权，包括军事指挥权，总督不是职位，而是职务，一般由先行官或执政官担任。

在罗马共和国，参加公民大会的公民没有津贴，官员和元老都没有薪水，参政不但要有无私奉献精神，还要家底厚实，这导致穷人没法当官，当官成了贵族和富人的特权。

民主之光越来越暗淡

自始至终，罗马共和国算不上是一个民主政体。

何以言之？

因为占人口大多数的罗马平民们从来没有真正当家作主。

在罗马共和国，旧贵族是贵族，不是旧贵族的富人成为新贵族，也是贵族，只要是贵族，就有特权。

罗马共和国有部落平民大会，有保民官，大小官职包括执政官和元老都向平民开放，为什么说罗马平民们从来没有真正当家作主呢？

首先，罗马共和国没有常备军，所有公民平时为民战时为兵，自备战马和武器及盔甲，贵族可以提供优质的战马和武器及盔甲，在军队中占据主导地位，后来马略改革军队，推行军队职业化，军队渐渐演变成执政官和行省总督的私人军队，平民无法控制军队，也就无法真正当家作主。

其次，罗马共和国不断发动侵略战争，贵族因此获得了大量的土地、财富和奴隶，势力快速膨胀，而平民士兵却战损惨重，他们的家庭因为缺乏劳动力欠收甚至破产失去土地，平民和贵族的势力此消彼长，所以平民更难以当家作主了。

还有，在罗马共和国，公民参加公民大会没有津贴，竞选官员需要自筹费用，官员没有工资，元老院的元老没有工资还被禁止经商，平民忙于谋生，难以参政，更无法当官，参政当官是贵族和富人的特权，贵族和富人可以利用职权操控政治活动，创造攫取巨大利益的机会。

公元前494年，罗马共和国发生了第一次平民撤离罗马运动，因为反对残酷的债务惯例，罗马平民们集体离开罗马城前往罗马东郊圣山。按照当时罗马的不成文法，债权人在债务人无法偿还的情况下可以对其随意处置，包括贩卖为奴，甚至可以直接处决债务人。罗马政府不得已派出使者和平民们协商，同意设立保民官，只有平民可以选举保民官，只有平民可以担任保民官，保民官可以救助被贵族和官员欺压的贫民，还可以否决元老院的决议。

在《十二铜表法》颁布之前，罗马共和国的法官全是贵族，法官办案全凭"习惯"，所以称为"习惯法"。"习惯法"就是没有白纸黑字写成文字的法律，由于没有写成文字，法官可以随便解释法律，可以随意审判，平民对此非常不满。经过长期斗争，终于在公元前450年平民迫使贵族制定了《十二铜表法》。《十二铜表法》是罗马第一部成文法，限制了贵族的特权，打破了无法可依的状况，一定程度上保护了平民的利益，罗马共和国的民主也就仅此而已了，罗马还是贵族的。

公元前133年的一天，罗马保民官提比略·格拉古和数百名支持者赶到元老院会场通道口，但通道口被一些贵族和贵族的大批家奴堵住了。这些贵族和家奴手持棍棒，来意不善，和格拉古及其支持者争吵起来，场面混乱，后来一些元老们带领大量携带棍棒的家奴赶来，将格拉古及其支持者包围起来，贵族、元老和家奴抡起棍棒痛下杀手，一时血肉横飞，惨叫声一片，格拉古和

300 多名支持者当场死于非命，暴徒们打死格拉古似乎还不解恨，还拖着格拉古尸体游街示众，最后把格拉古的尸体扔进台伯河。

格拉古不止是保民官，还是家世显赫的贵族，他的父亲曾任罗马共和国的执政官，他的祖父是罗马名将大西庇阿，曾在第二次布匿战争中打败了大名鼎鼎的迦太基统帅汉尼拔，他的姐夫是最终征服了迦太基的小西庇阿，对贵族和元老来说，格拉古应该是自己人，而领头杀害格拉古的是前执政官、现任大祭司纳西卡，还是格拉古的表兄弟，双方究竟结了什么仇怨，这些贵族和元老竟然把格拉古活活打死还要虐尸呢？

格拉古被杀害的主要原因是，格拉古代表平民要搞土地变法把贵族们侵吞的公共土地重新归公再分配给平民。

在农业社会，贫富两极分化主要表现为土地兼并，地主动辄拥有良田万顷，破产的农民没有立锥之地，罗马共和国虽然有点民主的成分但也不例外，最让平民愤怒的是，由于平民要参加对外战争，平民的家庭缺少劳动力，甚至因战致残或丧命最终丧失劳动力，农田收成因此锐减，还要照常纳税，容易负债，另外，贵族平时就大量占用公共土地，又从战争中获得大量的土地和奴隶，使用奴隶作为劳动力，成本非常低，贵族还可以动用权势避免缴纳土地税收，所以贵族收获的农产品成本极低，当然可以超低价出售，参战平民的家庭遭受到缺乏劳动力和超低价农产品的双重打击，即使不破产也会濒临破产边缘。

迦太基是罗马共和国最有挑战性的敌人之一，罗马和迦太基之间爆发的三次布匿战争虽然最终结局是迦太基亡国，但罗马共和国也死伤惨重，参战的平民家庭纷纷破产，成为赤贫的流民，而罗马贵族却因战争大发横财，获取了难以计数的奴隶。作为罗马保民官的格拉古不但看到平民的权益被侵犯，平民群体在衰落，还看到平民已不再愿为罗马而战，罗马共和国将变质，于是推行土地变法挽救罗马。

罗马历史上曾有土地法案，该法案限制个人占地不得超过 500 罗马亩，约合 1890 中国亩，但是罗马的贵族和豪强藐视该法案，他们或购买破产农民的土地，或强占公有土地，然后把土地交给奴隶耕种或做牧场，在格拉古时代，土地兼并达到惊人的程度，许多地主贵族拥有几万多罗马亩土地，约合几十万中国亩，凯撒、克拉苏和西塞罗等历史名人都是超级大地主。

格拉古提出了土地改革法案：罗马公民个人占有的公有土地上限为 500 罗马亩（约 1890 中国亩），家庭土地上限不得超过 1000 罗马亩（约 3780 中国亩）；超过限制的土地，一律充公，重新划分为每块 30 罗马亩（约 113 中国亩）的份地分给无地农民；份地不可剥夺，不可转让，但可以继承；建立三人委员会制定法律，同时赋予其权力来恢复农民的土地。

格拉古的土地改革法案对罗马贵族们来说仅次于抄家，所以罗马贵族们视格拉古为贵族阶级的大叛徒，必欲杀之而后快。

提比略·格拉古被杀害后，他的弟弟盖约·格拉古继承了提比略·格拉古的政治理想。公元前122年，盖约·格拉古当选保民官，并在公元前121年连任成功，他继续推动土地变法，还扩大了变法的范围。元老院的贵族们派兵镇压了盖约·格拉古及其支持者，盖约·格拉古被砍头，3000多名支持者被屠杀，盖约·格拉古的变法彻底失败。

格拉古兄弟土地改革的失败，敲响了罗马共和国的丧钟，表明罗马平民已无法通过合法手段维护有限的民主政治，从此罗马共和国陷入血腥镇压、暴力反抗和大规模内战之中。

马略的军事改革和苏拉的独裁统治

公元前2世纪末，罗马人相继战胜伽太基、马其顿、叙利亚和高卢等敌人，但新的挑战来了。北部的辛布里、条顿和安布昂三大日耳曼部族大举南征，沿途不断吞并土著部落，多次击败驻守北部边疆的罗马军队，剑指罗马，一时所向无不披靡。

罗马共和国组织了建国以来最庞大的野战军迎战，但战事不利，公元前105年10月6日，仅仅一天之内，蛮族就在阿劳西奥战场上全歼了16个罗马军团，12万罗马将士中仅有10人生还，史称阿劳西奥战役。

三大蛮族对罗马共和国的打击是毁灭性的，罗马军团损兵折将达到二十多万，大约一半的官员和元老都阵亡了，剩下的元老阶级和骑士阶级已经无法再组建起一支有战斗力的军队来保家卫国，罗马共和国岌岌可危。

阿劳西奥战役惨败之后，盖乌斯·马略是罗马共和国硕果仅存的名将，公元前107年，马略当选为罗马执政官，任期一年，阿劳西奥战役之后一个月，他以朱古达战争的胜利者身份返回罗马，举行了盛大的凯旋式，并以绝对优势当选了公元前104年的执政官，负责组织领导罗马军团抵抗蛮族进攻。

罗马旧的军事体制已无法应付眼前的危机，马略不得已提出军事改革。

过去的罗马军队都是以贵族、骑士和富裕农民为主体，其装备一律由士兵本人购置，行军时甚至还有家属和家奴前呼后拥地跟着保障后勤，所以每个士兵都地位不低。现在罗马兵源不足，为了获得足够的士兵，马略只好招收大量的流民和贫农，还吸纳了一部分能打仗的奴隶，其中就包括后来领导了奴隶大起义的斯巴达克斯，用国库里的钱为他们统一购置武器装备，希望通过强化训练把这些以前不值一提的人们变成一支精锐之师。从此，罗马共和国几个世纪以来耕战兼顾、兵农合一的临时征兵制度被彻底改变，士兵们一旦入伍，就至少要连续服役16年之久，其间不许再携带家属和家奴，军队统一供给，士兵们的入伍、退伍、晋升、发饷等，由代表元老院和人民的统帅集中管理，这样组织起来的职业军人社会和经济地位低下，个人政治意志薄弱，容易依附将领成为将领们的私人武装。

马略还改革了军事编制，改善武器装备，加强训练，大大提高了罗马军队的战斗力，最终马略指挥罗马军团歼灭了三大蛮族军队，满载着无数的战利品和战俘凯旋回到罗马，被称为"第三位罗马的创始者"。

马略打败三大蛮族后成为寡头，马略之后，苏拉拥兵自重，发动两次内战完成军事政变，成为终身独裁官，大肆捕杀政敌，被放逐或屠杀的人们数以千计，失败者被抄家，苏拉的暴政永久性地破坏了罗马权力结构的稳定，罗马共和国已名存实亡，苏拉之后，卢库卢斯、庞培、克拉苏、凯撒先后凭借军队成为军政首脑和政治寡头，屋大维战胜政敌安东尼，公元前 27 年成为元首，罗马共和国寿终正寝，罗马帝国诞生。

在罗马共和国后期，政局动荡不安，内战频发，内斗非常残酷，贵族和平民都无法保证自己的人身安全，其他的权益更是妄谈，所以当罗马共和国灭亡时竟然没有罗马人怀恋共和制度，其后也没有罗马人试图恢复共和国，这真是历史的悲哀！

自噬的政治基因和失控的共和

罗马共和国自创建开始就有自噬的政治基因。

在罗马的对外战争中，平民自备武器装备参加战争，为罗马贵族赢得了大量的土地、财富和奴隶，反过来，当格拉古兄弟带领平民土地变法时，贵族用奴隶镇压了平民，平民帮助贵族奴役外邦人，最终也奴役了自己。

　　大量罗马平民破产成为流民，只剩下了选票和拳头，贵族们可以收买流民的选票，马略军事改革后，罗马军团成了常备军，也逐渐成了统帅的私人军队，大量流民参军入伍，当统帅成了寡头，这些流民就成了寡头的政治打手，帮助寡头镇压政敌和反对者，掠夺贵族，帮助寡头打内战，最终胜出的寡头成为元首，帝国和帝制应运而生。

　　罗马共和国没有亡于外敌，而是亡于自噬，其历史就是一部自噬的历史，先是贵族吞噬平民的民主，平民成了乌合之众，然后寡头带领破产的平民吞噬贵族的共和，最后独裁政治吞噬了寡头政治，最让人感慨的是，在自噬的过程中，罗马平民是帮凶也是受害者，贵族先是既得利益者，然后又失去了根本的政治权利。

结语

　　在现代国家里，美国最象罗马共和国

　　历史证明，那些千方百计打压民主的贵族和富人是愚蠢的，没有了民主，富人和贵族的共和就危险了。

　　当一个共和国的民主成分减少到一定程度时，富人和贵族的共和将是脆弱的和递减的，当富人和贵族的共和成分减少到一定程度时，共和制将走向寡头制，当寡头之间胜负已分，寡头制就将走向元首制！

　　美国是不是正在重蹈罗马共和国的覆辙？

　　美国人不可不察！

1.4 俄乌战争的源头

俄乌战争

2022 年 2 月 24 日清晨，俄罗斯军队全面进攻乌克兰，令人意外的是，乌克兰军队已有准备，不但击退了进攻基辅的俄军，还守住了主要防线，俄军进攻受挫，转而重点进攻乌克兰东部地区。

俄乌战争爆发不久，美国、北约和欧盟对俄罗斯施行多轮全面制裁，为乌克兰提供全面援助，包括军事援助和经济援助，乌克兰有了保家卫国的军事实力。

2022 年 8 月底，乌克兰发动赫尔松反攻，收复了多个城镇，夺回赫尔松市。2022 年 9 月初，乌克兰突然发动哈尔科夫反攻，乌军出人意料地深入俄罗斯防线后方，这次反攻收复了 3000 多平方千米的领土，夺回了军事重镇伊久姆。

乌克兰虽然两次反攻成功，但武器弹药不足，不得不停止反攻，在主要战线，俄军转为防御状态，积极构筑防线。

2022 年 8 月初，俄罗斯的瓦格纳雇佣军开始在巴赫穆特疯狂进攻乌克兰军队，但进展缓慢，至 2023 年 5 月 21 日才占领全城，估计交战双方伤亡均多达几万人。

2023 年 6 月乌克兰终于等来了军事援助，开始全面反攻，但俄罗斯精心构筑了防线，尤其防线前宽阔的雷区密布地雷，让乌克兰的坦克和装甲车难以突进，乌克兰反攻进展缓慢，装备损失比较多，人员伤亡比较多，至 2023 年 9 月底进攻基本停滞，2024 年 2 月俄罗斯军队开始反攻，乌克兰军队转入防御状态。

俄乌战争中俄罗斯一直占优势，但难以打败乌克兰，这场战争已陷入长期消耗战！

据乌克兰国家新闻社报道，在 2022 年 2 月 24 日至 2023 年 8 月 27 日期间，俄罗斯已经在乌克兰损失了大约 260820 名士兵，4396 辆坦克，8554 辆装甲战车，5403 套火炮系统，728 套多管火箭发射系统，498 套防空作战系统，315 架飞机，316 架直升机，7854 辆机动车和油箱，18 艘军舰/艇，4378 架无人机，808 个特种装备单位，总共有 1411 枚敌方巡航导弹被击落。

俄国国防部长萧依古（Sergei Shoigu）2023 年 12 月曾说，俄军已造成 38 万 3000 名乌军伤亡。

2024 年 2 月 23 日，乌克兰军方今天估计，自开战以来，乌军已造成超过 40 万 5000 名俄军伤亡。

对于俄乌双方来说，为了不影响己方军队士气，己方战损都是军事机密，外界很难得到确切的统计数据，但双方肯定都损失惨重。

很难搜集到乌克兰在俄乌战争中的战损统计数据，但可以肯定乌克兰的战损要比俄罗斯大，因为乌克兰是战争的主要战场，城市被轰炸，连首都基辅都不能幸免，许多公共设施、工厂和民用建筑被摧毁，平民伤亡数以万计。自战争爆发以来，俄罗斯军队的重武器数量是乌克兰的几倍，导弹和弹药的发射量也是乌克兰的几倍，自 2023 年 6 月以来，乌克兰进行大反攻，而俄罗斯的防线准备充分，进攻中乌克兰军队伤亡应该多于俄罗斯军队，总体看来，乌克兰战损应该比俄罗斯战损更大。

虽然乌克兰战损比俄罗斯大，但俄罗斯的整体损失也许比乌克兰大得多。

西方阵营对俄罗斯全面制裁，包括经济、金融、实体、科技、外交等方面的制裁，甚至制裁了俄罗斯的宠物。

以美国为首的西方阵营多轮制裁俄罗斯，外国企业大规模撤出俄罗斯，俄罗斯的军火出口减少了，俄罗斯无法正常进口芯片、高端的设备和仪器、高级精密零部件等高科技产品，价值几千亿美元的俄罗斯资产被西方阵营扣押或冻结，俄罗斯还被排除在国际支付系统之外，长此以往，俄罗斯的经济质量必然会下降，而 GDP 也必然会降低。

在外交方面，俄罗斯被以美国为首的西方阵营全面排斥，凡是西方阵营做主的政治活动，俄罗斯都难以参与，在联合国大会上多数国家投票谴责俄罗斯对乌克兰的侵略,俄罗斯总统普京被国际法院审判并发出通缉令，导致普京无法出访西方阵营的国家。

西方阵营对俄罗斯的制裁非常全面，连与俄罗斯相关的一切，包括书籍、歌曲、雕塑和文艺演出，都遭到西方阵营的强烈抵制。

从长远来看，本就萎靡不振的俄罗斯有可能被边缘化，将成为一个衰弱的地区大国。

俄罗斯和乌克兰都是前苏联的加盟国，历史上俄罗斯人和乌克兰人都是罗斯人，渊源颇深，本应互相关照，为什么竟然成为敌人大打出手呢？

俄乌战争的原因比较多，但若论这场战争的源头，要先从苏联解体后俄罗斯和乌克兰走向不同的道路说起。

苏联解体和东欧剧变的不同走向

东欧剧变和苏联解体之后，前苏联加盟国和前东欧社会主义国家都进行了政治、经济和社会的转型，政治方面都转向自由民主化，经济方面都转向私有化和市场化，社会方面都崇尚西方的普世价值，但若干年之后，人们发现这些国家实际上走向了截然不同的道路。

东欧剧变后，东欧原社会主义国家虽然完成政党轮替执政，但一片混乱。由于转型过快，失业率、通货膨胀率居高不下，民众对新政策的反抗情绪高涨，有些国家出现了罢工浪潮，波兰尤为突出。1992 年 1 月，波兰连续发生 3 次大规模罢工，8 月又发生工潮。政局动荡助长了极右势力的抬头，转型初期东欧各国均产生了政府频繁更迭或政府不稳固的现象。1989 年底，匈牙利的政党和组织达 50 多个；1990 年 6 月，捷克斯洛伐克已有 23 个政党和组织；1990 年 12 月，南斯拉夫共有 248 个政党注册；同期，罗马尼亚有 83 个新党登记注册，后高达 180 多个；1991 年 9 月，保加利亚的政党和组织已逾 80 个；同期，波兰已有 200 多个政党。20 年间，保加利亚更换了 14 届政府、7 届议会。虽然政局混乱，但基本保持了自由民主的政治。

在普遍经历转型性衰退之后，从 2000 年至 2008 年，东欧各国才走上了持续的经济增长之路，2007 年中东欧国家的 GDP 已经超过了 1989 年的水平，部分东欧国家加入欧盟后，经济增速加快，高于欧盟平均水平，有的东欧国家还进入准发达国家之列。

苏联解体后，绝大多数原苏联加盟共和国独立后自上而下推行转型，结果都转型失败，其中俄罗斯最为典型。

俄罗斯从苏联独立后，也学习西方创建民主政府，尝试建立三权分立的政治体制。

俄罗斯独立后开始转型，但俄罗斯各政治派系对未来的体制爆发严重分歧。1992 年初叶利钦推行激进的改革政策，执意推行西方总统制，而俄罗斯国会议长哈斯布拉托夫与副总统鲁茨科伊认为俄罗斯应当实行议会制，1992 年 4 月，两派的分歧在俄罗斯第四次人民代表大会上公开，双方不论在改革政策、新宪法内容、俄罗斯政体以及外交政策都出现严重分歧。

1993 年 9 月，叶利钦首先解除副总统职务，并成立俄罗斯联邦委员会，以取代最高苏维埃的旧有角色。9 月 21 日，叶利钦宣布俄罗斯联邦新立法机关联邦会议将于年底大选；而同一天，俄议会主席团通过致俄罗斯公民书，废止叶利钦中止议会权力的命令，停止叶利

钦的总统职务，并宣布刚被叶利钦免职的鲁茨科伊将接
替总统职务。

1993 年 9 月 24 日开始，叶利钦下令军队包围议会
大厦，举国震动。政府最初中断国会对外联系，随后进
一步停止供电、供水。10 月 3 至 4 日，双方谈判未有
进展时，叶利钦下令政府军进攻议会大厦，战斗长达
10 小时后，终于结束了陷于分裂的政治局面。事件
中，多份左派及俄罗斯民族主义报纸被禁，议长哈斯布
拉托夫一派的人被捕，俄罗斯官方指共造成 142 人死
亡，744 人受伤。主要由左派及俄罗斯民族主义者组成
的反对派则指事件中超过两千人被杀。

此事件标志着俄罗斯走向威权体制，标志着政治转
型彻底失败。

叶利钦的经济转型也失败了，推行休克疗法，放开
了价格管制，很快引发高度通货膨胀，1992 年 1 月几
乎所有消费品价格放开以后，当年消费品价格上涨了
2500%，到 1995 年底，消费品价格与 1991 年底相比上
涨了 1411 倍，人们手中的卢布贬值如同废纸。国有资
产私有化过快，国家财富被有权有势者大肆掠夺，寡头
经济膨胀，民营经济缺乏发展的机会，而短期国债的发
行更导致俄罗斯陷入空前的经济危机，过快的经济改革
几乎让俄罗斯经济陷于崩溃。1997 年 7 月，独立报公
布的家庭收支状况显示，十分之九的家庭生活在贫困线
以下，四分之一的家庭处于赤贫状态，直到 2008 年俄
罗斯的 GDP 才超过 1989 年水平。

1999 年 12 月 31 日，叶利钦把总统职位交给普京，普京仍然施行威权政治，始终牢牢控制着俄罗斯至今，他独裁专制，限制言论自由，暗杀政敌，消灭或驱逐了旧寡头，但又培养了一批新寡头，政府和寡头控制了俄罗斯的经济资源，官员普遍腐败。

在原苏联加盟共和国中，乌克兰是一个异数，政治转型过程中没有走上威权政治之路，实现了政治多元化和政党轮替，但政府腐败严重，经济转型失败，贫富两极分化，是欧洲最贫穷的国家之一，连核武器和航空母舰这样的国之重器都因为没钱维护而销毁或低价卖给外国，受西方影响比较深，可惜改革的步伐太慢了，始终没有兴盛的迹象，现在又陷入俄乌战争，未来堪忧。

乌克兰的狂热

俗话说，一个巴掌拍不响，俄乌战争是乌克兰的狂热和俄罗斯的心魔共同作用的结果。

乌克兰身处西方和俄罗斯两大敌对势力的夹缝之中，一旦内部动荡，很容易招致外部势力介入引发内乱，但乌克兰偏偏在关键时期犯了大忌，政治两极分化，两极互相攻击，最终招致西方和俄罗斯介入引爆俄乌战争。

乌克兰有两个主要民族，乌克兰族和俄罗斯族，乌克兰族人约占乌克兰总人口的五分之四，俄罗斯族人约占五分之一。

乌克兰有两个主要母语，乌克兰语和俄罗斯语，如果按照母语划分，约三分之二的人讲乌克兰语，主要集中于乌克兰的中、西部，约三分之一的人讲俄罗斯语，集中于乌克兰的东部和南部。在乌克兰，乌克兰族人的母语并不一定是乌克兰语，可能是俄罗斯语，俄罗斯族人的母语也不一定是俄罗斯语，可能是乌克兰语，一些乌克兰人可以讲两种母语。

在乌克兰，中西部比较亲西方，东部比较亲俄罗斯，自从苏联解体后，乌克兰人，尤其东部的乌克兰人，仍然与俄罗斯保持比较密切的联系，许多乌克兰人和俄罗斯人是亲戚朋友，有的家庭部分家人生活在乌克兰，部分家人生活在俄罗斯。

乌克兰从独立至 2014 年有四个总统，包括克拉夫丘克、库奇马、尤先科和亚努科维奇。首任总统克拉夫丘克在政治上亲西方，不愿与俄罗斯合作，但他在民族、语言等问题上采取温和的政策，安抚俄罗斯族人和说俄语的人。第二任总统库奇马奉行平衡外交，既强调乌克兰的独立性又与俄罗斯合作。2005 年尤先科当选总统，采取亲西方政策，与俄罗斯矛盾不断。2010年，亚努科维奇当选总统，转向亲俄罗斯。

克拉夫丘克、库奇马当乌克兰总统时，乌克兰内部亲西方的力量占优势，但还与俄罗斯保持着联系和沟通。第三任总统尤先科亲西方，而第四任总统亚努科维奇亲俄罗斯。总的来说，在四任总统治理期间，乌克兰的外交政策算是中立的和平衡的。

2013 年底，亚努科维奇决定不与欧盟签署联系协议，亲西方派开始和平抗议，后来转化为暴力革命，抗议人士占领国家机关夺取政权，与警察发生冲突，造成流血事件。

在一个民主国家，冲击国家机关夺权并暴力抗拒执法，这是暴乱，是不合法的，在任何一个民主国家都会被镇压，2021年美国时任总统特朗普的支持者冲击国会，被整个西方谴责，事后触犯刑法者都被审判。

面对亲西方派的逼宫，乌克兰总理阿扎罗夫被迫辞职，总统亚努科维奇也同意下台，时间表都定好了，协议也达成了，但反对派却仍不罢休，乌克兰议会投票恢复2004年宪法修正案，罢免总统亚努科维奇。议会还超越权限代替法院做决定，立即释放亲西方的前总理季莫申科，还罢免了包括院长在内的五名宪法法院法官。

乌克兰的亲西方派通过街头运动和议会越权上台，亲俄罗斯派则以暴易暴。

2014年3月16，乌克兰的克里米亚发起全民公投，以决定克里米亚继续是乌克兰的一部分还是和俄罗斯重新合并。由于历史、文化和语言等原因，还由于俄罗斯族占克里米亚人口的绝对多数，当地的俄罗斯族自然是支持克里米亚加入俄罗斯。公投结果毫不意外，公投最终投票率为82.71%，赞成加入俄罗斯的选票占95.5%，俄罗斯支持克里米亚的入俄公投，俄罗斯军队进入克里米亚。

亲俄罗斯派在乌克兰东部先抗议，然后使用暴力占领政府机关，组织民兵，顿巴斯地区出现了两个由分离主义武装控制的独立政治实体，顿涅茨克人民共和国和卢甘斯克人民共和国。基辅派兵镇压东部的叛乱，于是乌克兰内战爆发了，早已觊觎乌克兰东部的俄罗斯派雇佣兵帮助乌克兰东部叛军大败基辅军队。失去了对克里米亚和乌克兰东部的控制，乌克兰中西部民众愤怒了，不再害怕俄罗斯的威胁，彻底倒向西方，不顾一切执意申请加入欧盟和北约。

对于俄乌战争，无论法律上还是道义上乌克兰都合法合理，但是政治上非常不明智。2014 年乌克兰亲西方派违反了宪法，破坏了法律秩序，打破了亲西方派和亲俄派的平衡，启动了乌克兰乱局，为外国势力介入提供了机会。一个明智的小国不应该激怒一个正伺机侵略自己的邻近大国，更不应该给这个大国提供进攻自己的机会和理由。

亚努科维奇暂停加入欧盟的决定不是不可逆的、无可挽救的，乌克兰随时可以恢复加入欧盟的进程。其实乌克兰自身条件不佳，即使欧盟和北约受理乌克兰的加入申请，加入欧盟和北约的进程也会是一个漫长的进程，着急无济于事。亲西方派合法合理的做法应该是和平抗议，在议会和法院否决亚努科维奇的决定，然后想办法赢得下次总统选举，然后新总统再申请加入欧盟。

乌克兰的狂热两极分化，一极狂热投奔西方和一极狂热投奔俄罗斯。

那么乌克兰为什么如此狂热？

我在油管上看到一个采访视频，视频里一个乌克兰青年表示，在基辅搞革命的收了西方的钱，在乌克兰东部搞分离的收了俄罗斯的钱，言下之意就是无论亲西方还是亲俄罗斯，其实质都是亲钱，亲西方派和亲俄罗斯派都是收钱办事，所以两派的狂热都不是为了国家和人民。这样的传言听起来似乎有道理，但无法证实。

当初苏联解体，乌克兰独立后从苏联分得的遗产在原苏联各加盟共和国中仅次于俄罗斯，国土面积和人口数量仅次于俄罗斯，有丰富的矿产和庞大的重工业，还有足以让美国和俄罗斯畏惧的军事遗产，包括核武库、航空母舰、战略轰炸机，包括在世界举足轻重的军工企业、庞大的陆海空三军，当时家底比波兰等东欧的原社会主义国家强多了。

乌克兰向市场经济转型遇到困难，经济萧条，而波兰等东欧国家的日子也不好过，可自从 2004 年波兰等东欧国家加入欧盟以来，这些国家的经济得到快速发展。近几年来乌克兰的人均 GDP 只有三千几百美元，贫富两极分化严重，而波兰人均 GDP 达到一万八千多美元，国内贫富差距不大，有的东欧国家的经济比波兰的经济还好一些，比如：捷克、爱沙尼亚、斯洛文尼亚，人均 GDP 超过两万美元，已是准发达国家。

乌克兰中西部的居民与波兰等国家交往比较多，看到这些原社会主义国家的居民收入是自己收入的几倍，而物价只有德国等发达国家的一半或不到一半，实际上过着准发达国家的生活，心里不会认为这些国家的居民比自己能干，而是认为这些国家只是因为加入欧盟所以发达。

确实，加入欧盟的好处多多，除了成员国之间自由贸易、关税一致对外、成员国之间资金自由流动之外，最关键的是，申请加入欧盟的过程中，欧盟会迫使条件不好的国家进行政治和经济的改革，比如：杜绝腐败、规范市场经济等等。

为了过上象波兰等国家那样的准发达生活，所以乌克兰中西部的居民狂热地想加入欧盟。

在克里米亚，俄罗斯族占居民人口绝对多数，在乌克兰东部的顿巴斯，俄罗斯族和说俄语的居民非常多，两个地区本身就亲近俄罗斯，苏联解体后，两个地区与俄罗斯仍有比较多的经济合作，而基辅政权对待俄罗斯族和俄语的政策多有失误，导致克里米亚和顿巴斯的俄罗斯族和说俄语的乌克兰人开始敌视基辅政权，加上俄罗斯刻意拉拢和支持，最终导致克里米亚和顿巴斯不顾一切脱离乌克兰转向俄罗斯。

俄罗斯的心魔

尽管俄罗斯是世界上国土面积最大的国家，噬土成性和侵略成性仍是俄罗斯的历史传统，对于俄罗斯人来说，开疆扩土是不言而喻和理所当然的事情，同时，俄罗斯还是一个非常没有安全感的国家，如果和大国之间没有亲俄或中立的缓冲小国，就难以容忍，可以不惜发动战争打出一个缓冲国。

俄罗斯最为辉煌的事业就是把周边国家纷纷纳入自

己的版图，建立一个疆土辽阔包含多民族的大帝国。俄罗斯人最崇拜的历史人物，包括彼得大帝、叶卡捷琳娜二世、亚历山大一世、伊凡三世，无一不是俄罗斯帝国的缔造者和扩张者。

俄乌战争爆发后，尽管适合服兵役的俄罗斯青壮年纷纷出国逃避，但这些逃避的俄罗斯人大多数仍然认为应该吞并乌克兰，只是认为自己不应该上战场。

苏联表面上是众多共和国的联盟，但本质上还是一个俄罗斯帝国，出身格鲁吉亚的斯大林简单粗暴推行大俄罗斯沙文主义，被加盟的东欧诸国怨恨颇多，积下历史宿怨，斯大林去世后大俄罗斯沙文主义并未得到纠正，于是东欧诸国等到苏联衰弱就伺机发起东欧剧变，结果连苏联也解体了。

苏联解体和东欧剧变后，等于俄罗斯失去了诸多附庸国，等于丧失了大片的领土和人口，以俄罗斯嗜土如命的本性，早晚会发动侵略战争再拿回来，这也是原东欧社会主义国家争先恐后加入北约求保护的原因。

在苏联解体前后，由于对改革和转型造成的糟糕局面不满，在俄罗斯催生出了反美、反西方、反民主化、反自由化的政治运动，在这种社会背景下，脱胎于欧亚主义的新欧亚主义出现了。

杜金是新欧亚主义的开创者，并把该主义发扬光大，最终在 1990 年代末发展出一支独立的政治力量。新欧亚主义的观念比较庞杂，这里只简单介绍新欧亚主义的地缘政治观念。

　　杜金认为，在全球化的时代背景下，民族国家作为一种组织领土和人民的形式已经过时了，世界应该被划分为几个自主的区域联盟，每一个区域联盟都代表着多极世界的一极，按照自身的种族、文化、宗教和行政特性组织自己的管理模式。

　　杜金将世界划分为四个文明区域：美国--拉美、非洲--欧洲、亚太地区、欧亚区域。杜金认为，欧亚区域当然以俄罗斯为主向外扩张，至于被扩张的国家抵制扩张怎么办，他没有说，但从他对乌克兰的论断中可以看出来他的观点。

　　对于 2014 年持续发酵的乌克兰问题，杜金认为只要乌克兰作为一个主权国家仍然存在，谈论欧亚大陆的地缘政治就没有意义，因此，出于地缘政治的考量，乌克兰的命运就是被肢解，西部成为中欧的一部分，而克里米亚连同基辅，成为"小俄罗斯"的一部分，而"小俄罗斯"则加入俄罗斯。

　　杜金的新欧亚主义严重脱离现实，有如痴人说梦，异想天开，罔顾民族国家的独立自主性，臆想分割别国领土有如切蛋糕那么容易，却对俄罗斯社会影响广泛，对政府也有潜移默化的重要影响，成为俄罗斯的心魔，这真是俄罗斯的悲哀！

　　在俄罗斯，侵略的思想文化盛行，乌克兰应该成为俄罗斯的一部分，恐怕是大多数俄罗斯人的共识。欧美还没有衰落，北约仍占优势，联合国大多数支持民族国家独立，乌克兰独立已长达三十余年，国家和民族的独立观念已深入人心，还梦想吞并或肢解乌克兰，俄罗斯的心魔不可谓不重。

俄罗斯的心魔也是普京的心魔。

许多人称呼普京为普京大帝，无论是否尊重普京，多多少少都有调侃的意思，但普京本人可能确实想成为俄罗斯大帝，还可能想成为象彼得大帝那样的历史人物。

普京想让俄罗斯重新成为一个强大的国家，但普京施行高压威权和中央集权的政治，腐败盛行，僵化低效的国家资本和权贵资本几乎掌控了国家所有的重要资源，无法为经济、科技、军事注入发展和创新的活力，于是普京走回苏联和沙俄的老路，想软硬兼施迫使原苏联的加盟国家再加入俄罗斯主导的联盟，然后俄罗斯吞并加盟的国家。

俄罗斯族、乌克兰族和白俄罗斯族都是古代罗斯族的后裔，在白俄罗斯，俄罗斯族虽然不是主要民族，但俄语是官方语言之一，在乌克兰，俄罗斯族是第二大民族，俄语是许多乌克兰人的母语，在领土和人口方面，乌克兰都是原苏联加盟国中仅次于俄罗斯的大国，白俄罗斯和乌克兰夹在俄罗斯和北约国家之间，是俄罗斯最想吞并的国家。

普京在关于乌克兰的表态中，经常使用"历史领土"的提法。在普京的眼里，整个乌克兰都是俄罗斯的历史领土，所以对于俄罗斯来说，乌克兰没有国家主权。

2021 年 7 月 12 日，普京发表题为《论俄罗斯人和乌克兰人的历史统一》的署名文章，论述了俄罗斯民族与乌克兰民族的历史渊源。

在普京看来，"历史领土"既包括已并入俄罗斯的克里米亚地区，也包括乌东地区，可视为俄罗斯领土之外的核心利益地区。这一概念虽不具有国际法意义，但却是俄罗斯领导人在处理乌克兰问题时会考虑到的重要因素。

关于克里米亚的领土归属问题，普京抨击当年赫鲁晓夫将克里米亚划归乌克兰苏维埃社会主义共和国的决定"明显有违宪法，即使在当时也是如此，是私相授受"。

普京强调，俄罗斯帝国与波兰立陶宛联邦于 1686 年签署的《永久和平条约》划定基辅市以及波尔塔瓦、切尔尼戈夫、扎波罗热等第聂伯河以东地区归俄罗斯，当时称其为"小俄罗斯"。普京称，在历史上，居住在"小俄罗斯"的乌克兰人与俄罗斯人共同建立起了一个强大的国家，他们不仅为国家的制度、文化和科学做出贡献，还参与了乌拉尔、西伯利亚、高加索及远东地区的探索和开发。

普京认为，苏联时期，乌克兰苏维埃社会主义共和国不仅是最初组建苏联的创始国，与乌克兰关系紧密的赫鲁晓夫和勃列日涅夫等人甚至还成为苏联领导人。当时各个加盟共和国的边界不过是象征性的，从未被视为国家边界。但在 1991 年，所有加盟共和国四分五裂后，当地居民都成为了"外国人"，被从他们的"历史祖国"强行带走了。

普京表示，"我们永远不会允许我们的历史领土和生活在那里的亲人被用来对付俄罗斯，我们反对军事组织霸占我们的家门口甚至驻扎在我们的历史领土上"。他还警告试图这样做的人终将自食恶果，摧毁自己的国家。

2022 年 2 月 21 日，普京发表了一个近 1 小时的全国电视讲话。在讲话中，普京强调说，乌克兰从来没有独立建国的传统，而目前的乌克兰是前苏联领导人列宁"人为"创建的国家。普京认为，现代乌克兰是俄罗斯"通过割去自己部分历史领土建立的"，而俄罗斯现在对乌克兰的行动，属于"去共产化"的一部分。

历史领土观念和国际法精神是相违背的，如果每一个国家都可以根据历史领土提出领土要求，那当今世界将会回到二战中强国随意侵略弱国的时代。

白俄罗斯和俄罗斯类似，也是威权国家，从 1994 年以来，卢卡申科一直担任白俄罗斯总统，一直统治着白俄罗斯，他害怕西方在白俄罗斯煽动颜色革命，所以敌视西方亲近俄罗斯。俄罗斯是白俄罗斯在政治和经济领域最大和最重要的伙伴。

乌克兰基本上是一个自由民主的国家，对俄罗斯吞并自己的野心比较警惕，自然亲近自由民主的西方，何况西方那么发达富裕，是乌克兰向往的世界。俄罗斯对乌克兰威逼利诱，可桀骜不驯的乌克兰不但不想和俄罗斯结盟，而是根本就不想做中立国，一门心思要加入欧盟，2014年俄罗斯夺了乌克兰的克里米亚和顿巴斯后，乌克兰想拿回丢失的土地，又怕被俄罗斯军事吞并，不但要加入欧盟，还狂热地想加入北约求保护。

最终普京的心魔发作，对乌克兰大打出手，俄乌战争爆发了。

俄罗斯转型失败的深层次原因

归根结底，俄乌战争的主要原因还是苏联解体后俄罗斯转型失败，未能成为一个自由民主的国家，反而走向专制独裁，毕竟在现代，两个真正的民主国家互相开战是非常罕见的。

那俄罗斯为什么会转型失败呢？

无论政治转型、经济转型还是社会转型，俄罗斯都失败了，政治转型没有实现民主化，以民主为基础的普世价值在俄罗斯自然成为无根之苗，无法生长，经济转型催生了国家资本和权贵资本为主的畸形市场经济，社会转型失败，民众仍然迷信崇拜伟人，期待救世主拯救自己。

既然苏联解体后俄罗斯人们都向往民主和自由，那为什么俄罗斯还会走回威权和独裁的老路？

俄罗斯转型失败的一个主要原因是，无论是政治转型和经济转型还是社会转型，都是由旧官僚自上而下主导的。

正是因为旧官僚集团都是腐朽的，旧官僚都是腐败的，苏联才会走向没落而解体，而人们却寄希望于这些旧官僚集团和旧官僚能主动舍弃特权创造自由民主的政治体制，那无异于缘木求鱼。在转型过程中，这些旧官僚必然会用新瓶装旧酒，用自由民主的政治形式包装政治门面，但不会改变专制的政治本质，随着时间推移，必然走向专制独裁。

俄共解散了，但俄共的旧官僚并没有下台，也没有放弃手中的特权，而是利用特权主导了俄罗斯的全面转型。在俄罗斯转型过程中，民众继续拥护苏共的旧官僚，把政治选票投给那些旧官僚，于是转型过后，官场和商界里的重要人物都是原来的掌权者，党的总书记成为总统，党的各级书记和高官成为州长、市长、金融家和银行家，媒体仍掌控在政府手里，厂长成为企业家，警察、检察官和法官几乎原位不动，原来的苏维埃人民代表大会成为国会。

在俄罗斯转型过程中旧官僚还瓜分了俄罗斯的国家财富。

学者苏晓农先生写了一篇论述旧官僚导致俄罗斯民主化失败的文章，标题是《评论│程晓农：俄国入侵乌克兰：民主化失败的现实教训》，文章中有对俄罗斯前官员的采访，比较直观地描述了俄罗斯转型过程中的细节，现从文章中摘录几段文字如下：

既然苏联解体时，其多数国人向往民主化，那为什么俄罗斯今天会走到这种地步？俄罗斯民主化失败的关键在于，俄国的制度转型是用"旧"零件组装"新"机器，这就必然导致"新"机器充满了"旧"功能。所谓的"旧"零件，是指俄罗斯民主化中，新官僚都是苏共旧人；而国人的价值观当中，也有很大一部分是苏联时代的旧观念。这样，民主化开始后，官场、商场上旧人云集，投票时选民的旧观念作祟，民主化失败自然就是题中应有之义了。

1995 年，我曾经在圣彼得堡市采访了一个该市的前苏共区委书记。她被采访时担任一家私人银行的董事长，为我解释了苏共被取缔时党内掌实权的各级干部的共同心态。据她说，当时苏共各级干部关心的是怎样摆脱旧的苏联桎梏，开通自己发财致富的道路，又不必受克格勃的威胁，这就是他们抛弃苏联的主要原因。

采访时我最感兴趣的是，这位前苏共区委书记如何赤手空拳开了银行，当上了"金融家"？她怡然自得地准许我把录音机放在她的面前，毫不隐讳地给我这个外国人讲了其中的奥秘。

苏共被取缔的次日，她召集原来由她任命的该区各国有企业厂长开会，商量出路，因为她和厂长们的合法性一夜之间都消失了。她的建议是，由她出面注册一家私营银行，厂长们把本企业的国有流动资金作为这家私营银行的入股资金，转入此银行；再用银行贷款的形式，把来自各企业的资金转回企业。通过一番这样的"神操作"，这家私营银行就凭空有了雄厚的"资本"，而各位厂长也从此成为掌握自己企业金融命脉的私营银行"股东"；虽然"组织上"不再任命这些厂长，但厂长们的地位由此得以稳固。

当时我追问："这样做合法吗？"但却没料到，自己问了一个道地的傻问题。这位前区委书记微笑着问我：什么是法律？她解释道："我们各地的'干部'们都在这样做，他们支持的国会议员在'杜马'（俄国国会）通过的金融法令因此规定，这样的做法属于合法行为。不然，我也不敢告诉你了。"这就是"旧"零件组装出来的"新"机器在如何运作的典型案例。

苏共干部们并非真不懂经济，只是他们不喜欢计划经济之下的束手束脚而已，也不喜欢被党纪部门或克格勃勒索威胁；一旦让他们用权力自由自在地发财，就无师自通地各显神通，呼风唤雨。他们就是普京们的权力基础，仿佛沙皇时代的贵族一般。然而，用这些"旧"零件组装出来的俄国"新"政治制度，只是个民主制度的冒牌货。

程晓农先生的这篇文章可以在网络上搜到，感兴趣的读者们可以搜索查看文章的全篇内容。

俄罗斯转型失败的另一个主要原因是，同时推进政治、经济和社会的三大转型，而且转型过快，最终导致转型失败。

一个上市公司突然转型，失败可能性会非常大，一个精明的股民不会盲目乐观买进这家公司的股票，而一个国家突然转型，人们却相信很容易成功,这岂不荒谬？

一般来说，改革难，要冒非常大的风险，而转型要比改革更难，要冒天大的风险，毕竟改革是既有的基础上局部改变，而转型是全部改变从头再来。

即使转型是人道的、顺应历史潮流的，也不意味着转型就可以轻易成功，因为细节决定成败。即使转型是成功的，其过程也往往是曲折反复的。

民主政治确实是进步的，但又是复杂的，市场经济确实是先进的，但又是残酷的，人们口头赞美普世价值容易，但要让人们在触及自己利益时还认同普世价值就千难万难。

政治、经济和社会这三大转型，任何一个都将是一个漫长而曲折的过程，即使不出大的差错也需要十几年到几十年，往往需要几代人才能完成。

苏联解体和东欧剧变是突发事件，社会主义阵营没有预料到，西方没有预料到，全世界都没有预料到，所以苏联解体前没有人为俄罗斯的转型做准备。在没有充分准备的情况下，俄罗斯同时快速推行政治、经济和社会的三大转型，失败几乎是必然的。

俄罗斯转型后，权力为所欲为，权贵贪婪无度，腐败渗透到国家和社会的每一个角落，没有贿赂就办不成任何事，结果国有资本和权贵资本垄断经营，石油和天然气等能源产业随着世界能源市场浮沉，军工产业主要靠吃苏联时代的老本惰性成长，民营资本始终发育不良，优质的资本和优秀的人才纷纷外流，经济长期低迷，衰弱的国家综合实力注定难圆帝国梦和沙皇梦！

结语

俄乌战争源自苏联解体后俄罗斯转型失败的历史悲剧，转型失败后，俄罗斯人不再相信自由民主和市场经济，也不再相信自己，而是期待救世主拯救自己，最终只能等来新沙皇，回到了独裁专制的旧时代，共同沉湎于时空错乱的历史梦幻中无法自拔，而俄罗斯嗜土如命的帝国本性回归，则让欧洲重新进入战争时代，并牵动了整个世界。

一个非民主大国如何转型为自由民主的国家，这是全世界必须面对和应该解决的一个重要课题，否则类似俄乌战争的悲剧将会不定期重演！

1.5 阿拉伯之春的迷思

颜色革命是指由于选举不透明、选举舞弊、政客腐败、官商勾结或其他政治事件人民发起大规模抗议运动冲击或颠覆政府的革命。

阿拉伯之春是一次几乎波及整个阿拉伯世界的颜色革命浪潮。

阿拉伯之春从突尼斯的茉莉花革命开始,在阿拉伯世界迅速蔓延开来,几乎波及了整个阿拉伯世界,影响至今仍未平息,时不时再起波澜。

有人说阿拉伯之春失败了,已进入阿拉伯之冬,2019 年,美国研究员诺亚·费尔德曼出版了一本书,他在书中批评了革命军事化和宗教极端主义兴起,书名就是《阿拉伯之冬》。

在阿拉伯之春中,一开始都是民众抗议示威,大多数阿拉伯国家通过武力镇压、发放钱财、承诺改革等手段平息了颜色革命,但有六个阿拉伯国家,包括突尼斯、埃及、利比亚、也门、苏丹、阿尔及利亚,民众运动失控,发生了暴力革命或军事政变,政府被颠覆,有四个阿拉伯国家,包括叙利亚、利比亚、也门、苏丹,陷入内战,只有三个阿拉伯国家,包括突尼斯、埃及、阿尔及利亚,没有经过内战就实现了改朝换代,但都回到或正在回到独裁专制的政治原点。

在阿拉伯之春中,在发生了激烈的动荡和更迭的阿拉伯国家里，突尼斯、埃及、利比亚、叙利亚是最有代表性的国家。

突尼斯的茉莉花革命

突尼斯曾是奥斯曼帝国的地盘，1881 年成为法国的殖民地，1956 年独立建国。

突尼斯独立之初本来是一个君主国，实行君主立宪制，最高统治者称贝伊，首相布尔吉巴推翻了亲法政权，软禁了贝伊，1957 年又废黜了贝伊，成立了突尼斯共和国。

1957 年到 1987 年，布尔吉巴一直担任突尼斯共和国的总统，虽有共和之名，其实施行独裁统治，可布尔吉巴有开明的一面，在突尼斯进行了大量改革，推行世俗化，进行经济改革，建立一些社会保障体系等。

1987 年，布尔吉巴因长期身体恶化，时任总理本·阿里取而代之成为突尼斯总统。

本·阿里在位期间继续推行世俗化，在对外政策上亲西方，在政治方面更加开放些，推行了有限的改革，开始举行总统大选，并让反对党合法化，还放松了报刊审查制度。虽然有了总统大选，但总统大选只是有剧本的表演，从 1989 年到 2009 年，本·阿里三次在总统大选中获胜，支持率分别是 99.66%、94.48%和 89.62%，一个统治者有如此之高的支持率，说明真正的政治竞选对手都被镇压了。作为一个独裁者，本·阿里对西方的公关和表演都比较成功，在茉莉花革命爆发前，西方媒体竟然称赞突尼斯是"北非民主国家的典范"。

2008 年美国次贷危机爆发，2009 年，欧债危机也爆发了，西方国家去突尼斯旅游的人数大幅下降，而突尼斯经济特别倚重旅游业，所以旅游业不振导致经济下滑，青年失业率激增，本来就不行的经济更不行了，社会矛盾加剧。

许多重大历史事件往往由一个小事偶然触发引爆，茉莉花革命也不例外。

2010 年，26 岁的突尼斯青年穆罕默德·布瓦吉吉以在西迪布吉德的街上卖水果谋生，每月赚取大约 140 美元，如此微薄的收入，却要供应母亲、叔叔、弟弟和妹妹生活，还供应一个妹妹上大学，经济负担非常重，但当地警察并不同情布瓦吉吉，还为难他，经常没收他的手推车和水果。

2010 年 12 月 17 日上午，布瓦吉吉借钱买下价值 200 美元的水果摆摊销售，但设好摊位后不久，警察又没收了他的水果和电子磅秤，推倒了他的水果车，还侮辱和殴打了他。

水果和磅秤被没收后，激愤的布瓦吉吉前往地方政府办公室投诉，但总督拒绝见他。布瓦吉吉说："如果你不见我，我就自焚。"尽管如此，总督还是拒绝见他。于是布瓦吉吉在当地时间上午 11：30 在当地政府大楼前自焚，结果重度烧伤，后来被送到一家烧烫伤治疗中心治疗。布瓦吉吉在他自焚后十八天，于当地时间 2011 年 1 月 4 日下午 5:30 因伤重医治无效死亡。

2011 年的突尼斯，失业率高涨，可以说民怨沸腾，布瓦吉吉的自焚事件引起突尼斯人愤怒，抗议活动由西迪布吉德开始，持续两周之久，警方试图平息动乱，但反而进一步引发一连串暴力及冲突事件。自布瓦吉吉死后，抗议活动逐渐扩散到其它城镇，后来引发首都突尼斯市的抗议潮，最终转为暴力革命，迫使突尼西亚总统本·阿里及其家人于 2011 年 1 月 14 日逃亡到沙特阿拉伯。至此，本·阿里结束了他在突尼斯长达 23 年的独裁统治。

总理当天下午按照宪法规定发表声明宣布暂任总统，晚上就有人质疑他获取权力不合法。2011 年 1 月 15 号上午，突尼斯宪法委员会认定总理此举违宪，总统职位应交给大议长。一个月后，有人攻击大议长是本·阿里的同伙大议长也被迫辞职。3 月 9 日，本·阿里所在的政党宪政民主联盟被宣布为非法组织，就地解散。

本·阿里在位期间主要打击了两派，一派是追求西方民主的世俗主义政党，一派是主张伊斯兰化的宗教政党。本·阿里倒台后，两股政治势力都迅速膨胀，然后互相恶斗。

2011 年 12 月突尼斯举行大选。这次大选的结果是一个世俗的左翼党领袖马尔佐基当选总统，而伊斯兰政党伊斯兰复兴运动党则成为议会第一大党，其领袖贾巴利出任政府首脑。这个伊斯兰复兴运动党在伊斯兰政党中算是温和派，它赞同经济自由主义政策，但在政治方面赞同伊斯兰的政治理念。

大选后，伊斯兰政党和反对党就伊斯兰教法在宪法中应占何种地位展开反复的斗争。这期间伴随了数次暗杀，以及从 2011 年一直延续到 2014 年的全国紧急状态。到 2014 年 1 月，终于通过了新宪法。新宪法承认伊斯兰教的重要地位，同时保护信仰自由和言论自由，禁止对宗教信仰的诋毁和对不信仰任何宗教者的谴责。2014 年 12 月，大选举行，本·阿里政府的原成员贝吉·卡伊德·埃塞卜西获胜，当选为新一届总统。

突尼斯的茉莉花革命引发动乱但没有引发内战，引发政治恶斗但没有引发国家分裂，伤亡和破坏都比较小，只用了三年多时间就完成了政治转型，暂时成功了，但转型后经济不振，通货膨胀和失业率依旧维持在高位上，政局一直动荡不安。

2021 年 7 月，突尼斯总统赛义德罢免总理并冻结议会，通过了新宪法以替代 2011 年阿拉伯之春运动后通过的民主宪法。该新宪法赋予了国家元首完全的行政控制权和军队的最高指挥权，引起了政治反对派的不满和抗议示威。

2023 年 1 月，赛义德组织了一次议会选举，旨在选出新的立法机构并重塑突尼斯的政治体系，但仅有 11% 的选民投票。

2023 年 2 月，突尼斯的总检察长日益频繁地对反对派提起刑事诉讼，指控他们"策划阴谋破坏国家安全"、冒犯国家元首或违反打击网络犯罪的法令规定，一些人因批评政府而被带到军事法庭接受审判。

自 2021 年 7 月以来，突尼斯当局还采取了一系列措施，破坏了司法机构的独立性，高级司法委员会遭到解散，至少几十名法官遭到即决撤职。

自茉莉花革命以来，突尼斯人经过十多年的民主斗争，正在转向专制独裁的政治原点。

埃及的独裁复辟

埃及原先是奥斯曼土耳其的行省，后来变成英国的殖民地。

1922 年，英国形式上承认埃及独立，实质上建立傀儡政权，利用埃及王室统治埃及。

1952 年，纳赛尔发动政变，推翻埃及国王，1956 年，他成为埃及正式总统，施行独裁统治，一直连任到 1970 年去世，萨达特继位总统，继续专制，一直连任，1981 年萨达特遇刺身亡，穆巴拉克上台。

跟突尼斯类似，穆巴拉克的反对派也有两派，一派是伊斯兰原教旨主义的穆斯林兄弟会，一派是向往西方民主的青年学生运动组织，穆巴拉克全部镇压，自从他上台以后，埃及一直处在戒严和紧急状态，直到埃及革命迫使穆巴拉克下台。

穆巴拉克在位期间积极推行经济自由化，埃及有金字塔，有古文明遗迹，适合发展旅游业，油气资源丰富，多种矿产资源储量比较大，适合资源出口，有苏伊士运河，海航便利，所以埃及的开放型经济发展得还可以，钢铁、轻工业和服务业等产业也有所发展。在一个独裁政权统治下推行经济自由化，结果就是利益从权力中心向外围辐射，越靠近权力中心的人获利越多，独裁者穆巴拉克的亲朋、好友、亲信掌控了国家的要害部门和命脉资源，远离权力中心的广大民众可以分享的经济成果少得可怜。穆巴拉克是美国的坚定盟友，每年从美国接受数十亿美元的经济援助，13 亿美元的军事援助，而埃及有 40%的人每天收入在 2 美元以下。

2009 年欧洲爆发经济危机，危机蔓延到埃及，重创了埃及的外向型经济，青年纷纷失业，2010 年青年开罗有 50%的年轻人没有工作。

阿拉伯之春到了埃及，埃及示威浪潮在 2011 年 1 月 25 日开始行动，2 月 11 日，穆巴拉克就辞去总统权力。2012 年 6 月 2 日穆巴拉克因谋杀示威者以及受贿等罪名被判处终身监禁。

经过反对派的积极争取，埃及在 2012 年举行大选，穆斯林兄弟会的穆尔西在大选中获胜。同年，新宪法颁布。在穆斯林兄弟会的主导下，这部宪法离政教合一只有一步之遥：宪法宣布伊斯兰教在埃及法律体系和社会生活中处于核心地位，主张宗教领袖伊玛目拥有崇高的地位。这部宪法立刻引起了世俗派和军方的强烈反对。

2013 年 7 月，埃及和叙利亚断交成了引发自由派数十万人游行的导火索，自由派要求穆尔西下台，军方领导人发动政变，逮捕穆尔西及穆斯林兄弟会主要领导，双方支持者爆发一系列街头抗议和流血冲突，随后军方宣布暂停宪法，罢黜、软禁并起诉穆尔西。当年

12 月，军方宣布穆兄会为恐怖组织。到 2014 年，超过 1.6 万穆兄会成员被拘捕，上千人被判处死刑。2014 年 11 月 29 日，开罗刑事法院作出判决，穆巴拉克谋杀示威者以及受贿罪名不成立，但由于穆巴拉克此前在一起贪污案中被判三年监禁，因此不能立刻获得释放。2017 年 3 月 24 日，穆巴拉克以年近 89 岁高龄获释，从马亚迪军医院返回开罗北郊的住所。

2014 年，军方的总统候选人塞西以 96.9% 的得票率当选总统，埃及的军事独裁政权成功复辟。

宗教专制或军事独裁，二选一，这就是埃及的宿命！

利比亚的两场内战

利比亚曾经归属奥斯曼帝国，后来又曾经是意大利的殖民地。

利比亚有两个世界，一个世界是比较现代化的几个大城市，另一个世界是古老部落。在利比亚，大部分地区分布着传统部落，部落有酋长，酋长统治部落，利比亚的统治者主要统治首都和几个大城市，对部落的统治是有限的。

1969 年 8 月 31 日，由卡扎菲领导的自由军官组织发动政变。9 月 1 日，伊德里斯王朝被推翻，国王被罢免，从 1969 年至 2011 年，卡扎菲是利比亚的独裁者。

执政之初，卡扎菲在内政方面做了一些富有成效的改革。

卡扎菲上台后，由于敌视西方殖民者，他赶走了驻扎在利比亚的美军，将惠勒斯美国空军基地收回。卡扎菲还废除了前伊斯尔德王朝与美国签订的军事与经济合作协定，将西方公司控制的本国石油公司收归国有，并大力发展石油产业，加大石油出口。

1973 年第四次中东战争期间，阿拉伯国家反对以色列，联手减产石油，并向以色列及其支持者实行石油禁运，引发了全球范围内的石油危机，导致国际原油价格暴涨。利比亚石油储量丰富，是全球重要的石油生产国和出口国，因此发了大财。

1990 年，利比亚人均 GDP 为 6514 美元，2008 年达到了 1.4 万美元，快达到了发达国家的水平。当时的利比亚，是非洲最富裕的国家，利比亚人民的生活水平提升了不止一个层次。

利比亚的石油经济腾飞了，利比亚的几个大城市实现了现代化。

有钱好做人，有钱好办事，出口石油赚钱了，卡扎菲实行了一系列的福利政策，全民免费医疗和免费教育，利比亚人买房、买车，国家会给予补贴。利比亚位于中东地区，干旱少雨，居民用水困难，卡扎菲花费一百几十亿美元，将地下水抽上来，解决了居民用水问题。卡扎菲还提高了利比亚女性的地位，废除一夫多妻制，提倡婚姻中男女平等，让利比亚女性可以和男性一样自由的逛街、读书和工作。

卡扎菲驱赶美军，收回美军的军事基地和西方的石油产业，得罪了美国和西方，卡扎菲和美西方互相敌视。

有了丰富的石油资源，卡扎菲有了霸气，为了建立北非霸权，1978年、1979年、1980-1981年和1983-1987年，卡扎菲四次出兵干涉乍得内战，招致美国和西方经济制裁和军事打击。在经济方面，美国和西方制裁利比亚的石油产业，在军事方面，美军空袭利比亚。1988年，卡扎菲制造了洛克比空难，造成270人死亡，其中189人为美国人。卡扎菲继续对抗西方，援助非洲，同美国和法国争夺影响力，还要终结美元的国际货币地位。由于苏联支持卡扎菲，西方不敢冒然进攻利比亚，卡扎菲更忘乎所以了。

独裁者早晚会腐败堕落，卡扎菲也不例外，他将自己的子女、亲属、亲信安插到利比亚的各个要害部门，控制了利比亚的经济命脉。利比亚出售石油赚取的巨额财富，大部分都归卡扎菲的家族和亲信所有，利比亚民众获利不多，所以对卡扎菲的不满日渐加剧。卡扎菲和西方国家对抗，西方制裁利比亚，重创了利比亚的经济，利比亚民众本来还可以的生活变得艰难了，对卡扎菲愈加不满。

卡扎菲不是一个普通的独裁者，他是一个叛逆高调狂热富有表演欲的独裁者，喜欢挑衅世界大国，包括中国。

2006年中国举办中非合作论坛，卡扎菲在事前写信给非洲国家领导人，斥责中国此举为新殖民主义，反对非洲国家领导人与会，那年来中国的代表团有 48 个国家，利比亚派的团长是级别最低的。

在外交方面，卡扎菲几乎得罪了整个世界，得罪了整个西方，尤其难得的是，他几乎把联合国五个常任理事国全得罪了，当阿拉伯之春来到利比亚，没有一个大国支持他，他连可以逃亡避难的国家都找不到，太失败了。

突尼斯和埃及政变成功之后，阿拉伯之春来到利比亚，利比亚人们在 2011 年 2 月 15 日开始反政府抗议活动。2 月 18 日，反对派控制了该国第二大城市班加西。政府派出精锐部队和雇佣军想夺回班加西，但被击退，第一次利比亚内战爆发了。

2011 年 3 月 17 日，联合国安理会投票通过 1973 号决议，在利比亚设立禁飞区，为了"采取一切必要措施"和"保护平民和平民中心"的安全。两天后，法国、美国和英国开始轰炸亲卡扎菲部队。来自欧洲和中东国家的 27 个联盟国加入了此干预行动。

2011 年 8 月底，反对派控制了卡扎菲的阿齐齐亚兵营，结束卡扎菲长达 42 年的执政，解散了卡扎菲政府。许多政府机构，包括卡扎菲和几名政权官员都在苏尔特重组，卡扎菲宣布在这里成立利比亚的新首都。最后在 10 月 20 日，全国过渡委员会军占领了苏尔特，当天枪杀了卡扎菲。他成为在阿拉伯之春中第一个被杀死的领导人。

卡扎菲死了，利比亚分崩离析，趁乱发展起来的军阀和武装组织谁也不服谁，在 2014 年第二次利比亚内战爆发了。这次战争起源于利比亚境内两个对立政权之间的武装冲突：一方为当时受国际承认的世俗政府，托布鲁克政府，由民选的国民代表大会与哈福特将军发动的"尊严"行动所支持；另一方为伊斯兰政府，的黎波里政府，由大国民议会与参与"利比亚黎明"行动的宗教武装联军所支持。双方阵营都是包含许多立场不定的民兵组织所组成松散的军事同盟。

2014 年 10 月起，第三支势力伊斯兰国通过占领德尔纳从而加入利比亚战争。2016 年初，受国际承认的"民族团结政府"成立，成为内战中另一新势力。埃及军队与阿拉伯联盟通过空袭利比亚的"利比亚黎明"行动和伊斯兰国来干涉内战。卡塔尔与土耳其则资助"利比亚黎明"行动。

到 2023 年，利比亚还在内战，没有停战的趋势。

在卡扎菲统治时代，利比亚其实就是一个貌合神离缺乏共识的国家，卡扎菲依靠暴力镇压维持着国家的统一、稳定、和平，当卡扎菲控制不了政治局势后，利比亚马上陷入军阀分裂混战的状态。

利比亚这样的国家似乎只有两个选择，独裁或内战。

叙利亚内战

1970 年，叙利亚国防部长哈菲兹·阿萨德通过军事政变上台，此后直到 2000 年去世，他在统治叙利亚的这 30 年里，一直禁止任何反对党或非执政党候选人参与任何政治选举活动。

哈菲兹死后，他的儿子巴沙尔·阿萨德继承他的权力，继任为总统。

独裁加世袭，导致阿萨德政府贪腐严重，经济落后，青年人失业率非常高，贫富悬殊，民众对政府非常不满。

叙利亚自从 1962 年就一直处于紧急状态法的管理之下，这项法令禁止群众集会和组织运动，当局有权盘查任何人，并监督私人通讯和审查媒体，赋予该国安全部队随意逮捕和监禁的权力。

巴沙尔·阿萨德家族属于伊斯兰教什叶派的分支阿拉维派教徒，而阿拉维派仅占叙利亚总人口约 6%至 12%，大部分叙利亚人信仰伊斯兰教逊尼派。不过阿拉维派人士控制着该国的安全部队，叙利亚政府也一直完全依靠阿拉维派控制的军队来打击反政府者。

对于阿拉维派一直掌权，叙利亚的逊尼派民众和库尔德人都非常怨恨。

在全世界，主要伊斯兰国家都是逊尼派，只有少数几个国家，比如伊朗、叙利亚才是什叶派。萨达姆本来也是逊尼派，美国彻底打败他之后，什叶派在伊拉克势力迅速扩张，有倒向伊朗的趋势。

几乎整个阿拉伯世界都信仰逊尼派，都排斥和敌视信仰什叶派的巴沙尔政权。

受阿拉伯之春示威潮及对政府不满的影响，2011

年 3 月 15 日起叙利亚开始爆发要求总统阿萨德辞职的反政府抗议活动。随后抗议活动遭到暴力镇压，最终演变成全国性的武装冲突。

叙利亚的颜色革命和内战非常复杂，不仅涉及反对派反对独裁政权，以及这些独裁政权压制下的世俗和宗教之间的冲突，还涉及到宗教冲突和少数民族独立运动。

在叙利亚内战中，反对派武装此起彼伏，主力几乎都是逊尼派，还有要独立建国的库尔德武装。

由于绝大多数阿拉伯世界信仰逊尼派，而阿萨德政权信仰什叶派，几乎整个阿拉伯世界希望阿萨德政权倒台，不是阿拉伯国家的伊朗反而支持巴沙尔。伊朗由伊斯兰教什叶派掌权，不希望什叶派的巴沙尔倒台，积极支持巴沙尔。

在叙利亚内战中，ISIS 是最为特殊的反对派，ISIS 的全称伊斯兰国，几乎是横空出世，虽然是极端逊尼派，却并不亲近逊尼派，对同为逊尼派的反对派照打不误。

据 2013 年 12 月报道，相信有多达 1000 个叙利亚反政府武装团体存在。部分反政府武装团体之间不时发生武装冲突，让叙利亚局势更加混乱。

叙利亚反对派，包括库尔德武装，得到以美国为首的国际联盟的大力支持，本来胜券在握。最终，阿萨德政权没倒台，主要因为伊朗、俄罗斯和真主党大力支援叙利亚政府，其中伊朗派大量军事人员进入叙利亚参战，俄罗斯自 2015 年 9 月起对反对派开展空袭和地面行动。

土耳其自 2016 年以来派出部队进攻叙利亚民主力量，因为反对派叙利亚民主力量包括库尔德独立力量，有鼓动土耳其库尔德人分离的可能，另外还与伊斯兰国和叙利亚政府军作战，同时积极支持叙利亚反对派，占领了叙利亚西北部的大片地区，并涉入了许多陆地作战行动。

叙利亚内战混乱至极，巴沙尔打反对派、ISIS、土耳其，反对派打巴沙尔、ISIS、反对派，美国为首的国际联盟打巴沙尔、ISIS，俄罗斯和伊朗打反对派、ISIS，土耳其打库尔德武装、ISIS、巴沙尔，ISIS 打巴沙尔、所有的反对派、俄罗斯、伊朗、美国为首的国际联盟，打整个伊斯兰世界。

叙利亚内战在 2012 到 2017 年之间最为激烈，其后暴力冲突有所降低，但整体情况仍然不容乐观。

叙利亚内战已持续十余年，导致超过至少 50 万到 61 万人死亡，已成为 21 世纪继第二次刚果战争之后死亡人数最多的战争之一。联合国报告称，叙利亚政府军及叙利亚反对派均犯下了包括谋杀、法外处决、酷刑等侵权行为在内的战争罪行。

在阿拉伯之春中，叙利亚的悲剧是双料的，内战几乎摧毁了一切，独裁还没倒台。

阿拉伯之春为什么会走向阿拉伯之冬

阿拉伯之春当初曾给阿拉伯世界带来了一点希望，但最终没有给阿拉伯世界带来真正的出路，实际上，阿拉伯之春已经进入阿拉伯之冬。因为先天不足，后天不济，绝大多数阿拉伯国家要转型成为一个自由民主的国家，要过四关，而要过这四关可谓难上加难。

第一关，改朝换代。

在阿拉伯之春中，大多数阿拉伯国家只是爆发了一定规模的示威游行，最终因为政府的让步而逐渐平息。其中：阿尔及利亚结束了实行了 19 年的紧急状态；黎巴嫩则承诺提高 40% 的薪金；约旦国王解散首相里法伊并任命新政府；苏丹总统承诺不谋求连任到 2015 年；阿曼解散了所有部长，并宣布实行选举以产生立法机关；沙特国王进行了经济方面的让步，并批准妇女在未来 2015 年的舒拉议会和市政府选举投票；巴林释放了部分政治犯并解散所有部长；科威特内阁宣布辞职，首相纳赛尔下台；摩洛哥国王准许公投进行宪法改革，并作出政治让步。

这些阿拉伯国家有的是君主制，政权稳固，又肯于做出政治让步，度过了危机，有的石油资源丰富，愿意发钱平息民怨，还做出改善民主的承诺，也度过危机了。

在阿拉伯之春中，叙利亚的阿萨德政府拒绝交出政权，和各路反对派武装激战，美国和西方介入，支持反对派，俄罗斯和伊朗大力支持阿萨德政权，经过几年战争，阿萨德政府基本保住了政权。

大多数阿拉伯国家的政权还是比较稳固的，反对派势力相对薄弱，难以颠覆现有的专制独裁政权。

第二关，改朝换代后避免内战。

历史证明了，一个政权倒了，往往通过内战决定谁是下一个统治者。

在阿拉伯之春中，利比亚、也门、苏丹在颜色革命之前是依靠政治高压维持政治稳定，各路政治力量驯服或蛰伏，一旦政治高压没了，释放出来的政治力量就会撒野，宗教冲突和历史宿怨也就顺势爆发出来了。

利比亚、也门、苏丹都曾是帝国的殖民地，殖民时代结束了，但帝国意犹未尽，还想继续干涉过去的殖民地。利比亚是国际战略要地，这就难免导致世界大国角力和国际资本介入。政治冲突、帝国介入，再加上宗教冲突或历史宿怨，内战的悲剧就难以避免了。

第三关，避免政教合一专制或独裁复辟。

经过颜色革命，埃及终于正式解除了长达三十多年的紧急状态，还举行了首次民主选举，但让人意外的是，大多数选民竟然投票支持宗教派，宗教派执政后推行政教合一，又得到大量宗教信徒的支持，眼看国家逐步走向宗教专制，世俗化军方于是发动军事政变，又让国家回到军方独裁的状态。

茉莉花革命后，突尼斯经过多年政治斗争，至2023年又有重回独裁之势。

第四关，摆脱经济贫困和政局动荡。

突尼斯曾创建了民选政府，近年来阿尔及利亚政府都是民选政府，但都难有作为。

阿拉伯世界要想经济发展和政治进步，面临着四大难题。

第一个原因，阿拉伯国家自然资源恶劣，科技落后。

除了沙特和科威特等少数几个国家拥有石油和重要矿产资源外，阿拉伯世界大多数国家的土地都是贫瘠的，除了沙漠就是荒漠，气候条件恶劣，发展农牧业难，因为严重缺水，发展工业也比较困难。

阿拉伯世国家要克服这些先天不足的劣势，需要世界顶级的高科技，要象以色列那样，可以在沙漠里种番茄，可以用滴水浇灌技术节水增产，可以把海水变成淡水，可以废水回收再利用，可以挖深井取水，但这些国家科技和教育都比较落后，没有发展高科技的实力。

第二，经济全球化堵住了阿拉伯国家的出路。

全球化分工虽然带来了便利，但全球化竞争更激烈了甚至更残酷了，大多数阿拉伯国家传统的农业、手工业和轻工业由于商业竞争力比较弱，在全世界各地输送来的物美价廉的商品冲击下，失去了生存空间，逐渐式微边缘化。这些国家产业结构比较单一，就业率偏低，经济结构脆弱，经济大洗牌后难以翻身。

几个盛产石油和矿产的阿拉伯国家采油和炼油的工业还算比较强，但其他工业仍不发达，或干脆没有，自主科技水平也不高。

中国、越南、印度和墨西哥等几个世界工厂为全球供应中低端产品就产能过剩了，这几个国家在发展中国家经济竞争能力超强，无意间提高了进入全球化经济的门槛，等于间接地堵死了阿拉伯国家工商业兴国的出路。

第三，阿拉伯国家人口多，但劳动力却不足。

由于阿拉伯世界的文化传统都比较崇尚多生多育，现代医学保证了低人口死亡率，所以人口数量多，人口密度大，人口数量还在快速增长。由于这些国家普遍信奉伊斯兰教，教法限制妇女就业，所以劳动力数量与人口数量的比例比较低，男性劳动力的家庭负担比较重。

由于教育条件所限，现代教育还没有普及，识字率偏低，高等教育不发达，伊斯兰教法又不重视现代教育，尤其不太接受女性上学，所以阿拉伯国家劳动力整体素质不高，少数高素质劳动力难以支撑科技产业。

以埃及为例，可以看出阿拉伯国家的人口困境。

据埃及官方统计，1981 年埃及人口 3500 万，到 2011 年埃及人口达到了 8100 万，人口迅速膨胀，与此同时，埃及的可耕地面积没有增多，农业技术并没有提高，现在埃及是世界上最大的粮食进口国之一，而埃及基础设施和教育体系比较落后，现代工业化经济发展不足，失业率高，青年难以找到工作，相对于不发达的工农业，埃及人口太多了。

第四，阿拉伯世界大多数国家的政治结构不利于国家发展，即使推行现代民主体制也难以改变政治现状。

突尼斯、埃及、利比亚和叙利亚等被颜色革命改朝换代的阿拉伯国家，在阿拉伯之春发生之前实质上是独裁国家，在政治方面，一个人或一个家族统治着整个国家，对于其他政治势力一律高压管制，让这些政治势力处于蛰伏状态。阿拉伯之春发生后，从天而降的现代民主体制把这些潜伏的政治派别全激活了，也激活了宗教冲突、历史宿怨、政治分歧，再加上大国角力和国际资本介入，政治竞争演变为政治对抗，虽然没有引发内战，但是导致政局动荡。

阿拉伯国家政治派别主要分两派，一派是亲西方的世俗派，另一个派是亲伊斯兰教的宗教派。

在被阿拉伯之春颠覆的国家，亲西方的世俗派有许多知识分子，这些知识分子有西方政治理念，有现代的政治情怀，但是政治真理是枪杆子里面出政权，得民心者得天下，亲西方派既没有自己的武装力量，亲西方派的理念和情怀在阿拉伯世界又不接地气，也就得不到阿拉伯民众的支持，在政治斗争中，只能依赖世俗化的军方或外部势力干预，而历史和现实都无数次证明，军方或外部势力干预一定不是为了国家和民众的利益，而是另有所图，所以亲西方派难以掌控国家政权，难以为阿拉伯人民服务。

在被阿拉伯之春颠覆的阿拉伯国家，宗教派利用民众对独裁者的厌倦和对西方的排斥，提出宗教复兴的政治愿望，可以获得大多数伊斯兰教众的支持，从而上台执政，但古老的宗教教义难以解决错综复杂的现代问题，政教合一的政权比较保守，难以激发社会活力，到目前为止，宗教派还没有找到改革宗教从而让伊斯兰社会和现代社会接轨的好办法，这些阿拉伯国家仍远离现代文明，还在政治和经济的双重困境中摸索未来。

结语

阿拉伯的精神世界还没有脱离中世纪思想，即使嫁接现代民主体制也只能开民主的花，却难以结出民主的果。

阿拉伯世界是一个特殊的世界，阿拉伯国家有特殊的政治结构，要实现民主政治，就需要特殊的民主架构。

要把握民主的实质，要深入理解阿拉伯世界，在此基础上独辟蹊径，才有可能创造出适合阿拉伯世界的民主体制。

1.6 新冷战和民主改革

一超多极时代

1991 年 12 月 26 日，超级大国苏联解体，美国成为世界唯一的超级大国，从此世界进入了一个超级大国美国和多个挑战美国的强国共存的时代，可以简称之为一超多极时代。

美国军队规模庞大，装备非常先进，军事科技水平高，军队训练充分，还经常在世界多个战场实战，战斗力强，军事实力远强于其他任何一个大国，连美国的敌人也承认美国的军事实力是世界第一。

美国的军事实力是用钱"烧"出来的，美国是世界上最大的军费开支国，美国的国防开支每年维持在几千亿美元的水平，2022 年 7530 亿美元，占全球军费总额的 39%，2023 年高达 8580 亿美元，超过了排在其后面的 10 个军事大国的总和。

美国主导欧洲的军事同盟北大西洋公约，在亚洲有美日和美韩的军事同盟，美国的军事基地遍布世界。

在军事方面，美国确实是超级大国，但军费如此之高，未来难以长期支撑。

经济全球化后，美国连年贸易逆差，再经过几场战争消耗，美国债务高达 33 万亿美元，多次通过量化宽松缓解债务危机，美元的世界地位有所下降，如果美元不是国际货币，恐怕美国财政早就无法支撑了。美国是国际金融中心，美元是世界货币，美国在一定程度上控制着环球同业银行金融电讯协会（SWIFT）国际资金结算系统，这有利于美国借助世界的经济资源为自身经济服务。美国GDP（国民生产总值）并没有降低，2022年GDP达到25.46万亿美元，仍然是世界第一，中国2022年GDP约达17.12万亿美元，美国GDP比中国GDP多8.34万亿美元。在发达国家里人均GDP和人均收入也非常高，近年来一直高于日本和德国。

在经济方面，美国还是超级大国，但财政透支过度，未来堪忧。

美国的发达离不开科技的发达，美国在火箭技术、武器研究、材料科学、医学、生物工程、计算机等许多领域都处于世界领先地位。美国科技的发达来自于自由精神，来自于多元文化，来自于世界移民，来自于一整套有利于科技进步的社会机制，美国科学家们在自然科学方面多次取得重大突破，还为人类贡献了大量的发明创造，美国发起的信息科技革命正深刻地改变整个世界。美国科技研发非常活跃，还在不断进步，仍有再来一次科技革命的可能，仍有可能借助新的科技革命把美国综合实力再提高一个层次。

在科技方面，美国是一个超级大国，目前还没有看到其他国家有超越美国的可能。

除了在军事、经济和科技方面的硬实力非常发达之外，美国的软实力尤其发达。说实话，论民主，近几年美国的民主指数低于德国、韩国、日本、英国和法国，但美国的政治影响力仍然是世界第一，美国的思想文化仍然是世界最流行的，这归因于美国拥有无可匹敌的新闻媒体，拥有强大的文化产业，可以提供感人的普世价值叙事，可以提供让人神往的民主表演。软实力给美国带来的实惠绝不比硬实力少，有时会起到硬实力无法起到的巨大作用，美国的肯德基、麦当劳、汉堡王、可口可乐、百事可乐、苹果手机和特斯拉汽车可以畅销世界，和美国新闻、美国书籍杂志、美国音乐和好莱坞电影流行于全世界是密切相关的。

在政治方面，在思想文化方面，美国还是一个超级大国，但美国硬实力有衰退的征兆，没有硬实力的支撑，软实力就可能变软，伸出去的软实力触角就可能缩回去。

冷战过后，虽然美国变成了唯一的超级大国，但美国还没有做到独霸天下，因为世界上还有许多强国挑战美国，试图按自己的意志改变世界秩序。

苏联解体后，俄罗斯继承了苏联大部分的领土、核武器、军队、国有企业，继承的遗产非常丰厚，还是一个世界大国,但由于政治、经济和社会的转型都失败了，有商人在仓促的私有化过程中攫取了巨额的财富，成为经济寡头，还积极介入政治，车臣共和国脱离俄罗斯宣布独立并打败了前来讨伐的俄罗斯军队，很长一段时期，俄罗斯政局动荡，经济崩溃，社会混乱，俄罗斯成为一个脆弱的大国，自顾不暇，失去了挑战美国的实力，加上俄罗斯的初任总统叶利钦比较亲美，所以在很长一段时期里，俄罗斯和美国相安无事，有时还有合作。

　　普京接替叶利钦成为俄罗斯总统后，对内加强联邦政府的权力，整顿经济秩序，打击经济寡头，加强军队建设，剿灭了车臣分裂势力，俄罗斯的政局稳定下来，经济和军事的实力增长不少，俄罗斯成为世界强国。普京执政之初，仍延续叶利钦亲美亲西方的外交路线，但普京从专制走向威权再走向独裁，试图打造新的俄罗斯帝国，俄罗斯和美国逐渐走向对立。普京利用权力打击国内的政敌和媒体，扶持新的经济寡头，发展以国有资本和权贵资本为主的畸形市场经济，加强军事联盟集安组织，对格鲁吉亚用兵夺取南奥塞梯与阿布哈兹，在叙利亚内战中支持叙利亚政府，打击美国和西方支持的反政府武装，在 2014 年夺取乌克兰的克里米亚，并争夺乌克兰东部地区，美国和西方制裁俄罗斯，俄罗斯于是成为反对美国的一极。

　　在上个世纪，就是二十世纪，中共是美国的政治对头和军事对手。在 1945 年到 1949 年的中国内战中，由于美国支持中共的敌人国民党，所以美国就成了中共的政治对头。1949 年中共统一了中国大陆，国民党军队退居台湾。1950 年朝鲜战争爆发，当年 10 月，中国组织志愿军支援朝鲜直接参战，抗击以美国为首的联合国军，中国和美国正式成为军事对手，1953 年在没有获胜的情况下美国签署停战协定。美国支持国民党占领的台湾，封锁中国，中国和美国陷入冷战。1961 年越南战争爆发了，北越是一方，南越和美国是一方，中国大力支援北越，美国军队损失惨重，不得已于 1975 年撤离越南。

由于中美都反对苏联扩张，这一共同点推动中美这两个冷战对手有了互动的意愿，经过双方的频繁磋商和精心设计，尼克松终于在 1972 年 2 月 21 日实现了其对中国的破冰之旅，1972 年 2 月 28 日，尼克松访华结束，中美在上海签署了著名的《中美三个联合公报》，双方关系开始缓和了。1979 年 1 月 1 日，中美两国正式建交，从而结束了长达 30 年之久的敌对状态，双方开始合作。

1978 年中国经济濒临崩溃，开始经济改革开放，逐渐推行市场经济，允许私有化经济存在，个体户、民营企业和外国企业开始发展，中国还对资本主义国家的投资、企业和商品开放。二十世纪九十年代，中国改革所有的国企，市场经济开始成型，中国还加入了世界贸易组织，从此中国经济开始融入全球化经济，快速发展。到二十一世纪初，中国成为世界工厂，中国经济规模超过日本，成为世界第二大经济体。中国没有进行政治改革，但中国政府对思想文化单位和媒体都比较宽松，有一些新闻和言论的自由。中国和美国的经济深度融合，两国的政治关系虽然没有质的突破，但总体来说还算过得去，至少没有明显的敌意，因此有人夸张地说中美两国有如一个国家，称之为中美国或美中国。

2012 年中共第十八次全国代表大会后，中国在政治、经济和外交都逐渐转向保守，在思想文化和新闻媒体方面开始加强管制，在经济方面，主要扶持国家企业，在外交方面，中国积极促进统一台湾，对有利益纷争的国家持强硬对抗态度。以美国为首的西方批评中国，中国和西方关系开始转冷。2018 年，中美爆发贸易战，2021 年美国总统换人，但中美贸易战仍然延续，中美经济有"脱钩"的趋势，中国成为反对美国的一极。

朝鲜于 1948 年 9 月 9 日成立社会主义国家，1950 年朝鲜战争爆发，朝鲜军队进攻韩国守军和美国驻军。1953 年朝鲜战争停战，但没有签订和平条约，因此从国际法上来讲，当时这场战争尚未结束，朝鲜和美国长期陷入敌对关系。自朝鲜战争以来，以美国为首的西方长期制裁朝鲜，美国一直驻军朝鲜，几乎每年都和韩国军队举行针对朝鲜的军事演习，朝鲜也不示弱，不顾经济落后，长期积极备战。朝鲜还不惜代价发展核武器，截至 2017 年，朝鲜共进行了 6 次核试验，并于 2017 年完成了洲际导弹试射，但没有进行过两弹结合实验，2018 年 4 月 21 日，朝鲜对外宣布"核武器兵器化完结得到了检验"，并将停止核试验和洲际弹道火箭试射，废弃北部核试验场。

朝鲜面积 12 万多平方公里，人口约 2600 万，一直是社会主义国家，没有民营经济，闭关锁国，综合实力弱小，但施行先军政治，长期保持现役军人 120 多万，常规武器比较落后，但有核武器，还背靠中国和俄罗斯，对美国敢打敢拼，是一个火药味十足的国家，也算是挑战美国的一极。

1978~1979年，霍梅尼领导伊斯兰革命，推翻了亲美亲西方的巴列维王朝，1979年2月11日，霍梅尼在伊朗正式掌权。1979年4月1日，霍梅尼宣布建立伊斯兰共和国，并成为伊斯兰革命最高领袖，实行政教合一的制度。由于美国同意逃亡的前伊朗总统巴列维进入美国治疗，引起伊朗猜疑，引发伊朗激进派学生团体冲进美国大使馆扣押美国外交人员的伊朗人质危机。1980年4月7日，时任美国总统吉米·卡特宣布美国和伊朗断交，两国关系全面冻结。美国批评伊朗侵犯人权，批评伊朗输出伊斯兰革命扩大影响力，制裁伊朗，遏制伊朗研发核武器，甚至曾商议空袭伊朗核设施，关系日益恶化。2015年7月14日，伊朗与伊朗核问题六国（包括中国、法国、俄罗斯、英国、美国5个安理会常任理事国与德国）以及欧盟，在维也纳签订伊核协议，致力于解决伊朗核危机，伊朗和美国关系有所缓和。2018年，特朗普领导的美国政府退出了核协议，并重新实施了制裁。自那时以来，美国和伊朗之间的关系全面恶化，两国在2019年至2022年期间波斯湾危机接近冲突。

伊朗是一个中东大国，面积1,648,000平方公里，人口8318万人，伊朗经济以石油产业为主，伊朗的石油化工、钢铁、汽车产业也比较发达，电子工业、核工业、电脑软硬件业发展很快，机械制造业也有长足的进步，工业体系比较完整。伊朗虽然没有核武器，但军事比较强大，共和国军队分陆军、海军、空军及防空军四个军种，总兵力约 55 万人，还有革命卫队兵力约 12.5 万人。伊朗综合实力比较强大，也算是挑战美国的一极。

民主阵营和反民主阵营

2022 年 2 月 24 日俄罗斯总统普京以"非军事化、去纳粹化"为战争理由命令俄军进攻乌克兰，自 2014 年以来的俄乌冲突正式白热化为俄乌之间的全面战争，这场战争让整个世界分为两个政治阵营，两个阵营爆发了新冷战，其中一个阵营是民主阵营，主要包括美国、北约、欧盟，还有美国的传统盟友日本、韩国等民主国家，另一个阵营是反民主阵营，主要是反美的几个极，包括俄罗斯、朝鲜和伊朗等反民主国家，报团取暖。

俄乌战争爆发后，除了直接出兵，民主阵营几乎做了所有可以支持乌克兰的事情，向乌克兰支援和销售武器弹药和物资及资金，帮助乌克兰训练军队，安置乌克兰的伤员和难民，并且多轮全面制裁俄罗斯，从俄罗斯迁出自己的企业，压制俄罗斯的进出口贸易，包括对俄罗斯至关重要的能源出口。

反民主阵营则是一个反美的杂牌的临时阵营。

朝鲜被美国和西方全面制裁几十年，反而毫无顾忌，在俄乌战争中完全支持俄罗斯，在 2022 年和 2023 年都向俄罗斯提供了大量武器弹药，由于朝鲜军事实力有限，即使全力帮助俄罗斯也难以改变俄乌战争的走向和结局。

据美国之音报道，白宫解密的情报显示，伊朗在2022年夏季向俄罗斯雇佣军瓦格纳集团出售了数百架攻击无人机，但伊朗和俄罗斯均否认。伊朗在地理位置上离俄罗斯比较远，周围群敌环伺，实力有限，现在还和美国重谈伊核协议，所以不会倾力支持俄罗斯。

也有反民主国家接近反民主阵营，在反民主阵营外围活动，不一一列举。

在俄乌战争过程中，民主阵营和反民主阵营都面临着经济衰退的可能，但都不约而同地义无反顾地酝酿着军事竞赛，俄乌战争已经拖成长期战争，但时间再长也会结束，当俄乌战争结束之时，新冷战反而可能会更激烈，因为冷战的两个主角可能从美国和俄罗斯变成美国和中国，美国和俄罗斯实力差距比较大，而美国和中国可是两个实力差距不太大的对手。

新冷战的特点

1947至1991年之间，美国、北大西洋公约组织为主的资本主义阵营与苏联、华沙条约组织为主的社会主义阵营之间在政治、经济、军事等方面展开了激烈斗争。由于双方常规军事力量基本势均力敌，都拥有彻底摧毁对方的大量核武器，所以尽管双方一直军备竞赛，但双方怕引发核战争同归于尽，始终不敢正式开战，最终因为苏联解体、东欧剧变和华沙条约组织解散，斗争结束，由于只有军备竞赛但没有大规模正式战争，历史称之为冷战。

如果民主阵营和反民主阵营发生了新冷战，和冷战相比，新冷战会有什么特点呢？

首先，和冷战相比，新冷战主要还是冷的战争。

民主阵营的核心国家，包括美国、欧盟国家、北约国家，还包括美国的盟友日本、韩国，都有核武器或受到民主阵营的核保护。

反民主阵营的核心国家，俄罗斯有几千枚核武器，朝鲜也有数量不详的核武器，有人估计有几十枚，伊朗没有核武器，但综合实力要比萨达姆执政时期的伊拉克强，有美国进攻伊拉克耗费约两万亿美元的先例，没有特殊原因，没有哪个国家会大规模进攻伊朗。

如果两个阵营发生正式战争只能两败俱伤，而矛盾又无法调节，所以只能选择冷战。

其次，两个阵营都将是松散模糊的阵营。

在俄乌战争期间，俄罗斯的输油输气管仍然可以经过乌克兰政府控制的地区输送给一些老客户，而乌克兰还从中收取好处费，俄罗斯占领了乌克兰的核电站，但俄乌双方都在避免攻击核电站引发核泄漏灾难，双方还不定期交换战俘，尽管双方打得你死我活，但仍然没有突破最起码的底线，这预示着战后乌克兰和俄罗斯仍然有可能缓和关系。

土耳其作为北约的成员国虽然也支持乌克兰，但仍然和俄罗斯保持政治联系和经济往来，态度比较暧昧，最大的民主国家印度虽然口头谴责俄罗斯，但不顾民主阵营对俄罗斯制裁，从俄罗斯进口大量石油从中谋利，可见民主阵营也有点松散。

在俄乌战争中，有美国领头，欧盟和北约的国家一改以前的绥靖态度，团结一致，同仇敌忾，还有芬兰和瑞典这样长期中立的国家申请加入北约，日本和韩国等美国的盟友也积极响应民主阵营的号召，一时间民主阵营有如铁板一块，其实这只是应激自保反应，俄罗斯兼并乌克兰的方式和二战中纳粹德国侵略欧洲各国的方式太象了，激起了整个民主阵营对俄罗斯的恐惧。

一旦俄乌战争结束了，由于损失惨重，俄罗斯会下场疗伤，休养生息，对欧盟和北约的威胁将大大减弱，欧盟和北约的国家，包括发达国家，国内各种问题都在发酵，会减少对俄罗斯的刺激，甚至会减轻对俄罗斯的制裁，民主阵营有可能变得松散。

反民主阵营实际上是一个杂牌阵营，帝国主义，政教合一，极权主义，家族独裁，都是机会主义者，都是为了反美反西方这一共同目的互相利用，注定是一个松散而模糊的阵营，难以结盟。

再其次，民主阵营和反民主阵营的意识形态都缺乏吸引力和影响力。

在互联网全球化时代，人们很容易就了解到东欧剧变和苏联解体之后那几十年的悲惨后续，很容易就了解到阿拉伯之春是怎么变成阿拉伯之冬的，人们终于明白了，自由民主和普世价值听起来很简单，但实现起来绝对不容易。以前曾让无数人激情澎湃的普世价值，如今人们听了已无动于衷，还有人视之为政治阴谋的载体。时过境迁，物是人非，如果普世价值不和物质利益结合起来，就毫无吸引力和影响力，只是几句干巴巴的口号。

反民主阵营的思想文化和意识形态已经过时了，相关书籍和教义难以打动人心，反民主国家更愿意利用民族主义、民粹主义、原教旨主义这种简单粗暴、理论性不强的东西激发人们的狂热，但因为每个国家的历史和民族的思想文化不同，这种狂热很难跨越国界和其他国家的人们共情。

民主国家的分裂性、摇摆性和软弱性

民主国家天生就有分裂性、摇摆性和软弱性。

民主国家几乎都崇尚政治多元化，允许多个政党存在，即使两党制国家里，除了两个主要政党，其实还存在着多个小党、政治团体和大量的独立政治人士，在国会上总有大大小小的政治分歧，有时分歧严重难以调和，相持不下，这种政治上的分歧，在与其他国家对抗时就表现为分裂性，是战是和，莫衷一是，不但国力难以集中抗敌，还可能发生内讧。

民主国家一般都不会一党独大，会政党轮替执政，执政者会有任期限制，不会一人终身执政，这样，接任者和前任即使出自同一政党，政见也未必相同，这就会出现政策的摇摆性，这种摇摆性有利有弊，好处是如果以前的政策不合时宜可以矫正，坏处是如果以前的政策需要长期连续执行才可见效，中间停止就会半途而废。在与其他国家对抗时，民主国家的摇摆性就是一个非常大的弱点。有时反民主国家只要耐心等待民主国家的政治摇摆就有机可乘。

民主国家的政府倾向于服务型政府，甚至倾向于讨好型政府，至少表面上是为国家的每一个阶级和群体服务，政府首脑一般是文官，以和为贵，瞻前顾后，胆小怕事，怕经济损失，怕社会抗议，怕军事失利，怕反对派责难乘机上位，缺乏孤注一掷的勇气，缺乏背水一战的气魄，所以在与其他国家对抗时，民主国家的表现往往是软弱的。

民主阵营的脆弱性

在民主阵营和反民主阵营竞争或对抗过程中，民主阵营有很大的优势，那就是几乎所有的发达国家都站在民主阵营里，世界上大多数国家都是民主国家，而大多数民主国家都站在民主阵营，民主阵营可谓国多势重，但因为民主国家有分裂性、摇摆性和软弱性等弱点，如果没有美国这个超级大国引领民主阵营，民主阵营可能阵脚自乱，俄乌战争爆发前后欧盟和北约对是否制裁俄罗斯和是否支持乌克兰犹豫不决，最终美国介入才形成坚定的抵抗阵线。

第二次世界大战爆发前欧洲民主国家对纳粹主义的德国和军国主义的日本不断绥靖妥协，而美国沉迷于孤立主义，任由德军肆虐欧洲，任由日军蹂躏亚洲，结果大半个世界陷入惨烈的第二次世界大战。这次俄乌战争前俄罗斯侵略乌克兰的手法与当年纳粹德国侵略的手法非常相似，欧美及时警觉醒悟，终于出手援助乌克兰挡住了俄罗斯的进攻。现在美国债务危机比较严重，已有美国政客要放弃支持乌克兰，前总统、下一次大选的总统候选人川普宣称，如果他再次当选总统将退出北约，这等于宣称要解散民主阵营。如果美国哪一天真陷入孤立主义，或者如果美国哪天财政崩溃有心无力，面对反民主阵营的强势出击，民主阵营就有可能纷纷绥靖媾和。

美国是民主阵营的主心骨，而美国有陷入孤立主义的可能性，有衰退之忧，所以说民主阵营是脆弱的。

改革开放决定国运的春秋战国时代

公元前 770 年到公元前 476 年，中国处于春秋时代，在春秋初期，中原有一百几十个诸侯国，这些诸侯国之间战争频发，强国兼并弱国，到春秋末期，只剩下十几个国家，公元前 475 年，中国历史进入战国时代，剩下的十几个国家混战不休，至公元前 221 年，秦国兼并了中原所有的国家，建立了大秦帝国，战国时代结束。

从春秋时代到战国时代，战争和兼并不但让弱国恐惧，也让每个大国和强国都有危机感，于是许多国家纷纷励精图治，变法图强，其中楚国、秦国和赵国的变法比较著名。

改革家吴起在楚国推行变法效果显著，后遭袭击被杀害，变法失败了。

在战国时代，楚国是一个大国，土地广阔人口众多，战时可以调集百万军队，但由于政治和经济都落后，一直萎靡不振。楚悼王继位后，连年遭到魏、赵、韩等国的进攻，不断损兵折将丧失土地。在极其窘迫的形势下，楚悼王不得不用重礼贿赂秦国，在秦国的帮助下才和魏、赵、韩讲和。楚悼王想摆脱颓势，但苦于缺乏杰出人才，难有作为。

吴起不但是一个杰出的将才，还推崇法家思想，擅长治国理政和变法革新，他在鲁国和魏国虽然立下惊人的军功，但被人排挤，不得已投奔楚国，见到楚悼王，分析了楚国的弊端，阐述了变法图强的策略，楚悼王非常赏识吴起，于是先任命吴起为宛守，防御韩、魏，一年以后，晋升为令尹，主持变法。

吴起制定法令，公布于众，为了统一认识和舆论，还禁止纵横家进行政治游说，对无功劳的贵族及其后代实行降爵位减禄政策，对立有军功和其他有功人员则授予爵禄，以解决分配不公的问题，提高将士和平民的积极性，进而废除贵族世卿世禄制，削弱大臣威权，禁止大臣结党营私，奖励尽忠守职的官员，禁止官员越权。吴起还整顿吏治，杜绝权门请托之风，要求官吏公私分明，言行端正，不计较个人得失，支持变法，裁减冗官，选贤任能，罢除无能无用之辈，让贵族迁移到边境，以充实地广人稀的地方。吴起是名将，当然注重军事改革，减少百官和封君子孙的俸禄，以保证军队给养充分，加强军事训练，提高军队战斗力，改变筑城方法，加固城防。

吴起变法后，楚国在经济、军事等方面得到发展，国力逐渐强盛，尤其是在军事上，向北收复失地，向南开疆扩土，兵震天下，威服诸侯。吴起变法为楚国带来了希望，但变法触犯了楚国旧贵族的根本利益，楚悼王去世后，在楚悼王的葬礼上旧贵族射杀吴起，变法以失败告终，楚国后来没有再变法，从此以后一直到灭亡前只是一个平庸的大国。

商鞅变法是中国春秋战国时代最有成效的的变法。

在春秋时代，秦国还是一个落后的国家，整体实力不如齐、楚、赵、魏等诸侯国，为什么后来在战国时代可以统一中原呢？

因为秦国广纳贤士和变法成功，越来越强，不断兼并其他诸侯国，最终统一了中原。

秦国是春秋战国时代最开放的国家，那个时代的人只要有真本事就可以到秦国求仕，只要才能出类拔萃就可以在秦国身居要职，可以官拜公卿大夫，可以出将入相。秦国名相名将多有来自外邦者，李斯来自楚国，担任左丞相，张仪和范雎来自魏国，担任相国，蒙骜来自齐国，担任上卿，吕不韦来自卫国，担任相邦，商鞅来自卫国，担任大良造，百里奚来自虞国，担任大夫，蹇叔来自宋国，担任上大夫。因为战国末年秦国的人才多来自于剩余的六个诸侯国，以致于有人说灭六国者其实不是秦国人，而是六国的人。

战国初期，秦国在经济和军事方面都落后于齐、楚、燕、赵、魏、韩六个大国，秦孝公积极引进人才，要变法图强。商鞅自魏国入秦，提出新的变法策略，深得秦孝公的信任。秦孝公任命商鞅为左庶长，在公元前356年和公元前350年，先后两次变法，许多名门望族都反对，但秦孝公支持商鞅，强制变法，成效明显。

商鞅变法全面彻底地改变了秦国，在政治方面，加强了中央集权，建立了自上而下行之有效的官僚统治，大大削弱了贵族和家族的影响，在司法方面，施行严刑酷法，强制民众遵守法律，推行一人犯罪亲友邻居都受牵连的连坐法，秦人勇于公战怯于私斗，在经济方面，废除了井田制，承认土地私有，让贵族占有的大片荒地得到开垦，鼓励生产，重农抑商，在军事方面，打压贵族世袭的特权，平民凭军功可以获得爵位和财富。

经过商鞅变法，秦国从一个落后的国家一跃成为一个经济富裕军事强大的中央集权国家，为秦国兼并六国统一中原奠定了基础，商鞅变法对秦国的影响非常深远，以致于后来反对变法的秦惠文王和秦国贵族虽然杀死商鞅，但由于变法成效显著，不得不继续维持变法。

赵武灵王推行胡服骑射，大大提高了赵国军队的战斗力。

在战国时期，赵国国君赵武灵王在位的时候，赵国国势衰落，邻界小国中山经常侵扰赵国，北方的东胡、匈奴、林胡、楼烦等部落都以游牧为生，长于骑马射箭，常以骑兵进犯赵国边境，赵国几乎没有还击之力。

赵武灵王发现胡人在军事服饰方面比较先进，胡人穿短装，束皮带，用带钩，穿皮靴，与中原的宽衣博带长袖相比，在生产、狩猎和作战中更方便利索，胡人作战时骑马射箭，与中原的兵车长矛相比，具有更大的机动灵活性。

赵武灵王决定推行胡服骑射，让赵国军人穿胡服，训练赵国军队骑马射箭，变革遭到许多大贵族和大臣的反对，但赵武灵王强迫加说服反对者，终于把变革推行下去，赵国有了以骑兵为主体的军队，军事实力大增，打败了中山、东胡、匈奴、林胡、楼烦等宿敌，成为当时除秦国外军事最强大的国家。

赵国虽然通过军事改革加强了军事实力，但改革仅限于军事方面，难以与当时的超级大国秦国抗衡。

发生在两千几百年前的中国春秋战国时代的变法说明，变法可以彻底改变国运，在当今世界，一个落后的国家为了生存和富强应该考虑改革开放，一个有民主却没有文明的国家应该考虑民主改革。

中国春秋战国的变法历史证明，变法开放使国家先进强盛，保守封闭使国家落后衰弱！

民主改革关乎民主阵营的命运

"一个伟大文明的衰亡只能始于自身内部。"

这是西方著名史学家威尔·杜兰的一句名言，道出了文明衰亡的真相。

自从冷战结束以来，民主阵营似乎空前强大，世界上大多数国家都是民主国家，最发达的科技在民主阵营，民主阵营的经济实力和军事实力都足以压制所有的对手，但自由民主在原社会主义国家和发展中国家水土不服也就罢了，现在许多发达的民主国家也有衰退之忧，最让人侧目的是，美国这个民主的灯塔，这个自由世界的带头大哥，频频出状况，也在衰退的边缘，已有美国政客疾呼回到孤立主义，这可能让民主阵营彻底瓦解。在核武器对等毁灭和经济全球化共同制衡的世界，民主阵营和反民主阵营谁也难以摧毁谁，只有靠改革创造绝对优势才能征服对方。

对于民主世界来说，民主改革可以完善现有民主体制的缺陷，可以创造新的实用的民主体制和普世价值，让发达的民主国家尤其美国弥补明显的短板，让发展中的民主国家国泰民安，开始走上兴盛之路，让非民主国家可以通过民主转型走上自由民主之路，可以政治稳定经济增长社会和谐，如果如此，反民主国家将自动向民主国家转型，反民主阵营将自动解散，自由民主将走进每一个国家和地区，新冷战将无战而终！

结语

自由民主世界的学者不用费尽心思遮挡现有民主体制的不足，也不用竭尽全力揭示反民主体制的丑陋，而是应该推行民主改革，推陈出新，让普世价值成为普适价值，成为全世界都适用的价值观念，最终将全球推进到前所未有的和平美好的新时代！

第二章 新的民主观念

2.1 两民主义

民主改进主义和民生改善主义

为了方便阐述新的民主理论，本书提出了两民主义的政治概念。

提起两民主义，会让人想起中国的伟大政治家孙中山先生的三民主义，但本书的两民主义和孙中山先生的三民主义没有传承关系。

两民主义包括民主改进主义和民生改善主义。

民主改进主义指民主改革可以促进民主进步。

现代民主体制不是一步到位的，是通过民主改革才有了比较完善的现代民主体制，但也仅仅比较完善而已，世界上不可能有百分百完美的民主体制，何况世界不断地变化，现有的民主体制需要不断地完善和创新才能适应时代潮流。

现代法国的民主就来之不易，经过多次革命和改革才稳定下来。

法国历史上曾有五个共和国，分别是法兰西第一共和国、法兰西第二共和国、法兰西第三共和国、法兰西第四共和国、法兰西第五共和国。

法国大革命成功后，1792 年法兰西第一共和国成立了，推行民主制，可法兰西第一共和国的统治不稳定，统治阶级内部斗争激烈，社会问题丛生，政变频发。公元 1804 年 5 月 18 日，拿破仑登基称帝，废除共和制，改为君主制，法兰西第一共和国结束。

拿破仑兵败被流放后，君主制在法国一直不稳定，经过法国大革命洗礼的法国人民又废除了君主制，实行共和制，法兰西第二共和国在公元1848年11月4日诞生了，拿破仑一世的侄子拿破仑三世成为总统。公元1852年12月2日，拿破仑三世废除共和制，登基称帝，复辟君主制，法兰西第二共和国结束。

拿破仑三世野心勃勃，热衷战争，结果在公元1870年的普法战争中惨败，同年9月4日，法国人民废除了君主制，恢复共和制，这就是法兰西第三共和国。法兰西第三共和国吸取第一和第二共和国的教训，进行了民主改革，成为一个稳定的共和国，可惜第二次世界大战到来了，1940年6月22日，纳粹德国入侵并推翻了法兰西第三共和国。

二战结束后，1946年10月13日，法兰西第四共和国成立，制定相关宪法，对总统权力做了严格限制，但第四共和国政局不稳，12年间更迭了20多届政府，于是法国老总统戴高乐顺应民意复出，大力修改宪法，1958年9月25日，新修改的宪法通过，法兰西第四共和国结束，法兰西第五共和国建立。今天的法国就是法兰西第五共和国。

美国的民主进程不象法国的那样跌宕起伏，但也曲曲折折。美国建国之初就是一个民主国家，但也是一个奴隶制国家，主要以黑人为奴隶，国父华盛顿就是一个奴隶主，过了大约90年，到南北战争结束后才废除奴隶制，黑人得到人身自由。

美国废除奴隶制后，有色人种的美国公民，包括黑人、印第安人和亚裔，仍被种族歧视，没有政治竞选投票权。直到二十世纪中叶开始，有色人种的美国公民才通过民权运动逐渐争取到普选权。

美国妇女一开始也没有普选权，经过男女平等主义者长期努力争取，到 1920 年妇女才有选举权。

世界不断地变化，那些过去已经验证非常优越的民主制度，在新的世界里可能已经落后，如果落后了，就应该民主改革。没有一成不变的世界，也不应该有一成不变的民主制度。

现在民主世界的国家可以说良莠不齐，即使发达的民主国家也遇到了种种难以克服的政治危机和社会困境，现有的民主体制根本无能为力，只有民主改革推动民主进步才有希望解决问题。

民生主要是指民众的基本生存和生活状态，以及民众的基本发展机会、基本发展能力和基本权益保护的状况，具体来说，包括衣、食、住、行、教育、就业、社保、医疗、娱乐、社区服务、物业服务、旅游、安全等。

民生改善主义指政府持续努力改善民生，让民众生存状态和生活状况越来越好。

在古代，一个人要改善自己的生活主要依靠自己的家庭和自己，政府对民生没有改善的责任和义务，只有发生天灾和战争时，为了社会稳定，才会提供基本的救济和援助。

在近代，民主资本主义社会不定期发生大大小小的经济危机，在经济危机过程中，成千上万甚至几十万几百万人失业，如果政府不救济这些失业者，这些失业者就会发动暴乱或革命，政府不得不提供基本的救济，有些国家开始创建社会保障体系，为劳动力的生老病死和意外提供社会保障。

在 1929 年爆发的美国经济大萧条期间，美国总统罗斯福推行新政，加强教育，注重就业，还创建了社会保障体系，民生得以大大改善。二战后许多民主国家经济增长比较迅速，开始关注民生，陆陆续续推行现代的社会保障制度，北欧和西欧的国家为了民生改善，开启了社会市场经济模式，让经济尽量为民众服务，还提供了周全的社会保障，让本国公民从生到死大大小小的事情都得到保障。

在民主国家，民主改进和民生改善之间，有时呈现正比关系，有时没有关系，有时感觉民主进步了，民生反而停滞不前甚至倒退，呈反比关系。

民主改进应该带来民生改善

民主改革可以促进民主进步，公民有了普选权和知情权等政治权利，可以制约政府，政府会尽量推进民生改善，如果经济增长了，税收增加了，政府会为公民完善社会保障体系，会为公民提供更多的公共福利和发展机会，但在一些所谓的民主国家，宣扬民主进步了，经济增长了，民众的生活却没有什么变化，甚至倒退了，那么所谓的民主进步肯定是虚伪的，至少表明民主成分不足。

在经济增长的情况下，如果公民可以做主，不可能让极少数人财富极度膨胀而让自己所得甚少。

如果一个所谓的民主国家贫富两极分化，极少数人疯狂敛财，掌握了国家的大部分财富，经济增长了，但大多数人的生活基本没有改善或变得更差，或者大中小企业结构失衡，垄断资本和寡头经济赚取暴利，经济增长了，但中小企业却艰难挣扎甚至纷纷倒闭，或者经济结构不合理，只有几个行业繁荣，经济增长了，但其他行业都萧条，这几个繁荣的行业带不来上下游产业的发展，也不能增加就业，那这个所谓的民主国家就应该推动民主改革促进民生进步，要改变经济增长方式，要选择或创建民众广泛受益的经济模式。

要权利还要权力

在许多现代民主国家里，公民已经有了很多的权利，比如：普选权、知情权、人权等，但仍然没有当家作主的感觉，这是为什么呢？

因为权力总在极少数政治精英手里，公民有权利但没有权力。

民有、民治、民享是检验民主的标准，但在现代民主国家里，民治是最薄弱的一环，导致民有和民享也是微薄的。

如果一个企业有几个股东，股东招聘其他人组成董事会，招聘职业经理人管理企业，股东就放手不管了，没有制约、监督、考核、奖励，董事会监管管理层，董事和管理人员只有微薄的工资，那么董事会和管理层会真正维护股东的经济利益吗？

答案不言自明！

在现代民主政治中，选民投完票选出议员和民选官员后，公民的民治就基本结束了，以后选民只能做观众，不能考核议员和民选官员的政绩，也不能对议员和民选官员论功行赏，议员和民选官员执政，议员和民选官员只有微薄的工资，议员和民选官员会真正维护选民的利益吗？

答案不言自明！

有人会认为，选民人数太多了，无法共同管理政务，其实选民可以用投票的方式选出议员和民选官员，就可以用投票的方式考核议员和官员的政绩，还可以依据考核结果决定是否奖励议员和官员，选民可以决定议员和官员是否可以获取权力和金钱，议员和官员才会对选民忠诚。

尽管股份制企业盛行，但仍有许多老板自己管理自己的企业，而且企业盈利丰厚发展壮大。在民主国家，民有的公民能不能直接民治然后充分民享呢？

在两千几百年前，古雅典施行平民民主体制，雅典的每一名成年男性公民都可以参与公民大会，有通过抽选成为审判员、议员和官员的平等机会。尽管古雅典的平民民主体制饱受当时和后世的思想家诟病，但古雅典还是创造了当时最繁荣发达的工商业经济，还创造了辉煌灿烂的思想、文化和艺术，这一切都证明平民可以治国理政。

公民只有权利没有权力，其利益就难以得到充分保障，所以公民不但应该积极争取权利，还要尽量争取权力。

两民主义的良性循环

在一个民主国家里民主改革，民主进步了，司法独立，法治公正，企业和公民都有了公平的发展机会，经济增长了，民主政府为公民提供更好的公共服务和公共福利，公民生活改善，有了良好的经济条件，有了自己的资产，然后会关心政治，深入参与政治，不断推进民主改革，这是一个比较理想的循环，是民主改进主义和民生改善主义的良性循环。

在民主世界，还没有民主国家明确表示要建立民主改进主义和民生改善主义的良性循环，没有这样的循环，民主就有可能是疲软的和虚假的。

现在民主世界的主要问题就是，在民主政治中公民参政不够深入，有人权无治权，民主徒有虚名，公民要推动和参与民主改革，监管政治工作者，改善民生，最终形成民主改进主义和民生改善主义的良性循环。

结语

　　没有民生改善的民主改革，对公民来说是没有价值的改革，没有公民深入参与的民主进步，其中的民主含量必然不足，从民主改进到民生改善，再从民生改善到民主改进，这种互动起来的自由民主才是真正的自由民主！

2.2 民主的冷思维

象管理企业一样管理国家

美国前总统川普是一个有争议的人物，人们对他的态度容易两极分化，支持他的人认为他真诚，有真本事，反对他的人则认为他一无是处，我既不支持他也不反对他，但对他的一些见解很感兴趣，比如象管理企业一样管理国家。

国家不是企业，国家比企业复杂多了，完全象管理企业一样管理国家必然是错误的，但国家在某些方面确实象企业，所以在某些方面象管理企业一样管理国家还是值得探讨研究的。

在民主体制里，国家象企业，政治候选人象应聘者，选民象面试官，政府象服务商，公民、移民和企业象客户，财政盈余象商业利润；国家又有点象股份制企业，总统象总经理，国会象董事会，参议员和众议员象董事，而广大选民象小股东。

在大多数国家，政府都难以做到廉洁高效务实，官员和议员缺乏维护选民利益的动机和决心及勇气，贪污受贿盛行，政府雇员人浮于事，债务和预算赤字飙升失控，没有人为这些问题担责，也没有人对这些问题问责，积弊太多太久却无法解决。

再看企业，大多数民营企业内部贪污都非常少，因为企业是老板的，从企业贪污等于把老板的钱据为己有，这是老板无法容忍的，大多数民营企业都是高效务实的，都想方设法降低成本，减少不必要的开支，提高产品质量，致力于赚取利润，都想办法激励CEO和员工为企业尽心尽力，都有评估绩效和奖励的方法，而CEO和员工一般都认同企业的评估方法。

象管理企业一样管理国家，值得探索！

向演艺界学习

有人说政治的本质就是表演，政治工作者的真实职业是演员，如果允许政治工作者评选演艺界的奖项，也许总统和首相还有议员们拿到的奖杯数量会超过那些大明星们。

有的演员就明白了其中的道理，结果从演艺界跨界到政界，竟然大获成功，比如美国前总统里根，以前是演员，后来进入政界当上了美国总统，是备受好评的总统之一，还有现任的乌克兰总统泽伦斯基，以前在电视剧里演总统非常成功，后来竞选总统，竟然当选了，真的成了总统，俄乌战争爆发后没有逃避，领导乌克兰人大战俄罗斯，目前来看他的工作还是富有成效的。

中国有一个比较火的音乐节目，名称是《好声音》，有一段时间我也非常爱看这个节目，观众对这个节目褒贬不一，有的观众评论说《好声音》是照抄外国类似节目的，有的观众说缺乏创意，有的观众说节目被操控有内幕，但还有大量观众仍然愿意观看这个节目，原因可能是中国大部分观众根本看不到或看不懂外国节目，所以有没有照抄或创意就没有了比较，至于有没有内幕对于看热闹的观众来说重要吗？

我觉得《好声音》最有意思的一个环节就是两个或两组竞赛的歌手合作唱一首歌，竞赛胜出的歌手获得进入下一场比赛的资格，失败的歌手被淘汰出局，互相竞争的歌手合作演出，不但考验歌手的才艺，还考验歌手的心理素质，有许多歌手合作非常成功，有如多年的老搭档，合作双方相得益彰，甚至激情四射，成为节目中非常精彩的片段，深深地打动了评委和观众。

反观许多竞选的政治候选人，双方共同接受采访和互相辩论的现场混乱，竞选双方和主持人自说自话，应该庄重的政治活动竟然比娱乐节目还缺乏秩序。互为对手的政治候选人之间当然需要激烈竞选，但竞选的同时还需要双方合作才能保证相得益彰，只有竞争没有合作的竞选是低级的政治活动，是不成熟的政治表现。

如果设计一个政治节目，让互为竞选对手的两个政治候选人互相找出对方的优点，然后双方用共同编写的一个讲稿合作讲演，看一看谁表现得更精彩，这样不但可以比较双方的才能和情商，还能发扬友谊第一竞选第二的精神，培养政治合作的意识，还可以引导双方的支持者保持理性。

内容可以决定形式，但形式也可以影响形式，如果政治工作者认真向演艺界艺人学习，用良好的形式做政治表演，也许会得到良好的政治效果。

效仿古希腊和古罗马的民主文明

近现代的民主体制和古希腊时代的雅典民主体制大不相同，和古罗马的民主体制也差异很大，但仍然可以从近现代的民主体制中找到古希腊和古罗马的民主的痕迹，现代人读亚里士多德的《政治学》，读西塞罗的《论共和国》和《论法律》，仍会有所启迪获益匪浅。

古希腊和古罗马的民主文明对现代西方民主仍然有借鉴意义，尤其古雅典民主是直接民主，选举方式和现代民主不同，很少使用投票选举，而是主要使用随机抽签选举，选民还对选出来的官员频繁考核，为了避免政治恶斗和维护城邦安全，还曾采用陶片放逐法驱逐危险的政客。

现代西方民主是一种代议民主，为选民代言和服务的政治工作者虽然没有过多的特权，但这些政治工作者如果长期从政，混入富人的圈子寻找支持自己的政治资源是头等大事，和选民不是生活在同一个世界，对基层选民的诉求很难真正感同身受，所以现代民主也许应该来一点直接民主，引入现代的随机抽签选举，还有选民对官员的考核和奖励也不应该缺少。

历史有时并不是直线进步的，古希腊的民主时代和古罗马的共和时代结束之后，是漫长的野蛮黑暗的中世纪，直到近代民主才又回到人类的政治活动之中，认真比较现代民主和古希腊民主及古罗马民主，也许会避免重蹈古希腊和古罗马失败的覆辙。

借鉴古希腊和古罗马之外的传统文化

现代民主可以借鉴所有的古典的政治思想文化，原因在于无论是民主政治和非民主政治可能涉及相同的政治问题。

非民主政治思想倡导权力意志应该自上而下推行，而民主政治思想认为先自下而上，选民先用选票授予官员权力，然后再自上而下，官员用选民授予的权力管理国家和社会，两者都涉及到权力意志自上而下的过程，就可能涉及比较类似的问题和经验，所以说现代民主从古典政治思想文化中可以有所借鉴。

我对中国古典思想文化的儒学和墨学了解多点，所以谈一谈这两个学派。

在中国古典思想文化中，儒学是最有影响力的学派，在中国的春秋战国时代，儒学就已是显学，倍受学子推崇，自从西汉时代汉武帝确认儒学为思想正统后，在以后两千多年漫长的中国封建社会历史中，历朝历代一直确定儒学为政府官学。儒学被确定为官学，自然首先是为政治服务的，提倡君权天授、忠君爱国等精神，但也有调和社会秩序和家庭伦理及个人修养等思想，核心思想包括仁、义、礼、智、信、恕、忠、孝、悌等，主要经典著作是四书五经等，四书指《大学》《中庸》《论语》《孟子》，五经指《诗经》《尚书》《礼记》《周易》《春秋》。作为两千多年的官学，儒学包含许多古今通用的政治智慧，值得现代政治学习借鉴。

在中国的春秋战国时代，墨学曾和儒学同为显学，但到战国末期墨学就已经式微，到秦代成为绝学，只留下了一本典籍《墨子》和寥寥几笔的历史资料。墨学虽然成为绝学，但墨学是平民的学派，还是中国古代学派中唯一重视科学和科技的学派，墨学的思想比较接近现代思想，墨家的创始人墨子提出包括亲士、尚贤、尚同、兼爱、非攻等政治主张，对现代政治仍有借鉴意义，值得研究探讨。

从社会主义寻找新思路

自从 1978 年中国大陆开始经济改革开放，就开始了社会主义向资本主义学习的历程，到了八十年代越南效仿中国经济改革开放，到了九十年代，东欧剧变，俄罗斯和乌克兰等东欧国家全盘接受市场经济和西方民主体制，即使最封闭的社会主义国家朝鲜也开始尝试市场经济。

社会主义可以向资本主义学习，那么反过来，资本主义可以向社会主义学习吗？

答案是肯定的，已经开始了。

中国大陆在经济改革开放过程中，长期开展大规模的基础设施建设，刺激了经济发展，受益匪浅，现在美国也效仿中国大规模投资，改造已经破旧的基础设施，以刺激增长缓慢的美国经济。

资本主义和社会主义是当今世界最主要的两种社会制度，既合作又竞争，都取得了伟大的社会进步和巨大的经济成就，两者需要互相参照借鉴，先有意识这么做的一方将先受益并将受益匪浅。

2022 年 11 月，光明网等多个中国大陆媒体平台先后发布了标题和内容都相同的一篇文章，文章标题是《全过程人民民主：中国式现代化的本质要求》，这篇文章有一段文字评价了西方民主，现摘录如下：

发展全过程人民民主是马克思主义民主理论与中国国情相结合的产物。夫物之不齐，物之情也。世界上没有完全相同的政治制度模式，也没有一成不变的民主模式。西方国家的民主，是建立在资本主义私有制基础之上的民主，其实质是资本的统治，是少数的资产阶级对多数的无产阶级和劳动人民进行专政的民主。在实际运行过程中，西方选举民主成为一次性消费式民主，在大选时轰轰烈烈，一选了之；大选之后沉寂无声，进入休眠。如果人民只有在投票时被唤醒、投票后就进入休眠期，这样的民主显然不是真正的民主。只有在社会主义条件下，民主的形式与内容才能高度有机统一。马克思主义视域下的民主观具有鲜明的阶级属性，主张国家一切权力来自人民，人民是国家的主人，要建立为群众、为劳动者服务的社会主义民主。全过程人民民主，强调人民至上的原则，让广大人民拥有平等参与政治经济生活、共享发展成果的权利，既体现了对马克思主义人民立场的坚守，也体现出社会主义的本质属性，同时也深刻把握了中国式现代化的内在要求，有效回应了人民的现实诉求。

这段文字宣称中国发展了全过程人民民主，宣称全过程民主是真正的民主，并指出西方民主不是全过程民主，选民除了选举就没有其他政治话语权，是少数人统治多数人的政治，不是真正的民主。

认同西方民主的读者读到了那篇文章中的论述，一般的反应是从中国的全过程民主中寻找瑕疵缺点，然后否定中国的全过程民主，然后认为西方民主没有问题或没有大的问题。

其实绝大多数人们没有意识到自己会陷入错误的逻辑前提和逻辑判断，比如对中国全过程民主和西方民主的简单比较判断，认定两者之中肯定有一个是真的，非此即彼。其实理性判断的组合应该有四个：两者都真，两者都假，中国全过程民主真西方民主假，中国全过程民主假西方民主真。当判定中国全过程民主是假的后，其实有两个组合，那就是：两者都假，中国全过程民主假西方民主真，但判定中国大陆民主是假的人们几乎都从潜意识里就忽略了两者都假的选项，直接选择了中国全过程民主假西方民主真的选项，这些人的逻辑思维其实是非理性的，是情感逻辑或心理逻辑，认为两者之中必然有一个是真的，非此即彼。

人们都知道，对自己最了解的人可以是自己的爱人、亲人和朋友，也可以是自己的竞争对手，社会主义和资本主义天生就是竞争对手，从社会主义的角度看资本主义的西方民主，反而可能会有更深刻的认识。

在西方民主体制里，选民只能向选举候选人投票授权，却无法对被授权的官员和议员直接问责和直接奖励，导致官员和议员不必对选民直接负责，而其他的监督作用则比较有限，所以不管中国全过程民主是不是真正的民主，都应该要反思一下：西方民主是否是真正的民主，是否是全过程民主，是否需要民主改革。

结语

真理不问出处，有益的思想文化不应该限制来源，民主应该是开放的，只有理性地吸收全人类的进步因素，民主才能获得更丰富的营养，焕发出新的生机！

2.3 中庸之道和尚贤之法

了解中国传统文化的人一般都知道孔子、儒家和儒学，但不一定知道墨子、墨家和墨学。

在两千多年前的中国春秋战国时代，由于列国分立，思想多元开放，学派众多，史称诸子百家，各个学派都争相宣扬自己学派的理念，史称百家争鸣。孔子和墨子是春秋战国时代最著名的思想家和教育家，孔子创立了儒家和儒学，墨子创立了墨家和墨学，儒家的学生儒生很多，墨家的弟子墨者也不少，当时儒学和墨学并称显学，在那个时代，大多数学子不是选择儒家就是选择墨家，有非儒即墨的说法。

战国之后，秦朝为了加强统治，打击各家学派，焚书坑儒，但没有爆出与墨家相关的历史信息，可见墨家在秦朝就已式微。到了西汉时代，汉武帝为了加强统治，罢黜百家独尊儒术，儒学成了官学，儒生可以学而优则仕，而因为对统治者有挑战意识本来就不受统治者待见的墨家则失去了再创辉煌的政治空间。

墨家因乱而生，对墨者要求非常苛刻，不但要求墨者艰苦奋斗，还要求墨者轻生死重道义，为了道义可以赴火蹈刃，死不旋踵，比较适合春秋战国那种经常打打杀杀的乱世，而中国自战国之后大多数时代都是大一统的和平时代，人们崇尚安居乐业，对至刚至烈的墨家思想自然无感，所以墨家在民间也逐渐式微最后绝迹。自战国之后，无论在官方还是在民间，几乎没有人学习研究墨学，墨学遂成为绝学。

中国春秋战国时代的两大显学对现代民主有没有借鉴价值呢？

孔子的中庸之道

子曰："中庸其至矣乎！民鲜能久矣。"

上面这句话出自儒家创始人孔子的主要著作《论语》，翻译成白话文如下：

孔子说："中庸应该是最高的道德吧！ 可惜人们却很少能够长久地实行它了。"

翻遍孔子的著作也找不到对中庸的进一步解说，说实话，这句话不知所云，有点莫名其妙。

后来著名的儒家学者子思写了一篇专门论述中庸之道的专著《中庸》，子思是孔子的孙子，姓孔名伋字子思，后来《中庸》成了儒家最重要的经典之一。在《中庸》里，子思对"中"做了如下解说：

喜怒哀乐之未发，谓之中；发而皆中节，谓之和；中也者，天下之大本也；和也者，天下之达道也。致中和，天地位焉，万物育焉。

以上这段话翻译成白话文如下：

喜怒哀乐的情绪没有表露出来，这叫做中。表露出来但合于法度，这叫做和。中是天下的根本，和是天下共同遵循的法度。达到了中和，天地便各归其位，万物便生长发育了。

这个子思不愧是孔子的孙子，也和孔子一样说话不痛快，在《中庸》里根本没有解释庸是什么，倒是提到中和，感觉用"和"代替了"庸"。

我查了关于"庸"这个字的资料，"庸"在先秦是对某些地位较低的劳动者的一种称呼，故"庸"有平庸、平常之义，中庸的庸可以引申为常理。

孔子和子思生活的春秋战国时代是乱世，纷争不休，政变和战争频发，所以他们倡导中庸之道，希望人们保持平和的心态，不偏激不极端，言行合乎常理，这在一个为了争权夺利互相伤害的乱世里其实是非常难以做到的。至于儒家的常理，就是儒家的礼仪法度。

孔子在鲁国失势后辞官出走，东游列国求仕无门，处境窘迫，但总是不卑不亢，谦和有礼，温文尔雅，可见孔子确实遵循中庸之道！

由于《中庸》通篇内容比较主观抽象，定义模糊，没有用具体事例精准说明，缺乏逻辑性，有点晦涩难懂，后世的儒生对中庸的认知也有新的见解，比如，儒家大师朱熹认为中庸是不偏不倚、无过无不及的意思。有人对中庸的解说是，中庸是儒家的道德标准，为历代儒生遵循与推崇之道德标准，"庸"字在古代同"用"字，所以中庸又称中用，意为待人接物保持中正平和，因时制宜、因物制宜、因事制宜、因地制宜，儒家的理论根源源于人性，中正平和是人性的根本。有人认为中庸之道就是甘于平庸，也有人认为中庸之道其实就是世故圆滑。

中庸虽然不是精准确切的道德标准，但具有很大的启发性，可以提升到哲理的高度，可以意会，但难以言传。

我对中庸之道的认知和联想如下：

偏激极端不是中庸之道，因为物极必反。过度过分不是中庸之道，因为过犹不及。

适中、适度、适量、适合、适当是中庸之道，适度得体、适可而止是中庸之道，清静为天下正是中庸之道，方而不割、廉而不刿、直而不肆、光而不耀是中庸之道，恰如其分、恰到好处是中庸之道，力所能及、量力而行是中庸之道。

百家争鸣是中庸之道，罢黜百家独尊儒术不是中庸之道，多元化是中庸之道，大一统不是中庸之道。

不亢不卑是中庸之道，做人留一线日后好相见是中庸之道，做生意不赚最后一块钱是中庸之道。

体重不胖不瘦是中庸之道，血压不高不低是中庸之道，买东西考虑性能价格比是中庸之道，平凡女人非要找高富帅的男朋友结果成为剩女不是中庸之道，普通男人执意找白富美的女朋友结果成为剩男也不是中庸之道。

政治正确未必是中庸之道，矫枉过正不是中庸之道，极左和极右都不是中庸之道。

中庸之道不是绝对的，是相对的，是讲条件的，相同的言行和事物在一个环境下符合中庸之道，在另一个环境下有可能违反中庸之道。

民主政治和中庸之道

中产阶级是一个没有大富大贵但生活富足的阶级，这个阶级稳中求进，主要依靠勤奋学习、努力工作、辛苦创业提升自己，不激进不懒散，有利于民主的稳定和进步，是一个中庸的阶级。

橄榄型社会结构是指中产阶级规模比较庞大而极富极穷两个阶级规模比较小的社会机构，因为从富到穷人口数量分布的特征是两头小中间大，形如橄榄，故名橄榄型社会结构。

中庸的中产阶级占大多数的橄榄型社会是中庸的社会。

金字塔型社会结构是少数人富有大多数人贫穷而同时贫富两极分化的社会结构，因为从富到穷人口数量分布的特征是头尖底宽，形如金字塔，故名金字塔型社会结构。

同橄榄型社会相比，金字塔型社会是一个比较极端的社会，不是中庸的社会。

在金字塔型社会，寡头经济或垄断经济盛行，少数上层阶级拥有社会的大部分财富，过着骄奢淫逸的生活，却会因为贪婪过度而操纵政治和司法，不会顾及底层阶级的困境，而大多数底层阶级经济拮据，缺乏享有高等教育的机会，缺乏高收入的就业机会，缺乏良好的创业机会，总体来说，底层阶级的青壮年没有上升的社会空间，失落迷茫，没有勤奋学习、努力工作、辛苦创业的动力，容易沉迷于酗酒、吸毒、赌博、犯罪活动，容易寄希望于激进的政治运动和暴力革命，有可能成为内乱或内战的帮凶。

成熟的现代民主政治是包容的、多元的、平等的、自由的政治，是中庸的政治。

在民主国家，执政党和在野党之间不是零和博弈的关系，在野党虽然在一次政治竞选中失去政权，但仍会赢得一部分议员席位，在议会仍然有政治话语权，或者赢得议会的大多数席位，可以掣肘执政党，并且仍有机会赢得下一次政治竞选重新执政。在民主国家，政党替换执政是常态，政党之间是竞争关系，而不是你死我活的敌我关系，执政党不可能做到赢者通吃，在野党仍有政治生存空间。

在成熟的民主政治中，政党制度决定了政党之间是激烈的竞争关系，在政治竞选或政治博弈中，为了获取更大的权力和更多的利益，每一个政党都有可能抨击其他政党，每一个政治工作者都有可能攻讦政治对手，政治竞争比较激烈的时候，甚至引发示威游行和政治骚乱，这种政治竞争无疑不利于政治稳定，但在民主政治制度的约束下，都有惊无险，而且政治竞争有利于每一个社会群体发出自己的政治声音和保障自己的政治利益，也有利于政治进步。

象火在火炉中安全地燃烧释放能量一样，在成熟的民主政治中，民主政党的张力和民主政治的约束形成一个动态平衡的安全可靠的政治系统，这符合政治的中庸之道。

不成熟的现代民主政治是极端的野蛮的政治，不是中庸的政治。

在不成熟的民主政治中，宗教狂热、种族主义、民族主义、民粹主义、军国主义、极左极右思想等政治极端主义盛行，不但有政党，还有军方、宗教、皇室、王室等势力介入政治，有的政党还拥有民兵组织，政治竞选难以规范，在政治竞选中，新闻管制、游行冲突、投票造假、暗杀、武装冲突、军事戒严、政变等事情都有可能发生，各种政治势力之间不是竞争关系，而是敌我关系，一个政党或一方政治势力夺权上台，就极力打压政治对手，甚至赢者通吃，把政治对手连根拔起。

在不成熟的民主政治中，象火从火炉里窜出造成火灾类似，有时民主政治无法制约政党和其他政治势力，这有违政治的中庸之道，有可能造成政治的悲剧或灾难。

墨子的尚贤之法

墨学虽然是绝学，但仍然留下了一本书，书名是《墨子》，记录了墨子的政治主张、墨家相关记事、逻辑学、物理学和守城之术等。墨子的政治主张包括亲士、尚贤、尚同、兼爱、非攻、非命、节葬和节用等，这些政治主张至今仍有独特的思想价值和积极意义。

国难思良将，时艰念贤臣，在春秋战国时代，由于诸国之间经常混战兼并，贤士对安邦定国有举足轻重的作用，针对招贤纳士，墨子提出了尚贤的政治主张。

墨子说："国有贤良之士众，则国家之治厚；贤良之士寡，则国家之治薄。故大人之务，将在于众贤而已。"

墨子这段话的意思是："国家拥有贤良的人才多了，那国家的治理就良好；贤良的人才少了，那国家的治理就薄弱。因此大人的重要事情，就在于多招纳贤士罢了。"

贤士多多益善，那如何招纳更多的贤士呢？

墨子说："此固国家之珍而社稷之佐也，亦必且富之，贵之，敬之，誉之，然后国之良士，亦将可得而众也。"

墨子这段话的意思是："这些贤士本来是国家的珍宝和社稷的辅佐，一定要使这些贤士富裕，使这些贤士尊贵，敬重这些贤士，赞誉这些贤士，然后这些贤士成为国家的良士，这样可以得到众多的人才。"

墨子的答案是：给予财富、地位、尊重和名誉，就能招纳到众多的贤士。

墨子还论述了如何重用贤士。

墨子说：高予之爵，重予之禄，任之以事，断予之令。曰："爵位不高，则民弗敬；蓄禄不厚，则民不信；政令不断，则民不畏。"举三者授之贤者，非为贤赐也，欲其事之成。

墨子这段话的意思是：给予高贵的爵位，给予丰厚的俸禄，可以处理实务，有决断的权力。爵位不高，百姓不会敬重；俸禄不多，百姓不会信任；权力不大，百姓不会畏惧他。把这三样东西给予贤士，并不是为了赏赐贤士，而是为了把事情办成。

墨子主张尚贤，墨家的弟子和信徒，也就是墨者，在现实中也信奉这一理念。

墨家比较注重科技，对机械、力学、光学、逻辑和市场等方面的研究都领先当世，墨者熟悉社会生产，尤其在防守方法、防守工事及机械等军事方面所达到的成就无出其右，加上为了信念可以赴汤蹈火死不旋踵的特有品质，墨者们就是那个时代的贤士群体。

墨者都是理想主义者，但作为贤士，墨者出仕为官必要求高官厚禄实权，有了高官厚禄实权，墨者才能心无旁骛地做实事，才能赚取资本以实现墨家的信念！

民主政治需要尚贤

有一个传言，说在美国一流的人才在商界，二流的人才混政界。

这个传言未必完全真实，但确实反映了美国的社会现实。

在市场经济的社会，一个人的个人价值首先是用拥有的财富来衡量的，一个对世界贡献很大却一贫如洗的人即使得到尊重，但也没有人愿意效仿这样的人。

在美国，民选的官员和议员虽然有比较高的社会地位，但这些官员和议员的收入并不高，总统的收入和外科医生的收入差不多，因此许多有政治抱负的青年会先去赚钱，发财后还放不下当初的政治抱负才涉足政坛。

以墨子的尚贤标准来看，民选官员和议员薪金太少，美国的政府和议会有点不尚贤。

在美国，民选官员和民选议员的权力受到过度限制，有人形容这种状况是权力被关到了笼子里，可垄断资本和巨型的高科技公司等可以左右社会的社会力量都在笼子外。由于政府可以掌控的资源有限，又因为民选官员和民选议员的权力也有限，面对疫情、极端天气和金融风暴等自然和社会的危机时往往有心无力。

以墨子的尚贤标准来看，民选官员和议员缺乏办实事的权力，美国的政府和议会有点不尚贤。

民主国家对政府职能的要求越来越高，有时民选官员和议员的德能会决定国家和民族的盛衰存亡，但许多民主政府缺乏尚贤精神，因此缺乏人才，危难之时有误国之忧。

结语

儒家的中庸之道和墨家的尚贤之法是中国传统思想文化的瑰宝，对现代的民主政治仍有重要的借鉴意义！

2.4 古希腊民主启示录

说起民主的起源，人们会首先想到古希腊民主，说起古希腊民主，人们会首先想到古雅典民主。

古雅典不是古希腊唯一的民主城邦，在古希腊，有若干个城邦实行过民主政体，因为有关古雅典民主的历史文献最丰富，所以古雅典民主最引人注目，只要论及古希腊民主，基本都在论说古雅典民主。

古雅典民主在克里斯提尼改革后基本成熟，所以分析古雅典民主的精髓最好分析克里斯提尼改革后的古雅典民主体制。

古雅典民主的政治结构

自克里斯提尼改革后，古雅典民主有六大政治支柱，包括公民、公民大会、法庭、立法委员会、五百人议事会和公职人员。

公民

在古雅典，克里斯提尼改革后，德谟是最基本的政治组织，公民是指在德谟区内在册的男性居民的子嗣，后来是指父母都是雅典原居民的成年男性公民。

古雅典自始至终只是一个城邦，总人口变化不大，大部分时间里估计在十几万到二十几万之间，其中外邦人和奴隶有几万人，雅典人大约十万到二十万，妇女不参加那个时代经常发生的战争，寿命应该比男人长，估计占总人口过半，不算妇女，雅典男人还有几万到十万，不算未成年人，剩下的雅典人就是雅典公民，只有几万人。

古雅典公民无论贵贱富贫，都享有平等的政治权利，可以参加公民大会，可以成为法庭的审判员、立法委员会成员、五百人议事会成员和公职人员，在公民范围内，古雅典民主是真实的和公平的。

公民大会

古雅典的公民大会是古雅典最大的权力机构，集立法、行政和司法于一身，可以制定临时的法令，也可以制定或修订法律，但制定或修订法律之前，必须先由一个立法委员会提出建议，然后由另一个立法委员会审批通过，最后提交公民大会表决。

古雅典每年召开几十次公民大会，每次参会的公民有几千人，但如果要做重大决定，至少要有 6000 人出席大会，通过举手表决和投票两种方式最终做出决定。

在古雅典，每一个雅典公民都有权参与公民大会，雅典会为每一位参加大会的公民发津贴，这为不富裕的公民参加公民大会提供了物质保障。

法庭

在古雅典，法庭作为司法机构，是与公民大会同样重要的机构。

除了公民大会召开的日子和节庆日，法庭几乎每天都开庭审案。法庭每年以随机抽签方式从 30 岁以上的普通公民中选出 6000 名年度候选审判员，这些候选审判员任期一年，可以多次抽签入选，每次审案，法庭以抽签方式从这些候选审判员中选出审判员，案子由审判员集体做出判决，审判员审案可以领取津贴。

古雅典的审判员不同于现代的陪审员，现代的陪审员是给案子定性，如判定犯罪嫌疑人是否有罪，而古雅典的审判员不但可以给案子定性，还可以判决结果，包括死刑。

在古雅典法庭，每次审案都会有多名审判员参与，小案子 201 名审判员，稍大点的案子 401 名，一般案子 500 名，重大案子要在民众法庭审案，1000 名以上，同最多只有十多个人的现代陪审团相比，古雅典的审判员可谓人多势众。

古雅典法庭除了有司法功能，也有部分行政功能，可以审定当选的执政官和司库官等高级公职人员和部分低级公职人员的任职资格。

立法委员会

古雅典的审判员们不但在法庭审案，还参加立法委员会立法。

在古雅典，一般有两个立法委员会，一个立法委员会提出建议，另一个立法委员会审批，两个委员会的成员都来自年度候选审判员，以抽签方式选出，委员会规模都比较大，成员数量一般在 1000 人以上，成员参与立法可以领取津贴。

古雅典的立法委员会成员和法庭审判员都来自候选审判员，可见古雅典没有立法人员和司法人员分开的观念。

五百人议事会

古雅典的五百人议事会是一个行政机构，拥有 500 名成员，名副其实，成员要求比审判员严格，只有年满 30 岁的公民才有资格成为候选人，由雅典的十个部落以抽签方式选出 50 名公民构成，任期一年，每个公民一生中最多可以任职两次，成员议事可以领取津贴。

五百人议事会为公民大会准备议程和议题，引领公民大会的政治方向，另外，议事会还有行政、财政、外交、监督和处罚等方面的权力，职能比较广泛。

议事会成员按部落分成十组，在一年的时间里，每组轮换担任主席团，主持议事会和公民大会的工作，轮换顺序由抽签决定，主席团每天抽签选出一名成员作为执行主席，任期一天，不得延长。

除了轮换掌权，后来议事会还有九人委员会制度权力制衡，九人委员会由主席团之外的九个组每组抽签选出一个组成，主席团负责议事会和公民大会的准备工作，九人委员会住持会议。

五百人议事会工作过程并不是封闭的，议事会开会，普通公民可以旁听，如果主持人允许，旁听公民可以发言，如果有议事会成员附议，旁听公民可以提出议案。

五百人议事会虽然权力非常大，但由于采用轮换掌权和权力均衡的管理方式，防止了个人或少数人专权。

公职人员

公职人员负责执行公民大会、法庭、立法委员会和五百人议事会制定的法令、法律和政策。公职人员包括将军、司库、市场法监和审计员等。古希腊时代战争频繁，所以在古雅典将军是最重要的公职人员，也是专业要求最高的公职人员，不以抽签方式选出，而是以投票方式选出。除了将军，还有司库等专业要求非常高的公职也是以投票方式选出，其他的公职人员都是以抽签方式产生。

所有的公职人员都要求是年龄在 30 岁以上的雅典公民，任期一年，除了将军可以连任，其他公职不得连任。

提起古雅典民主，人们常常会认为，近现代的西方民主和古雅典民主是一脉相承的，但了解古雅典民主的政治结构后就会知道其实两者大不相同，与近现代的西方民主相比，古雅典民主简直就是奇葩。

对于古雅典公民来说，古雅典民主是直接民主，每个公民一生中都会参加公民大会，举国公民参加公民大会处理国家大事，几乎每个公民在一生中都会担任过审判员和立法委员会成员，参与审案和立法，每个公民都有均等的机会成为五百人议事会成员和公职人员。

在古雅典民主选举过程中，抽签选举是常态，投票选举是例外，除了将军和司库等普通公民难以担任的少数公职以投票选举的方式选出，其他所有的公职都以抽签选举的方式从公民中产生。

平民民主的辉煌历程

古雅典民主是从君主制演变过来的，其过程是一个漫长的分阶段的过程。

在公元前八世纪至公元前七世纪前后，古雅典君主制转变为贵族共和制，雅典的地主贵族废黜了君主制，由三位执政官管理城邦。执政官可以终身任职，后来任期缩短为十年，后来又缩短为一年。再后来，又增加了六位执政官，总共九位执政官管理城邦，九位执政官由战神山会议选举产生，而战神山会议成员由前执政官组成，终身任职。贵族共和制的古雅典有公民大会，但平民无法参与其中，也没有担任公职的政治途径。

贵族共和制的古雅典主要还是一个农业社会，遇到天灾之年，许多贫困农民会卖地求生，有的会破产失去所有的土地沦为佃农，有的甚至因为欠债沦为奴隶，平民的权益难以得到保障。

古雅典是一个港口城邦，随着古雅典的造船和航海的技术发展，古雅典的海上贸易和手工业及商业都快速发展，古雅典还有了海军和殖民地，新兴的工商阶级财富增长了，对政治权利的渴求也增长了，工商阶级和平民阶级联合起来要求更多的政治权利。

公元前594年，梭伦出任雅典的执政官和立法者，他出身于没落贵族家庭，政治上比较倾向于平民大众，推行了一系列平民民主改革。

梭伦的改革保障了平民的人权，废除了以人身作抵押的一切债务，禁止把欠债的平民变为奴隶，并禁止以人身作抵押借债。平民的参政机会也增加了，公民按财产多寡被分为四个等级，最低等级的平民仍然不能担任公职，但有权参加公民大会，还可以成为审判员。公民大会的常设机构为四百人会议，由四个部落各自从前三个等级的公民中抽签选出 100 人组成。以前执政官审理案件，改革后作为司法机关的法庭受理并审判所有级别的公民上诉的案件，而审判员则从所有等级的公民中抽签选出。

梭伦改革后，所有公职人员的产生，都先由四个部落在符合财产资格的公民中投票选出候选人，然后在候选人中抽签选出公职人员。执政官的产生也不例外，四个部落先各自在最高等级的公民中投票选出 10 位候选人，总共 40 人，再从这 40 位候选人中抽签选出 9 位执政官。

梭伦改革后，没有家族可以再垄断担任执政官的机会，但机会转给了少数贵族，仍与平民无缘。

梭伦改革后，战神山会议的权力仍然巨大，可以惩罚公民，可以不受限制地支配政府财政。

梭伦改革开启了古雅典的民主政治，但这种民主政治不彻底也不稳定，在公元前 6 世纪的大部分时间里，贵族仍然可以玩弄权术，僭主专政屡见不鲜，平民、贵族和部落之间政治冲突不断。

公元前 508 年，克里斯提尼开始担任执政官，推动了一系列政治改革，终于奠定了雅典平民民主政治的基础。针对僭主政治，他打散了以血缘和地缘为基础的部落，让贵族失去操弄权术的政治根基，以随机抽签的方式重划了部落，先划分出 10 个部落，每个部落有 3 个区，每个区包含数量不等的政治组织，这种政治组织称为德谟，整个雅典共有 139 个德谟，一个德谟的成员之间没有血缘和地缘的关系。雅典公民既可以参加德谟的大会，也可以参加公民大会。四百人议事会扩充成五百人议事会，成员由每个部落随机抽签选出 50 名议员组成。公元前 487 年，执政官以随机抽签方式产生，一二等公民都有候选资格。

古雅典的贵族势力源远流长，根深蒂固，不是一场轰轰烈烈的改革就能彻底压制的，这些贵族势力甚至可以和外部势力勾结复辟僭主政治。为了把风险消除于萌芽阶段，公元前 488 年克里斯提尼创造了陶片放逐法，该法由公民大会执行，专门放逐有可能复辟僭主政治的野心家。每年公民大会执行放逐投票时，每个公民在一块陶片上刻上他认为应该被放逐的政客名字，只有六千多公民参加了投票，投票才有效，得票最多的人就是当年被放逐的人，放逐期限为 10 年。自从放逐法实施之后，数年之间驱逐了许多势力过大的贵族、官员和名人，阻止了僭主政治卷土重来，稳固了平民民主，但有人利用放逐法陷害政敌，后来古雅典终止了放逐法。

"我们的国体之所以被称作民主，是因为权力不是被少数人而是被所有人民所掌握。当私人纠纷产生时，所有人在法律面前一律平等。"

以上这段话是古雅典将军伯利克利在雅典人纪念死

去的战争英雄的一次集会上演讲的一部分，讲出了雅典平民民主的精髓，那就是政治平等，伯利克利的这次演讲不但打动了当时在场的雅典公民，还传颂千年，后世和当今的许多政治家都模仿了他的演讲。

从公元前443年到公元前429年，伯里克利每年连选连任雅典最重要的官职首席将军，完全掌握国家政权，在伯利克利的领导下，古雅典的平民民主政治达到巅峰。

伯利克利剥夺战神山议事会的权力，原属战神山议事会的权力分别归属公民大会、五百人会议和陪审法庭。此后，战神山议事会只审理带有宗教性质的案件和事务。公民大会、陪审法庭和五百人会议摆脱了战神山议事会的牵制，真正成为雅典国家的最高权力机关和执行机构。

伯利克利还推动各级官职向广大公民开放。公元前457年后，第三等级公民取得担任执政官的资格，第四等级公民后来事实上也被允许担任执政官，至此雅典全体男性公民基本上都不再受财产限制，都有了通过抽签、投票选举和轮换而出任各级官职的资格和机会。

伯利克利施行了公薪制，开始给审判员发津贴，后来公薪制扩大到大多数公职，这为贫苦公民参政提供了一定的物质保障，贫苦公民不怕参政误工了。

在伯利克利时代，雅典的民主政治、奴隶制经济、海上霸权和古典文化都达到极盛状态。

古希腊民主的缺点

尽管现在人们都称颂古希腊民主，但大多数古今著名的学者却对古希腊民主颇有微词，尤其对古希腊民主的抽签选举都持批评态度。

"用豆子抓阄的方式来选举执政官是非常愚蠢的，没有人愿意用豆子抓阄的方式来雇用一个舵手、建筑师、吹笛手或其他任何行业的人，而在这些事上做错的话，其危害和管理国务远远无法相比。"

这是古雅典著名哲学家苏格拉底对古希腊民主抽签选举的批评。

柏拉图是苏格拉底的学生，也是著名的古希腊哲学家，隐晦地批评了古希腊民主的抽签选举，亚里士多德是柏拉图的学生，也是著名的古希腊哲学家，对古希腊民主抽签选举的态度也是否定的。

写于古雅典时代的著名演讲稿《雅典政制》评价古雅典民主：在实行抽签选举的民主制下，当权的是那些缺钱、缺少教育、愚昧无知的穷人、坏人、下等人，而不是德行和智慧兼备的富人、贵族、优秀分子。

"如果用抽签的方式选拔领导人，就好比用抽签的方式选一名乘客为海船掌舵一样，随时都可能翻船。如果人民选择可以托付自己的人，如果他们关心自身的福祉，他们肯定会挑选出类拔萃之辈，这样才能确保国家安危依仗的是出类拔萃之辈的谋划。其实，由德行与智慧胜人一筹的上等人统治下等人，下等人心甘情愿服从上等人，都是非常自然的事。"

上面这段话是古罗马著名政治家、哲学家、演说家和法学家西塞罗对古希腊抽签选举的评价，显然是很负面的评价。

近现代的著名学者们，霍布斯、孟德斯鸠、卢梭、亚当·斯密等，绝大多数都对古希腊抽签选举持反对态度，近代闻名世界的民主革命，比如法国大革命，美国独立革命，等等，都不是对古希腊民主的传承，与古希腊抽签选举更是一点不沾边，到了现代，人们只粗略地了解古希腊民主，绝大多数人甚至不知道抽签选举是古希腊民主最重要的政治手段。

尽管人们称颂民主时代的古雅典是民主城邦国家，但民主时代的古雅典绝不是现代意义上的民主国家，古雅典民主其实是直接民主和平民民主。

古雅典其实首先是一个奴隶制国家，奴隶和公民的数量都长期维持在几万人左右，许多公民都是奴隶主，那些引领古雅典民主的人，比如梭伦、克里斯提尼和伯利克利等，也许都是奴隶主。古雅典自始至终也没有废除奴隶制，也从来没有为奴隶提供立功赎身成为自由民或公民的政治机会。古雅典城邦居住着许多外邦人，这些外邦人是自由的，但也没有成为雅典公民的政治途径。从这一点来看古雅典不如古罗马开放，尽管人们感觉古罗马对角斗士奴隶是非常残酷的，但罗马的奴隶，还有被征服地区的居民，都有机会成为罗马公民，而雅典公民身份是封闭的，只有父亲是雅典公民的居民才是公民身份，所以古雅典同古罗马相比封建自闭自私狭隘，一点都不大气。

古雅典的绝大多数公职，包括执政官，都是从雅典公民中抽签选举产生的，这种公职人员的产生办法虽然可以防止贵族和富人操控国家公务，但也让平庸者可以身居要职处理军事和外交等城邦大事，和平岁月尚可，但危难时刻难免耽误国事。绝大多数公职任期只有一年，对于一个公职，每个公民一生只可任职一次，不得连任，这导致大多数公职人员都是实习生水平。

实习生治国，这应该是古雅典失败的主要原因之一！

民主与抽签选举

在当今时代，在民主世界，人们对民主的认知是，投票选举是民主的必要条件，但不是充分条件，也就是说，有投票选举未必是民主，但没有投票选举肯定不是民主。

在古希腊民主时代，抽签选举是民主的必要条件，但不是充分条件，也就是说，有抽签选举未必是民主，但没有抽签选举肯定不是民主。

有人称古雅典民主是直接民主，因为古雅典的最高权力机构是公民大会，公民大会规模多大几千人，每个公民参加公民大会的机会是均等的，但公民大会只能定期召开，无法处理具体事务，处理具体事务的是议事会、法庭和公职人员，而三者都是抽签选举产生的。

人们讨论投票选举和抽签选举，会自然而然地认为：投票选举是现代的先进的，抽签选举是古代的落后的，其实在政治选举中抽签选举与投票选举相比有四个优点。

第一，在抽签选举候选人范围内，抽签选举可以防止政治操控。

在抽签选举中，由于难以人为操控，任何政治候选人都没有优势，被抽中的机会是均等的，出身、人脉、威望、权力、财富和谋略都不起作用，任何人的爱恨情仇都无法影响抽签选举结果。

只要采用随机抽签选举，即使抽签选举范围仅限于上层阶级，也足以防止某个人、某个家族、某派政治势力垄断国家权力，也防止了独裁和世袭。没有了垄断国家权力的可能性，没有了独裁和世袭的可能性，政治斗争失去了意义，权谋失去了动机。被抽中的人不必感激谁，没被抽中的人也怪不了任何人，无论抽签选举结果如何都难以引发争议。

很明显，抽签选举有利于政治稳定。

第二，如果从全民范围抽签选举，抽签选举出的团体规模足够大，那么这个团体就是全民的缩体，就比较接近代表全民。

在全民抽签选举中，只要抽签选举出的团体人数足够多，那么这个团体就会包含各主要行业的成员，包含社会各主要阶级的成员，包含各个年龄段的成员，性别、种族、民族和宗教的组成比例和社会结构比例会基本相符，这些成员大多数是平民，成员的意愿集中起来基本可以代表全民的意愿。

第三，抽签选举可以实现政治平等，可以形成更健康的官民关系。

只要抽签选举出的团体人数足够多，又有任期限制，那么平民被抽签选举选中的概率就非常大，一个平民即使自己一生也没有被抽签选举选中，只要看到自己的家人、亲戚、朋友、同学、熟人和邻居被选中了，也会从心底里认为抽签选举确实是公正的和平等的，对抽签选出的公职人员自然会有亲切感和信任感。如果有任期限制，那些抽签选出的公职人员任期满了会回到原来的生活，这些人对政治运作会比较熟悉，会洞察政治的不轨，也会体谅政治工作者不得已的苦衷，会形成更健康的官民关系。

现代社会的政治竞选只采用投票选举，已完全排除了抽签选举，但投票选举的过程和结果并不理想，而现代大多数国家的公民识字率大大提高，还可以借助互联网和人工智能认识世界，可以说民智已开，如果再推行抽签选举选公职人员，其结果肯定大大不同于两千几百年前的古希腊抽签选举，如果投票选举不灵了，那么应该试试抽签选举。

结语

提起古希腊民主，人们似乎比较熟悉，但只要认真阅读详细的历史资料，人们就会发现让人感到意外的古希腊民主，那是优点和缺点同样显著的直接民主和平民民主！

在当今世界，许多民主国家还在借鉴古希腊的公民大会，会举行全民公投，全民公投是全国公民投票决定国家大事，与古希腊的公民大会投票类似，因此可以说古希腊的公民大会仍然得以传承，但古希腊的抽签选举却绝迹了。在现代民主社会，所有公民的素质都有了根本的提升，抽签选举能不能带来优质民主，值得研究和试验。

古雅典的民主进程是一个渐进的过程，用了几个世纪，先从君主制进化到贵族共和制，再从贵族共和制进化到平民民主制，其中深层次的历史原因需要世人深入研究，要借鉴古雅典民主的形成机制，用来促进世界民主的进步！

2.5 中产阶级是民主的稳定器

在现代社会中，中产阶级一般是指工作稳定并且经济独立的阶级，这个阶级不必依赖社会福利生活，虽然没有巨额财富过奢侈的生活，但拥有超过生存需要的资产，经济地位比上不足比下有余，故称为中产阶级。

在不同的国家，由于人均收入差距比较大，中产阶级的标准差别很大，在某些发展中国家，年人均收入720 美元的人就算达到中产阶级的标准了，在发达国家，年人均收入接近或超过 31000 美元的人才达到中产阶级的标准，在美国，一般年收入在 5 至 30 万美元的家庭其家庭成员属于中产阶级，许多工人家庭都算是中产阶级家庭。

稳中求进的中产阶级

中产阶级是一个稳中求进的阶级，是一个喜欢依托稳定的经济环境依靠勤奋学习努力工作获得进步改善命运的阶级。

现代的中产阶级生活并不稳定，喜欢搬家，喜欢迁徙，喜欢换工作，结婚率低，离婚率高，到了晚年才可能稳定下来，但只要有一个稳定可预期的经济环境，大多数中产阶级都会有一个比较靠谱的人生规划，在青少年时期就开始按照人生规划奋斗，为了升职加薪，为了创业，为了舒适温馨的生活，积累学历、资历、经验、技能，会终其一生不停息。

其实在任何一个社会，中产阶级都是支柱，现代社会也不例外，中产阶级是一个比较积极的阶级，管理经验丰富，劳动力素质高，做重要的工作，纳税最多，一个国家和社会要想繁荣昌盛，就要先让中产阶级发展起来，让中产阶级具有庞大的规模。

消费和纳税的主要群体

在一个现代社会中，有消费才有市场，经济才有活力，有纳税才能维持政府运转，才能维持公共服务，而中产阶级是消费和纳税的主要群体。

底层家庭经济拮据，没有社会福利和借贷就难以生活，除了必要的衣食住行就很少有其他的消费，因为薪酬少，一般不用缴纳个人所得税。如果对底层阶级寄予不切实际的期待，幻想这个阶级将来收入会稳步增长，放宽贷款限制，让底层阶级消费，就有可能引发经济危机，2008 年美国的次贷危机就是因此爆发的。

上层阶级人数不多，却拥有惊人的财富，甚至可以说富可敌国，消费自然就高，过着奢侈的生活，锦衣玉食，穿金戴银，名车豪宅，私人飞机，豪华游艇，都是为上层阶级准备的，但由于上层阶级人数太少了，所以消费总量不多。至于纳税，税法向上层阶级倾斜，上层阶级最富有却容易获得税收减免，许多上层阶级还利用权力或法律的漏洞合法避税，于是奇怪的事情出现了，许多老板比经理纳税还少，许多高管比普通员工纳税还少，比如投资家巴菲特，他是美国数一数二的富豪，但他缴纳的个人所得税竟然比自己的秘书还少。

用排除法就可以知道，既然底层阶级和上层阶级都不是消费和纳税的主体群体，那么中产阶级就是消费和纳税的主力了。

中产阶级工作一般比较稳定，收入比较高，消费也比较高，对未来的生活也比较有信心，有一定的消费潜力，如果目前的收入不足以买房买车买奢侈品，可以贷款消费，有了贷款，就努力工作偿还贷款，这就提高了自己的纳税数额，增加了政府税收。

中产阶级和民主秩序

金字塔型社会是贫富悬殊的社会，是绝大多数穷人处于社会底层、少数富人处于上层、极少数富人处于最顶层的社会，因为这种财富分布的社会结构象金字塔，所以形象地称之为金字塔型社会。

我们知道，仓廪实而知礼节，中产阶级规模庞大，平民只要努力就能过上舒适温馨的生活，就不愿意大冒险，就不愿意犯罪或革命。

在金字塔社会，中产阶级是少数人，饥饿、严寒、酷暑、负债、歧视、欺辱，让占社会多数的底层阶级生不如死，对底层来说，铤而走险是一个不用太纠结的人生选择，那些因为社会不公正而陷入经济困境的绅士淑女都难免有盗窃、抢劫、革命等非分之想。

在金字塔型的社会结构中，经济社会资源的分配存在很大问题，贫富分化比较严重，权贵为所欲为，富人为富不仁，中产阶级人数很少，底层阶级奋斗也没有出路，富人和底层阶级之间有不可跨越的社会鸿沟，富人要压榨底层，底层阶级要杀富济贫，两大阶级的矛盾和冲突决定了金字塔型社会是不稳定的社会，一旦比基尼系数过高，金字塔型社会就是暴动、政变、革命频发的社会。

橄榄型社会结构是指中产阶级规模比较庞大而极富极贫两个阶级规模比较小的社会机构，因为从富有到中产再到贫穷的人口数量分布特征是两头小中间大，形如橄榄，故名橄榄型社会结构。

橄榄型社会都是从金字塔型社会转化形成的。

橄榄型社会结构是一个比较理想的社会结构，意味着社会经济资源的分配相对比较合理，其中规模庞大的中产阶级是维系社会稳定的中间力量，对社会贫富分化有较强的调节功能，对社会利益冲突有较强的缓冲功能，底层阶级可以通过努力上升为中产阶级，上层阶级失败跌入中产阶级也并不可怕，阶级之间的矛盾和冲突不会过于激烈。

从全球范围来看，许多发达的民主国家都是这种橄榄型社会结构，正是这种社会结构造就了这些国家民主的发达和经济的繁荣，当一个民主国家的中产阶级衰落了，那这个国家的民主秩序就会有所动摇。

规模庞大的中产阶级是民主秩序的稳定器。

最理想的社会结构是共同富裕、人人富足，但我们必须承认，人的禀赋能力必然有高低，社会必须选择奖励可以创造经济高效益的人，所以公平竞争形成的富穷差异有其存在合理性，这种差异会调动人的积极性，从而推动社会进步，否则这个社会就会消极颓废。

在公正公平的民主社会里，贫富差异不会无限度扩大，可以长期维持庞大的中产阶级，从而维持稳定的橄榄型社会。

中产阶级的权利和权力

民主资本国家虽然是民主国家，但还是资本主义国家，是资本为主的社会，资本的本性就是全世界追逐利润，利用资本的影响力尽量获得政策优惠，同时利用合法或非法的手段，尽量减税或避税，这会加剧贫富悬殊，减少税收，不利于维持或创建橄榄型社会。

在民主世界，民主资本主义国家在生产环节还是资本主义，但在分配环节越来越多地体现出了共产主义的倾向，共产主义的产不是资产的产，而是产品的产，没有出钱出力的人们获得了丰富的产品。民主资本主义社会的分配本来主要是按资分配和按劳分配，但对失业者和破产者比较残酷，所以出现了社保、福利、救济、援助，以保护那些不幸失业或破产的人们，这样就有了按需分配。

现在即使在发达的民主国家，社保、福利、救济、援助已经成为国家难以承受的负担，只能靠借债维持，而人们不愿讨论的是，在许多民主国家，因为按需分配的社保、福利、救济、援助，中产阶级纳税过重，青壮年劳动者即使努力工作也不比老人和底层失业者生活好多少，于是纷纷失去了工作积极性，失去了社会活力，发达的民主国家有可能成为一个干瘪的橄榄型社会，落后的民主国家可能形成一个金字塔社会。

在大多数民主国家，中产阶级是最主要的纳税人和消费者，做着全社会最重要的工作，是民主的社会基础和稳定器，但相对于过重的付出，中产阶级的政治权利是相对不足的。许多民主国家的中产阶级已经开始衰落，失去了工作积极性和社会活力，整个国家也消极了，要战胜未来的危机和挑战，需要维护中产阶级的政治权利，推进民主改革，让中产阶级拥有政治权力，推动民主进步，化解国家和社会的危机和困境！

结语

在古代和近代，中产阶级都不是国家和社会的主流，奴隶主、贵族、地主、资产阶级是历史的主导者，奴隶、农民、无产阶级有时也爆发出惊人的力量，改变一下历史的走向，在历史进程中，中产阶级至多只是一个重要的配角。

近几十年在发达的民主国家才出现了庞大的中产阶级，这个阶级是国家和社会的主要支柱，却不是一股政治力量，即使政党制度出现，这个阶级也是分散的，和其他阶级混编到一个政党里。

在民主的国家和社会里，如果积极的中产阶级形成一股独立的政治力量参政，也许会带来积极的效果！

2.6 当官就应该发财

廉价有时非常昂贵

在民主政治中，公众希望民选官员和议员都是政治家或有政治家的美德，拿比较低的薪金，还能尽心尽力为公众服务，这是典型的要马儿跑又要马儿不吃草。

奢侈品不可能廉价，如果买到了一个廉价的奢侈品，那这个奢侈品十有八九是假的。

现代的政府和议会需要专业的人做专业的事，诚信、廉洁、高效、务实的政府服务不可能廉价，但大多数民主国家只为民选官员和议员提供比较低的薪金却想得到优质的政府服务，监管又不到位，结果选民必然会双重失望，一重失望是政府服务难以到位，另一重失望是为政府服务付出的代价非常昂贵。

在民主国家，选民需要廉价的政治工作者，政治候选人、民选官员和议员不敢反对选民，因为选民会在政治竞选中用手里的选票淘汰反对自己的政治工作者，但顶流精英人才可以用脚反对，这些精英人才不进入政界，而是投入其他收入比较高的行业，这样选民就无法得到顶流精英人才的服务。另外，由于政治工作者的薪金比较低，无法和企业工作者的薪金相比，而公众对政府和议会基本没有监管，政治工作者的积极性和责任性也就无法和企业工作者的积极性和责任性相比，提供的服务肯定不是优质的，公众失望是必然的。

在大多数民主国家，政治工作者的薪金都比较低。人们希望政治工作者遵守法律，遵重政治契约，保持诚信廉洁，但政治契约精神难以抵御金钱的诱惑。太多的政治工作者薪金低但收入却不低，政府发的钱少，这些政治工作者自然就用掌握的权力换金钱，甚至还把权力换金钱的政治行为合法化，大量的政客因此身价数以亿计，这些政客丰厚的收入来自公众，公众想为政治工作者支付低廉的薪金，但最终反而付出非常昂贵的代价，为此必然非常失望。

民选官员和议员应该可以凭政绩发财

除非条件不允许，比如战争或瘟疫或经济危机，整个国家实在无力支付奖金，否则任何一个人为国家和社会做出了巨大的贡献，都应该得到应有的奖励，政治工作者也不应该例外，应该可以凭借出色的政绩发财。

在现代的民主国家，人们认为，政府和议会都是非营利机构，主要以提供公共服务为主，不创造经济价值，所以政治工作者不应该象企业工作者那样可以享受高薪待遇，其实这是错误的看法。

现在大多数民主国家在政治竞选时，大多数政治候选人都主要关注经济问题，向选民宣传自己有办法促进经济增长，改善民生，选民选择候选人的时候，往往优先考虑有可能带来经济繁荣和民生改善的候选人，这就说明选民认可政治工作者对经济发展有至关重要的影响，而这和政治工作者不创造经济价值是相矛盾的。

政治工作者和企业工作者相比较，民选官员与企业管理人员相比较，议员和企业董事会的董事相比较，工作性质比较类似，要作出重大决策，要参与管理，有区别的是，政治工作者还会创造社会价值。人们常常说社会价值难以用金钱衡量，或者夸张地说是无价的，其实最好想出用金钱衡量社会价值的办法，这有利于评价政治工作者的政绩。

提到当官就应该发财，有人就想到新加坡的高薪养廉政策。

新加坡虽是一个威权国家，却是一个发达国家，还是东南亚唯一的发达国家，论人均 GDP 还是亚洲首富。新加坡政府以诚信廉洁高效务实世界著称，政府工作人员的工资都比较高，虽然还不能和优秀企业的工作人员相比，但差距不大，有人称之为高薪养廉，但这是认知误区。

新加坡政府的诚信廉洁是靠自上而下的监督实现的。

新加坡虽不是一个民主国家，但却是一个高度法治的国家，司法独立，可以监督所有的政府工作人员，包括总理。新加坡的总理虽是子承父业，但传承了良好的道德和智慧，基本做到公正无私，加之新加坡只是一个城邦国家，只有几百万人口，总理可以对整个国家稍微重要一点的官员和议员都知根知底，可以凭借丰富的政治经验评估出每一个官员和议员的政绩，所以可以通过监管实现诚信廉洁高效务实。

至于所说的高薪养廉，应该算是高薪养才，政府利用高薪可以招聘到高素质的精英人才，可以创建高素质的政府工作团队，有利于实现经济繁荣。

新加坡的高新养才是依靠人治实现的，难于模仿。

民选官员和议员要想发财，最好要想出一套科学量化考核民选官员和议员的政绩的办法，还要想出计算民选官员和议员的奖金的公式。

民主政治市场化的难题和条件

在任何国家，有些领域，比如教育、医疗、司法、军事等，都不适合市场化，这些领域至少不能完全市场化，如果完全市场化，轻则有损民生和国家利益，重则国将不国，民主国家也不例外。

在一个国家，不管民主国家还是非民主国家，房地产、教育和医疗，只要完全市场化，就会成为民生的灾难，市场经济会让房子、高等教育、医疗成为民众难以承受的负担。

美国允许私人监狱存在，有的私人监狱为了盈利，就和司法人员勾结，让更多的人被判刑关进私人监狱。

美国还有雇佣军，正式名称是军事承包商，美国发动的几场战争中大量使用军事承包商，军事承包商是战争的主要受益者之一，这几场战争莫名奇妙延续数年，让人怀疑军事承包商施加了政治影响。

考核政绩然后根据政绩奖励，这算不算是民主政治市场化？

是的。

民选官员和议员提供政治服务，根据政治服务的质量和数量及产生的效益给民选官员和议员奖励，这是交易，所以这就是民主政治市场化。

民主政治市场化，随便就可以想出其中的两三个问题和隐患。

首先，难以衡量政绩。

既然民主政治市场化，就要有衡量民主政治的方法和手段，但因为民主政治涉及面广，涉及政治、经济、社会等方面，影响时间跨度大，现在发生的政治、经济、社会的问题，原因有时可以追溯到几十年前，既和真假难辨的统计数字相关，又涉及公众的主观感受。

历史和现实中，有太多的有争议的政治人物，说明了政治工作者的政绩难以评价。

其次，垄断经营。

虽然民主国家都允许多个政党自由竞争，但政治竞选结束后就尘埃落定，只有一个政府和一个或两个议会提供政治和社会的服务，在政府和议会的任期之内，某种程度上这也算是一种垄断经营。如果政治服务市场化，还垄断经营，会不会政府和议会提供的服务奇贵无比，公众能否承担得起？

再其次，扩大权力，滥用权力，弄虚作假。

既然考核政绩可以发财，那么政府和议会就会想法设法扩大权力，滥用权力，实现主导经济和社会，进而更容易取得政绩。市场经济初期必然假冒伪劣产品横行，民主政治市场化了，必然就会有政客弄虚作假。

民主政治市场化史无前例，只要施行，就会问题多多。

如果推行民主政治市场化，可以采取一些巧妙的措施，既让民主政治市场化的利益最大化，又可以避免民主政治市场化的弊端。

首先，要研究出科学量化的考核办法和奖金计算公式。

如果让官员考核官员，难免官官相护，难以做到客观公正，其实考核政绩就是考核政府和议会的服务，当然服务的客户，也就是民众，最有评价权，所以公民可以直接考核政绩，另外，每个城市和地区都有重点发展的指标，可以考核重点发展的指标，创造科学量化的计算公式，调用考核数据计算奖金。

其次，设立改革特区。

要考核和奖励政绩，可以先设立民主改革特区，然后从改革特区开始。

在民主国家，包括发达国家，往往存在若干犯罪率高或贫穷落后的城市和地区，可以先从这些城市和地区开始推行考核和奖励政绩，即使改革失败，损失也不大，从社会秩序良好和经济繁荣的城市和地区推行考核和奖励政绩，如果弄巧成拙，经济损失比较大。

民选官员和议员该发多大的财

民选官员和议员可以发多大的财？

一方面要参照企业管理人员的薪金和奖金，另一个方面可以创造科学量化衡量政绩的方法，把政绩转化为具体的奖金数字。

民选官员和议员为什么要参照企业管理人员呢？

因为民选官员和议员自己喜欢和企业管理人员做对比。

许多人喜欢和同学比，民选官员和议员也不可能比例外，他（她）们大多数是精英，大多数毕业于有名的大学或高等学院，许多同学是成功的企业管理人员，收入不菲，如果要比收入，会和当了企业管理人员的同学比，大家都是管理者，学识才能相差不多，自然有可比性。

国家不象企业那样以赚取利润为主要目的，但国家也有大量税收，企业衡量一个企业管理人员的业绩时企业规模扩大或利润往往是非常重要的一个指标，那国家衡量一个官员的政绩时经济增长或税收也可以是一个非常重要的指标。

许多大企业 CEO 们的收入是惊人的，几千万几亿几十亿甚至超过百亿美元，比如马斯克 2021 年收入超过 100 亿美元，成为美国收入最高的 CEO，这或许也是全球的最高年薪，特斯拉竞争对手 Rivian 的 CEO 斯卡林格以近 23 亿美元的薪酬获得亚军，而苹果 CEO 库克以 8.53 亿美元位居第三。

大企业 CEO 的收入为什么如此高？仅仅因为 CEO 的贡献大吗？

有人解释，大企业的 CEO 收入非常高，不仅因为 CEO 的智商非常高，不仅因为 CEO 的工作量非常大，也不仅因为 CEO 承受的工作压力非常强，还因为他们所处的职位对企业的盈利非常微妙达到至关重要的缘故。

CEO 由于位处企业的决策和管理的中枢，CEO 的责任心和积极性对大企业盈利的影响非常微妙，CEO 一念之间就可以决定大公司的巨额盈利或者巨大损失，因此大企业和 CEO 的利益必须高度一致，CEO 才会竭尽全力，从而确保大企业实现最大利益化。

民选官员和议员位处政治和社会的决策和管理的中心，其责任心和积极性对政治、经济和社会的影响非常微妙，有时民选官员和议员的一个决策甚至就可以决定一个城市、地区甚至国家的兴衰，对经济增长还是衰退的影响更是决定性的，因此民选官员和议员的利益与其管辖地区的利益应该高度一致，民选官员和议员才会竭尽全力，考核和奖励是实现利益一致的重要手段。

企业可以考核管理人员、科技人员、员工的绩效，然后可以精准算出合理的工资和奖金，国家和社会可以考核民选官员和议员的政绩然后科学量化算出应得的薪金和奖金吗？毕竟，几乎所有的政治家或政客卸任后往往褒贬不一，莫衷一是，如何考核这些政治家或政客的政绩呢？

现在的时代是大数据时代，算法要多先进有多先进，要多精准有多精准，只要有足够的真实数据，绝对可以算出政治工作者的政绩。

为什么没有做到呢？

因为没有人想这样做，所以没有做到。

为什么没有人想这样做？

因为即使在民主国家，人们潜意识里对政治领域和政治工作者也有一种敬畏之心或敬重之心，政客也有足以拒绝被考核的权力，连会计师、统计学家、科技工作者都没有想过要科学量化考核官员和议员的政绩，这是社会盲区。

如果可以科学量化考核政绩，用公式计算出奖金，这将是非常大的民主进步。

只要真的想要科学量化考核政绩，就有办法想出算法，这是毫无疑问的。

由于科学量化考核政绩和用公式精确计算奖金比较复杂，后面专门用一章详细说明。

结语

现在世界上绝大多数国家都施行市场经济，民选官员和议员对创造经济价值和社会价值起到关键性的作用，有必要考核和奖励民选官员和议员的政绩，进而提高民选官员和议员的责任心和积极性。

2.7 民主改革特区

中国大陆的经济改革特区

中国大陆的经济改革开放进行了四十多年，中间也遇到了许多大大小小的问题，但由于采取了降低风险的措施，都有惊无险，最终取得了举世瞩目的伟大成就！

1978 年 12 月末，中国大陆开始经济改革开放，当时中国大陆推行计划经济，还是一个贫穷落后的经济体，然而经过四十多年的经济改革开放，中国大陆日益富强，如今已是仅次于美国的世界第二大经济体，是世界工厂，也是世界最大的市场之一。

中国大陆经济改革开放的模式是"摸着石头过河"，这种模式比较独特，先在小范围内试行改革开放的政策，如果可行再在更大的范围推广，有把握了才会全面推行，这种渐进的改革开放方式很多，其中最为人瞩目的方式就是设立经济特区。

在中国经济改革开放初期，经济特区的实质是世界自由港区，在特区里推行特殊的经济政策和灵活的经济措施及特殊的经济管理体制，并坚持以外向型经济为发展目标，以减免关税等优惠措施为手段，通过创造良好的投资环境，鼓励外商投资，引进先进技术和科学管理方法，从而促进特区经济高速发展，也为其他地区的经济发展积累宝贵的实用经验。

深圳是中国大陆最早也是最有名的经济特区。

深圳的前身只是宝安县的一个渔村小镇，1979 年 1 月，撤销宝安县，设立深圳市，渔村小镇成为经济特区，1981 年 10 月，恢复宝安县，辖深圳经济特区外原宝安县区域。

深圳成为经济特区后，由于地理位置优越，与国际港口城市香港相邻，交通便利，还有经济改革开放的优惠政策，再加上是移民城市，不排外，富有创新精神，经过几年时间就在经济发展方面领先整个中国大陆。

深圳现在下辖 9 个行政区和 1 个新区，总面积 1997.47 平方千米，建成区面积 927.96 平方千米，根据中国大陆第七次人口普查数据，截至 2020 年 11 月 1 日零时，深圳市常住人口为 1767.38 万人， 2021 年，全市地区生产总值为 30664.85 亿元人民币。

深圳现在已是中国的超级大城市，是全国性经济中心城市、国际化城市、科技创新中心、区域金融中心和商贸物流中心。

中国大陆前后设立了多个经济特区，1979 年在深圳、珠海、汕头和厦门试办经济特区，1988 年设立海南经济特区，1992 年设立上海浦东为经济特区，这几个经济特区都比较成功，不但发展了特区本身的经济，还带动了整个中国大陆的经济发展和改革开放，这些经济特区的改革都是迭代改革，就象产品和软件升级，前面的改革为后面的改革提供成功的经验。

只要改革就有风险，随着经济改革推进，中国后来的经济特区有成有败，有些经济特区耗资巨大却没有产

生良好的经济收益，是失败的，但因为经济特区的经济
规模有限，占全国经济规模的比例不大，所以并不会影
响中国的整体经济发展。

经济特区是中国经济改革开放的法宝之一，可以说，
没有经济改革特区，中国大陆的经济改革就难以取得巨
大的成功。

戈尔巴乔夫的政治改革

1985年3月，戈尔巴乔夫开始担任苏联共产党中
央总书记，当时苏联政府僵化腐败，经济发展停滞，人
民生活水平低下，整个社会弥漫着一种低迷、失落和无
望的氛围，戈尔巴乔夫决心通过改革振兴苏联。

戈尔巴乔夫先从经济改革入手，先推行戒酒令，失
败，然后投资制造业，没有成果，然后推行企业自主经
营，引发通货膨胀。经济改革不顺利，戈尔巴乔夫没有
停下改革的脚步，反而推出更大胆更激进的政治改革，
放开思想自由，允许政治多元化，承认多党制，尝试民
主选举，向各个加盟共和国放权。苏联政治积弊多年，
不管戈尔巴乔夫的政治改革是否对路，短时间内不可能
解决问题，而改革节奏太快，快速释放出了苏联民众积
压多年的不满，苏联和许多加盟国的历史矛盾也沉渣泛
起，反对派势力疯狂增长，最终各个加盟国离心离德，
民众纷纷游行示威，拥护自己的加盟国脱离苏联，支持
施行西方的民主体制和市场经济，苏联共产党中央失去
了对加盟共和国的控制权，苏联解体，戈尔巴乔夫的改

革失败了。

俄罗斯的休克疗法

苏联解体后，俄罗斯独立，继承了原苏联的大部分家底，获得了丰厚的遗产，同时也继承了苏联留下的问题，俄罗斯的经济模式主要还是计划经济，经济低迷依旧。当时整个俄罗斯都推崇西方的民主体制和市场经济，总统叶利钦任命了年仅 35 岁的盖达尔为代总理，开始推行由计划经济向市场经济的转轨，并选择了"休克疗法"模式的经济改革，在短时间内彻底放开物价，增加企业税负，减少政府开支，大规模推行私有化，官员和商人忙于勾结掠夺国有资产，无心经营生产，结果企业生产效率仍然低下，物价飞涨，居民生活更艰难了，甚至难以维持温饱，GDP 几乎减半，俄罗斯综合国力遭受重创，数年难以恢复，负面影响延续至今，盖达尔的经济改革失败了。

其实苏联解体和东欧剧变后，原苏联加盟国家和原东欧社会主义国家独立后都进行了全面激进的政治改革和经济改革，都毫无例外地陷入困境，许多国家政治改革后陷入寡头政治，甚至出现了独裁，许多国家经济改革后更贫困了，甚至负债累累，这些国家用了很多年才摆脱了困境，但错过了许多发展机会。

民主改革需要改革特区

有人说，西方民主体制不是完美的政治体制，却是最不坏的政治体制，言下之意就是民主虽不完美，但民主就是这样的，也只能这样了。

但人性天生就喜欢完美和进步，在政治领域也是如此，在美国，进步主义就一直致力于美国民主体制持续改进，并且获得了许多成功。

现代的西方民主制度确实有许多优点，但有些制度已经僵化教条缺乏活力，既难以迎接外部的挑战，也难以阻止内部的质变，如果不进行深入的民主改革，就有可能重蹈古希腊民主和古罗马民主的衰败老路。

民主是普世价值中最有价值的观念，也是其他普世价值观念的基石，民主改革可以弥补民主体制中的缺陷和不足，加强对外部挑战的防御能力，防止民主体制发生质变转向威权专制独裁，激发所有公民的积极性，共同创造繁荣昌盛的社会。

从历史来看，重大改革往往是艰难的和危险的，改革一旦出现重大失误，国家就会损失惨重，甚至动摇国本走向衰败，也不乏因改革亡国的案例。

没有正确的理论和稳妥的方案引导，一个国家冒然进行民主改革，风险很大，这也是所有国家不愿意推行民主改革的原因。

有没有办法可以降低民主改革的风险呢？

设立民主改革特区也许是一个比较好的办法。

如果当年戈尔巴乔夫的政治改革先从几个小镇或小

城开始，把几个小镇或小城设为政治特区，就可以大胆设想小心求证，出现了问题影响也比较小，损失也比较小，也容易纠错，从政治特区获取了比较可靠的经验后，再向其他地区进一步推广，如果这样改革，苏联也许不会解体，而是成为世界上最大的民主联邦国家之一。

如果俄罗斯当初没有采取经济的休克疗法，而是选择海运比较便利的几个港口城市，设立经济特区，推行经济改革开放，获得成功的经验后再向全国推广，那么俄罗斯也许会避免后来的突然经济崩溃和长期经济衰退，而是成为世界上发达的经济体之一。

民主改革是一种政治改革，在民主国家里推行政治改革，其中风险明显超过非民主国家，因为在民主国家里，整个社会都是自由的，与整个世界的交流也是自由的，经济是全球化的，可以自由贸易，资本和人才可以自由流动，可以共享全世界的信息，共享科技和思想文化，容易受到外界影响。

自由会使这些民主国家容易受外界影响和干预，会让这些国家的政治变得不稳定甚至脆弱，即使美国这样的超级大国都会抱怨说美国大选被其他国家的政治力量操纵了，更不用说其他国家了。

那些地缘政治关系复杂的民主小国，在面临多家外部政治势力干预的情况下，急于变法图强，容易导致整个国家出现动荡，而改革给外部政治势力提供了干预机会，有可能导致国家陷入内乱，甚至还引来外力入侵，陷入亡国的危险处境，其中的惨痛教训不可不察。

在民主国家，如果需要民主改革，可以先设立民主改革特区，在特区获得成功后再继续推广改革，这种改革模式虽然不会一步登天，但每一步都脚踏实地，会给社会带来政治和经济的利益，会逐渐凝集社会共识，会逐渐整合社会力量，会改善民生，最终让民主水平上升到一个新的高度。

民主改革特区可以减小改革的阻力

在民主国家里，改革的阻力其实比威权专制独裁的国家还要大。

在威权专制的国家了，几个政治寡头在密室里开一个会议就可以启动改革，在独裁的国家里也许更简单了，独裁者发布一个命令就可以开始改革。

在民主国家里，民主改革可以有利于大多数人，但不一定有利于所有的人，民主改革可以带来长远的利益，但可能会牺牲眼前的小利益，而任何一个社会群体都有政治团体或政治工作者为之代言政治利益，只要改革触动了任何一个社会群体的利益，都会引发抗议和反对，都可能导致改革停滞。

在民主国家里，如果民主改革的矛头指向大政党、大资本和宗教等社会团体的利益时，即使这些社会团体知道民主改革有利于整个国家，但会为了维护眼前的切身利益而竭尽全力扼杀改革，其实只要民主改革不发生在自己身上，这些团体会赞成民主改革，而如果改革刚开始就和这些强大的社会力量发生碰撞，有如鸡蛋撞上石头，改革就会破碎留给社会一堆垃圾。

在民主国家里，因为竞选，因为利益分配，会过度博弈，容易形成政治极化现象，政党之间势同水火，只要稍有分歧就纷争不休，有时甚至只是为了反对而反对，连对方提出的正确意见也抵制，所以政党之间在民主改革问题上难以达成共识。

如果设立民主改革特区，民主改革只发生在特区里，改革只可能触动特区少数人的利益，而对改革美好前景的期待会带来全社会的支持。能扼杀改革的上层政治力量不会反对改革，因为短时间内改革不会威胁到自身利益，至于改革迭代若干年后可能触动政治上层的利益，恐怕不是当前的政治工作者所担忧的，毕竟当前的政治工作者和后来的政治工作者没有确定的传承关系。

当特区的民主改革成功后会引来更多的社会支持，就会形成难以逆转的改革潮流。

民主改革特区的特殊效应

设立民主改革特区，特区的民众必然期待民主改革为特区带来福祉，一般来说最期待的是民生改善，透支未来借债发福利不是好办法，难以长久，促进经济增长继而改善民生为上策，民主改革特区的改革应该可以促进经济增长。

在民主改革特区里进行民主改革，仅仅依靠特区的资源是不够的，那注定是一个缓慢的过程，这个特区最好有品牌效应，可以吸引全国甚至全世界的资源。

象产品可以有品牌效应一样，改革特区也可以有品牌效应，想一想，想到德国制造和日本制造，消费者会想到高质量和高科技的产品，这就是国家的品牌效应，国家这么大都可以打造出品牌效应，一个地区也可以打造出品牌效应。

在民主改革特区里进行民主改革，要可以重塑整个社会环境，要让特区拥有稀缺的优良的社会特性，形成特区的品牌效应，从而吸引全国甚至全世界的资源向特区汇集。

比如一个每年发生几百起凶杀案的高犯罪率城市变成一个只有零星凶杀案的低犯罪率城市，那么从这个城市流失的人口可能重归故里，这个城市可以成为刚毕业女大学生向往的首选城市，再比如一个城市虽然基础设施比较普通，但有全国闻名的诚信廉洁高效务实的政府，外地企业仍然会愿意迁入这个城市，因为好的政府可以降低企业的隐性成本。

民主改革特区的改革可以有全局效应。

如果一个民主改革特区繁荣了，可以带动周边地区一起发达，但对全国的影响毕竟还是有限的，如果多个民主改革特区昌盛了，就可以影响全局了。

即使在发达的国家，也有落后的城镇和贫穷的群体，如果在多个特区推行民主改革成功，使落后的地区发达了，使贫穷的群体富裕了，就起到了宏观调控的作用，可以减小城乡失衡、地区之间失衡和贫富两极分化。

民主改革特区的改革可以有广告效应和蝴蝶效应。

选择民主改革特区可以选择负面新闻传遍世界的地区，可以选择那些因为犯罪率高得离谱而骇人听闻的城市，可以选择那些因为赤贫而举世皆知的地方，在那些地区民主改革成功，改革就有了世界级别的广告效应，而全世界类似的地区都可以效仿那些地区推行类似的改革，那些地区的民主改革就有了蝴蝶效应，可以影响整个世界。

结语

多个国家的实践证明：经济改革特区对经济改革有战略级别的重要作用。

为了经济改革可以设立经济改革特区，为了民主改革当然也可以设立民主改革特区，让民主改革特区可以助推民主改革走向伟大的成功！

第三章 美国的民主危机和民主困境

3.1 党争的风险

弗洛伊德无法呼吸

2021 年 1 月 6 日，许多美国共和党支持者质疑美国大选结果，冲进美国国会大厦，打断了认证总统大选结果的会议，人们称之为美国国会山骚乱事件。这次事件是政治和社会的矛盾集中爆发的产物，其实在这次事件之前发生过一件政治极化、政党斗争、种族矛盾、暴乱分子趁火打劫相结合的政治事件，那就是白人警察跪杀黑人弗洛伊德引发的暴乱。

2020 年 5 月 25 日，在美国明尼苏达州明尼阿波利斯市鲍德霍恩社区，非裔美国人乔治·帕里·弗洛伊德因涉嫌使用假钞被捕，白人警察德里克·麦可·肖万单膝跪在弗洛伊德脖颈处长达几分钟，弗洛伊德被跪压期间失去知觉，后来被送急救，在急救室死亡。

一名目击者用手机直播了弗洛伊德被跪压期间的影片，引起了整个美国关注。2020 年 5 月 26 日，四名涉事警察被解雇，其中的肖万在 5 月 29 日被逮捕，他被控二级谋杀罪和二级过失杀人罪，其余三名警察被起诉协助与教唆谋杀罪。

乔治·帕里·弗洛伊德事件曝光后，不少美国市民举行和平示威集会，要求公正审讯涉事警员，并要求正视国内根深蒂固的种族歧视问题，示威者甚至提出了"解散警队"、"停止给警队拨款"等激进的口号，但示威很快演变成暴乱，发生了封路、纵火、抢劫、私闯民宅、枪击、破坏公物等暴乱现象，这些现象很快蔓延至全美。

在美国，2020年5月30日晚，至少12个主要城市宣布夜晚实施宵禁，6月2日，有24个州的州长，以及华盛顿特区宣布动用国民警卫队，超过17000人部队应对混乱的局势。截至2020年6月8日，抗议活动中至少有21人死亡，其中19人死于枪杀。从示威活动开始起截至6月15日，全美至少14,000人在示威活动中被捕。

抗议活动引发了一场关于警察过度执法和种族歧视的全球辩论，导致美国联邦、州和市提出了许多旨在打击警察不当行为、系统性种族主义、警察合格豁免权被滥用和警察粗暴执法的立法提案。

据法新社华盛顿2020年6月8日报道，当地时间周一，美国民主党人在国会单膝下跪悼念乔治·弗洛伊德和其他死于不公正执法的美国黑人。

报道称，众议院议长南希·佩洛西和参议院少数党领袖查克·舒默以及其他议员一起聚集在美国国会解放大厅。

报道称，民主党人在准备公布一项警察改革提案之际举行了这次悼念活动。

2021年6月25日，肖万被判22年6个月的监禁。

　　黑人弗洛伊德被白人警察虐杀后，全世界媒体都关注弗洛伊德的悲剧，却没有媒体关注在这次暴乱中死亡和受伤的人们，也没有媒体关注在这次暴乱中被抢劫的人们和店铺，主角是已经死亡的弗洛伊德，其他都是配角、道具和场景。

　　弗洛伊德之死是意外，但对一个政治工作者或对政治比较感兴趣的人来说，弗洛伊德死亡后在美国全国范围内发生示威活动以致于发生暴乱，这完全会在意料之中。

　　为什么会这样呢？

　　因为美国根深蒂固的种族歧视，因为政治，因为几个月后的美国大选。

　　在美国，一个白人警察虐杀黑人，这让人们会立即想到白人对黑人的种族歧视，进而联想到以白人选民为主要支持者的共和党对种族歧视的漠视和纵容。

　　这次事件对谁有利呢？

　　当然是共和党的政治对手民主党，还有民主党总统候选人拜登。

　　几个月后就要进行美国大选了，来一场针对共和党的规模庞大且持续近三周的社会运动，绝对有助于民主党和拜登竞选成功，所以民主党的总统候选人和议员及重要人物不但不谴责和制止暴乱，还不惜下跪悼念弗洛伊德，这似乎在纵容暴乱，至于民主党人是否暗中主导或推动了暴乱就不得而知了。

　　几个月后，在美国大选中民主党获胜，拜登当选美国总统，民主党在联邦参议院和众议院都占人数优势，弗洛伊德事件起到了多大的作用，难以衡量，但必然起到了非常大的作用。

乔治·帕里·弗洛伊德死了两年零几个月后，2023年1月7日晚8时过后，黑人泰尔·尼科尔斯驾车经过一个路口时被几名警员拦下，其中一名白人警员首先拦下尼科尔斯的车，声称他涉嫌违反交通法规，把他从车内拽出，对他电击、喷辣椒水，尼科尔斯挣脱逃离，很快被5名黑人警员追上，对他拳打脚踢，用警棍和电击枪击打。

警方后来公布的监控摄像头和执法记录仪视频显示，尼科尔斯遭殴打大约3分钟，过程中不止一次声辩"我什么也没干！"。

殴打没有停止，尼科尔斯被打得高喊"妈妈！妈妈！"。

殴打停止后，尼科尔斯戴着手铐，最后瘫倒在地。有救护人员到场，却没有立即查看尼科尔斯情况或施以急救。

三天后，尼科尔斯在医院不治身亡。

美国多个城市爆发抗议示威活动。

据《华盛顿邮报》报道，尼科尔斯死于孟菲斯市，孟菲斯市现有64%人口为黑人，为了尽量与人口比例匹配，经数十年努力，市警察局近2000名警员中如今58%为黑人，现任局长塞雷琳·戴维斯也是黑人。

事发后，孟菲斯警察局迅速地公布视频并处分涉事警察，5 名直接参与殴打尼科尔斯的黑人警员被开除，所在郡检察部门已对他们提起刑事控告，指控罪名包括二级谋杀、绑架、人身伤害、渎职、职务压迫。

被指控的 5 名黑人警员和被停职的一名白人警员都属于市警局一支负责在犯罪高发区域打击暴力犯罪的分队。局长戴维斯 2023 年 1 月 28 日说，已经解散这支分队。

美国总统关注到尼科尔斯的死亡事件，于 2023 年 2 月 7 日在国会发表国情咨文时还邀请尼科尔斯的母亲罗沃恩·韦尔斯和继父罗德尼·韦尔斯做现场嘉宾。

人们可能会注意到，尼科尔斯的死和弗洛伊德的死比较类似，但两者相比，后者远没有象前者那样造成巨大的社会轰动效应。

为什么会这样呢？

因为这次事件无关种族歧视，因为事件发生时间离下一次政治选举比较远。

尼科尔斯之死比弗洛伊德之死更是一个悲剧，因为打死尼科尔斯的 5 名警察全是黑人，这些警察归一个黑人警察局长管，黑人警察打死黑人，再怪种族主义，感觉比较牵强，如果细查其中深层次原因，也许会对黑人族群不利。

另外，美国下一次政治选举将在 2024 年举行，还有近一年时间，这个事件对下一次选举没有太大的炒作价值，让人感觉适可而止偃旗息鼓。

弗洛伊德之死引发的暴乱是政治极化、政党恶斗、种族矛盾、极端主义相结合的产物，然而整个美国社会对这场暴乱很克制，要知道美国枪支泛滥，被抢劫的商店里老板和员工可能有枪，被破坏的公共场所里工作人员可能有枪，被侵入的家庭里的居民可能有枪，如果这些被威胁到的有枪的人们失去了耐心，出于正当防卫的目的用自动手枪、冲锋枪和突击步枪对趁乱抢劫者或非法破坏者或非法入侵者扫射，那接下来必然引发更大规模的暴乱。

令人感到奇怪的是，在这次事件中，竟然没有一个美国公民冲动。

政治斗争借力族群矛盾，这真得很疯狂，如果失控怎么办？

美国政客们的胆子真大！

中间选民的"政治智慧"和两个美国

2020 年美国大选，民主党大获全胜，拜登当选总统，民主党在参议院和众议院的人数占多数，有人就预测 2022 年美国联邦中期选举，预测共和党至少会在参议院或众议院的人数占多数，结果共和党在众议院人数占多数，民主党在参议院只占微弱多数。

为什么美国的中期选举可以预测？

因为美国的中间选民有"政治智慧"，不希望权力集中于一个政党，希望两党互相制衡。

美国的法治原则是：对于政府，法律允许才可行；对于个人，法律不禁止即自由。国会就可以制约联邦政府，美国联邦政府想出台重大政策，必须先得到参议院和众议院的立法认可。

在美国，大多数选民都是共和党和民主党的铁杆支持者，少数选民是政治摇摆的中间选民，两党的支持者基本势均力敌，结果少数的中间选民反而可以左右选情。如果一个政党的候选人在大选中当选总统，那么在接下来的中期选举中，中间选民一般会支持另一个政党赢得参议院和众议院的控制权，这样就实现了两党权力制衡。

美国两大政党可以长期势均力敌，主要归因于中间选民希望权力制衡的"政治智慧"。

对于政治两极分化的美国人来说，这个世界上有两个美国，一个是红美国，是共和党及其支持者的美国，一个是蓝美国，是民主党及其支持者的美国，而且两个美国在地理、哲学、经济、教育和信息上的距离在不断变大。

两个美国的人们不仅政治观点分歧严重，而且还生活在不同的虚拟世界中，几乎都沉溺在自己的信息茧房里，喜欢访问自我强化的互联网平台，喜欢在自己信任的媒体生态圈和亲友互动。

在美国，44个州的党派倾向已根深蒂固，这些州分为红州和蓝州，红州的大多数选民长期支持共和党，蓝州的大多数选民长期支持民主党，奇妙的是，红州和蓝州的政治力量基本势均力敌，以至于另外6个摇摆州成为决定大选胜负的战场州。

　　美国日益部落化，红美国和蓝美国的人们甚至不愿意互相通婚，美国人判断是非对错，往往先基于政治立场，相同的事情，判断却会因人而异，甚至在法庭上也会如此。比如，对于国会山骚乱事件，对于前美国总统川普在蓝美国的地盘上官司败诉，红美国和蓝美国的人们有截然相反的看法。

下次大选前的党争

　　2022 年 1 月 15 日，美国前总统川普正式宣布参加 2024 年总统竞选，到 2024 年一月，时间快过去一年了，川普官司缠身，一边打官司一边准备竞选美国总统。

　　川普被起诉，联邦调查局发现川普卸任总统后留存国家机密文件，涉嫌处理机密文件不当，结果美国总统拜登被发现在私人办公室和住所遗留机密文件。

　　川普涉嫌用竞选资金支付一位成人影星的封口费用，这位影星指控若干年前川普强暴她。

　　美国司法部特别检察官史密斯（Jack Smith）向川普提起新的诉讼，提出 4 项指控：串谋欺骗美国、串谋阻碍官方程序、串谋妨碍权利、阻碍及企图妨碍官方程序。

　　这些指控源于特朗普在 2020 年总统大选后的行为，尤其是围绕着 2021 年 1 月 6 日国会大厦骚乱。

　　川普被指控如果被判有罪，潜在刑罚如下：串谋诈欺美国可处罚款项或最高 5 年监禁；妨碍官方程序可处罚款项或最多 20 年监禁；串谋侵害权利可处罚款项或最多 10 年监禁，或罚款及监禁一同执行。

看起来挺吓人！

另外，川普还有多宗官司需要应诉。

有人分析，这些官司是因为川普要参加下一次总统大选，民主党找他麻烦，虽然这些官司未必是无中生有，但如果川普不参加大选，他就不会有这么多麻烦事。

还有人分析，多宗官司起诉川普是现任美国总统拜登的策略，主要目的就是想让川普成为共和党总统候选人，其中的政治逻辑是这样的，与其他的共和党总统候选人相比，川普更容易对付，起诉川普，可以让共和党支持者认为川普被政治迫害，共和党支持者因为同情川普，又想和民主党较劲，于是越发支持川普，最终川普会成为共和党总统候选人。这个分析比较阴暗，不过现在与其他的共和党总统候选人相比，在共和党内，川普的支持率确实遥遥领先，2023 年 1 月 10 日路透社与益普索的民调显示，川普的支持率为 49%，美国驻联合国前大使黑莉的支持率为 12%，德州州长德桑蒂斯的支持率为 11%。如果川普正式成为共和党总统候选人后，多宗起诉都没了下文，那这个分析就有道理。

川普这个人，客气一点说，是一个性情中人，在上次美国大选中他输了，他认为拜登和民主党作弊了，就一直不服输，自从他表示要参加下次大选后就多宗官司缠身，他肯定愤怒至极。

如果愤怒至极的川普在下次美国大选中获胜再次担

任总统，他肯定会做出格的事，不确定的是，他做的事有多出格。

如果愤怒至极的川普在下次美国大选中仅仅落后竞争对手几千票甚至几百票，他会认输吗？如果不认输，他会做什么呢？

没人能确定！

内乱或内战的征兆

说实话，现在的美国有点象古代的罗马共和国末期，各种长期难以解决的政治矛盾和社会痼疾越来越多，已经有衰退的征兆，越来越多的美国公民们失去耐心，呼唤凯撒式的政治英雄人物出来拯救美国，可这些人忘记了历史，忘记了当凯撒出现的时候，凯撒实质是政治寡头，他的成功让罗马共和国的共和名存实亡，凯撒也没有能挽救罗马共和国，他被刺杀后，罗马陷入内战和内乱，最终罗马进入帝国时代。

政治寡头挽救不了古代罗马共和国的共和，也不能挽救今天美国的民主，更可能引发美国的内乱或内战。

在美国历史上曾经发生过一场规模非常大的内战，史称南北战争。

南北战争的参战双方为北方美利坚合众国和南方的美利坚联盟国，南方联盟为了脱离美利坚合众国发动战争，战争之初，北方为了维护国家统一而战，后来演变为一场消灭奴隶制的革命战争，最终北方联邦获胜，维护了美国统一。

南北战争是工业革命后的第一次大规模战争，参战双方都损失惨重，参战人数达 350 万人，其中绝大多数为志愿兵，战争造成 75 万名士兵死亡，40 万名士兵伤残，相关协会估计阵亡人数可能更多，波及大量平民，损毁房屋、铁路、物资、财产无数，对战区来说是一场浩劫。

现在的美国还没有政治寡头，但已经出现了政治巨头，政治巨头还不能控制政党，但已经开始引领政党，还不足以象政治寡头那样动摇国本，但国家也无法抑制政治巨头，一个新的政治时代已经到来，美国人民似乎仍然还没意识到这一点。

有人担忧，在今天的美国，如果政治巨头、政党恶斗、政治极化、族群矛盾、极端政治组织相结合，美国可能发生大规模的内乱或内战。

这种担忧是杞人忧天吗？

缺乏文明理性的政治声音

美国的和平与富强繁荣只能建立在文明理性的政治基础之上，不可能建立在野蛮冲动的政治基础之上。

现在美国的政治氛围即使不是病态的，也是非常异常的，尤其缺乏文明理性的政治声音。

在美国，政治和社会的问题长期延续，许多问题越来越严重，但美国的政府和议会由于党争和政治博弈，内卷严重，效率低下，有时卡壳，已经象一部虽然高级复杂却故障重重难以修理改装的旧机器，而美国两大政党及其支持者只关心政治博弈的输赢，还有大量的中间选民在犹豫摇摆中，不知道在政治选举中应该支持哪个政党，却很少有选民会想到会不会两败俱伤，会不会整个美国都输了。

美国的精神内核首先是个人主义，在美国公民的潜意识里，有家才有国，美国作为世界上最发达最富裕的国家，永远掏不空拖不垮，无论怎么折腾都没事，可是历史上英国还是日不落大英帝国时英国公民应该也是这么想的，古罗马强盛时古罗马人应该也是这么想的。

美国想摆脱目前的困境，只有先营造文明理性的政治环境，否则，在严重内卷、激烈内讧的情况下，所有的问题都难以解决，一切的政策都是空谈，困境会产生危机，未来只可能迎来衰退、衰落、衰败、内乱和内战。

结语

在美国，党争不应该借力于极化的政党支持者、分裂的族群、政治极端组织，向整个社会扩散，这有可能导致斗争失控，导致社会失序，最终的结果可能是激烈的内乱或低烈度的内战。

3.2 国债危机

国债膨胀

美国财政部 2024 年 1 月 2 日发布的报告显示，美国联邦政府的国债总额已经超过 34 万亿美元，创历史新高。美国人口数量约 3.3580 亿，平均每人负债 10 万多美元，美国劳动力人口数量约 1.67774 亿，是有偿还债务能力的人口，如果要偿还所有的国债，平均每个劳动力需要偿还 20 多万美元，这还不包括利息。

今天的美国巨额国债已构成国债危机，这从美国国债占美国 GDP 百分比可以看出来。

1940 年美国还没有参加第二次世界大战，但已经积极备战，需要发行国债，美国国债达到 430 亿美元，占美国 GDP 达到 52.4%。

1950 年 6 月末，美军参加朝鲜战争，战前还援助、协助盟友恢复经济，其中包括耗资约 130 亿美元的马歇尔计划，美国国债达到 2574 亿美元，占美国 GDP 高达 94.1%。

1970 年，美国深陷广为人知的越南战争，美国国债达到 3892 亿美元，占美国 GDP 达到 37.6%，从国债数字来看越南战争对美国影响有限。

1990 年，美国发动海湾战争反击萨达姆侵略科威特，美国国债达到 32,330 亿美元，占美国 GDP 达到 55.9%。

2005 年，美国忙于反恐战争、阿富汗战争和伊拉克战争，美国国债达到 7,9330 亿美元，占美国 GDP 达到 64.6%。

2008 年，美国爆发了次级房屋借贷危机，那一年美国国债达到 100,247 亿美元，占美国 GDP 达到 69.6%，2009 年，美国国债达到 11,9100 亿美元，占美国 GDP 达到 84.4%，2010 年，美国国债达到 14,5800 亿美元，占美国 GDP 达到 100.3%，国债占 GDP 比例前所未有，可见次贷危机对美国经济的重创也前所未有。

2013 年，美国经济不稳定，美国国债达到 177,500 亿美元，占美国 GDP 达到 106.8%。

2021 年，世界爆发冠状病毒传染病，美国是重灾区，发放纾困资金，美国国债达到 285,290 亿美元，占美国 GDP 达到 130.6%。

2023 年 9 月份，美国国债突破 33 万亿美元大关。

2024 年 1 月 2 日，美国国债总额已经超过 34 万亿美元。

从 2008 年以来，美国国债持续快速上涨，每年平均增长债务约 14984.56 亿美元。

美国国债数额如此巨大，每年光债务利息就是不小的支出。

美国财政部公布的数据显示，2023 财年净利息支出升至 6590 亿美元。

　　面对持续高涨的国债，美国的联邦政府和国会多次制定国债上限，但国债又屡屡破了上限。

　　债务上限是美国国会为联邦政府设定的为履行已产生的支付义务而举债的最高额度，债务数额触及上限，意味着美国财政部借款授权用尽。

　　美国联邦政府预算赤字非常高，联邦政府依赖国债运转，如果债务达到上限，财政部资金耗尽必须借债，还不提高债务上限，联邦政府就会关闭，会关闭一些政府机构，暂时停止提供非必要服务，相关的政府雇员停发工资以减少开支。

　　美国政府在 2023 年 1 月曾触及 31.4 万亿美元的债务上限，财政部采取临时措施筹集资金避免违约。

　　2024 年，美国联邦政府大部分机构即将在 1 月 19 日因运转资金耗尽而陷入关闭，剩余机构的运转资金将在 2 月 2 日耗尽，美国国会众议院议长、共和党人约翰逊 7 日表示，国会两党领导人当天就一项总额达 1.59 万亿美元的支出协议达成一致，为联邦政府避免在本月晚些时候陷入部分关闭铺平道路。

　　尽管美国联邦政府预算赤字居高不下，而美国的两大政党，共和党和民主党，无论哪一个政党执政，都会扩大支出，都强调扩大支出绝对必要，在野党往往会阻止扩大支出，但只有在野党在国会和执政党势均力敌或占优势的时候，在野党才会有效制约扩大支出，而制约扩大支出的动机未必是为了减少国债。

　　美国不断发行巨额国债，主要用于福利支出、战争费用、纾困资金等。

政党博弈和福利拍卖

美国多个政府部门认为，大幅度增加国债，主要是由于对医疗、社会保障等项目的必要开支，事实未必如此。

从2021年到2024年，美国债务飙升，导致经济通胀，其中至少部分原因是政党博弈和福利拍卖导致的。

2020年4月21日，据美国广播公司（ABC）报道，新冠肺炎疫情令许多美国人遭受财务冲击，美国财政部证实，最高达1200美元的、印有总统川普名字的纾困补助支票已陆续寄出，目前正在邮寄中。此前，川普签署了2.2万亿美元的经济刺激法案。根据这项法案，符合收入门槛的纳税人都能领到1200美元。

据此前媒体报道，川普的签名将会被印刷在纾困支票上，引发各方关注。2020年4月3日，在一场新冠疫情简报会上，当川普被问及是否希望在这些支票上签名时，他否认了这一说法。但事实上，支票上确实印有川普的名字。不过，在被问及此事时，川普否认知情。

报道指出，预计约有7000万美国人将收到印有川普名字的支票。同时，财政部证实，约8000万美国人已通过申请将款项直接汇入存款的方式，收到了这笔钱。

2020年11月3日举行美国总统大选，川普此时给美国民众发放纾困支票，这等于用纾困资金为自己助选，这是美国特色的政党博弈和福利拍卖。川普的如意算计落空了，由于他的防疫政策失误，大量美国民众死于新冠病毒传染，还有大量美国民众被新冠病毒折磨得死去活来，导致在 2020 年底的总统大选中川普落败。

川普是一个做事喜欢夸张的人，又为了讨好民众为自己助选，他发放的纾困资金数量必然会超过民众的需要数量，已经埋下引发美国通货膨胀的隐患。

2020 年川普大撒币，2021 年拜登担任美国总统后也不含糊，他也许认为，既然川普可以用纾困资金为美国民众发福利，那自己也可以。2021 年 3 月 11 日，拜登正式签署由国会参众两院通过总值 1.9 万亿美元的纾困方案，纾困方案包括向符合条件的美国民众发放 1400 美元的现金支票，拜登的支票比川普的支票还多了 200 美元。

两党博弈，争相发放纾困金，结果如何呢？

美国 2021 年通货膨胀率达到 1982 年以来的最高水平。

有了纾困支票和救济金，本来要冒着被新冠病毒传染的危险打工谋生的底层美国民众突然有了可以不工作的资本，大量劳动力赋闲在家，没有足够的工人从港口货船上卸下货柜装上货车，没有足够的司机驾驶货车把货运到商店。

当然，美国通货膨胀的原因不仅仅因为劳动力不足，但过多发放纾困金肯定大大加剧了通货膨胀。

在美国，两党博弈争相狂发福利，是加大美国财政支出国债飙升的主要原因之一。

资金浪费

美国联邦政府算不上是高效务实的政府，尽管美国号称是小政府大社会的国家，但美国联邦政府这个"小政府"的政府支出并不少，2023 年的财政支出约 6.1 万亿美元，一个不高效不务实的政府掌控如此多的费用，必然浪费惊人。

美国福克斯新闻网报道，2023 年 12 月 23 日，美国共和党参议员兰德·保罗（Rand Paul）公布了年度"Festivus"报告，其揭露美国政府 2023 年一年浪费了 9000 亿美元的公费，浪费公费的项目包括一笔 270 万美元的资金中被拨给美国国立卫生研究院，部分用于研究俄罗斯的猫和吸冰毒的猴子，这些猫的脑干受损后被逼着在圣彼得堡实验室的跑步机上走，还包括花 600 万美元促进埃及旅游业，还有一笔 47.7 万美元的经费被用于变性猴子研究，用于实验的雄性猴子被注射雌性激素，以调查猴子对人类免疫缺陷病毒（HIV）的易感性，另外，在发放新冠疾病救济基金的时候，对用芭比娃娃照片当肖像照申请的申请人也予以通过，等等。

保罗说："我们每小时借 2 亿美元，每分钟借 300 万美元，每秒借 6 万美元。"

兰德·保罗的报告如果属实，每年浪费 9000 亿美元，即使部分属实，浪费的资金恐怕也数以千亿美元计，对于美国这样的超级大国来说也是难以承受的，毕竟美国 2023 年的财政支出也就 6.1 万亿美元。

战争和准备战争的代价

在美国的 34 万亿国债里，至少有几万亿国债是战争和加强军备造成的。

2001 年阿富汗战争是以美国为首的联军在 2001 年 10 月 7 日起对基地组织和塔利班的一场战争，该战争是美国报复九一一事件的制造者基地组织，联军官方指这场战争的目的是逮捕本·拉登等基地组织成员，同时惩罚塔利班对恐怖分子的支援。美军打散了基地组织和塔利班，击毙了拉登，但塔利班卷土重来，不屈不挠地持续消耗美国的军费和军事资源，美国不得不撤军。

阿富汗战争在 2021 年结束，时间长约 20 年，根据美联社报道，在这 20 年的时间里，美国为了阿富汗战争，一共花了 2 万多亿美元。

伊拉克战争又称第二次波斯湾战争，始于 2003 年，结束于 2011 年，长约 8 年，开始以美国为首并由英国、澳大利亚和波兰等国参与的多国联军进攻伊拉克，联军虽然成功推翻了萨达姆的政府并绞死萨达姆，但接下来的军事占领直接导致了伊拉克在接下来十年的大部分时间里出现各种激进武装分子和军事组织，有些是为了反抗联军，有一些则是借机割据的叛乱势力，于是在伊拉克发生了旷日持久的低烈度武装冲突。

美国进攻伊拉克的理由是伊拉克拥有大规模杀伤性武器，对美国及其盟友构成威胁。此外，一些美国官员控告萨达姆包庇和支持基地组织，组织针对美国的 911 事件。然而，众多证据及调查表明萨达姆政权与基地组织之间没有任何关系，与袭击事件之间没有联系，在联军入侵后也未能在伊拉克发现任何大规模杀伤性武器库存或活跃的大规模杀伤性武器计划。这场战争对美国来说完全是不必要的，但美国为这场战争付出了巨额军费开支。据美国《军队时报》网站 2023 年 3 月 17 日报道，根据 15 日公布的一份报告，耗费近 1.8 万亿美元。

如果美国没有发动伊拉克战争，阿富汗战争在进攻胜利后就适可而止，美国国债就可以少了约 3.8 万亿美元。

美国为战争付出了巨额费用，为准备战争也耗费不菲。

美国 2024 财年国防预算申请再创新高，达到 8420 亿美元，2023 年美国国防预算达到 8500 亿美元，2022 财年的实际军费支出为 7766 亿美元。

美国是当今世界唯一的超级大国，军事实力世界第一，2024 财年的美国军费比排在其后的中国、俄罗斯、印度、英国等 9 个国家的国防预算加起来还要高出 20%，如此巨额的军费开支，军工企业集团和军事承包商从中赚到多少钱，值得探究，在国债屡破债务上限的情况下，是否有必要维持如此巨额的军费，值得怀疑。

帝国的衰退

滥发国债有可能引发美国的衰退。

美国操控着世界金融，美元又是世界货币，所以这些年美国可以超发国债维持美国高昂的财政支出，但这并不意味着美国以后可以永远靠发行国债维持支出。

如果美国国债多到全世界都怀疑美国无法偿还的时候，美元将贬值，美国将难以靠发行国债获取足够的资金维持联邦政府的财政支出，到那时只能增加税收。美国经济是自由市场经济，如果美国企业觉得税负太重，美国企业会争相逃离美国，美国是一个注重自由的国度，如果美国公民觉得税负太重，美国公民会离开美国移民到其他国家，如果这样，美国就会走上衰退的道路！

结语

美国的共和党和民主党并没有为避免美国的衰退而努力，都在为了自己的政治目的狂热推动发行新的国债，如果在未来几年两党还不能就控制国债达成共识，美国也许就会陷入国债危机，帝国的衰退将成为现实！

3.3　金钱政治

为穷人说话为富人办事

为穷人说话为富人办事，这几乎是全世界政治的潜规则，令人遗憾的是，美国政治也不例外。

自从 1991 年冷战结束以来，美国借助发达的互联网和文化产业传播自由民主的政治理念，通过传统的广播、电影和电视，新兴的大型网站、移动网站、博客、自媒体，以文章、书籍、歌曲、电影、电视剧、视频为载体，把民主、自由、法治、人权等普世价值传遍了整个世界，美国成为自由民主的灯塔国，成为民主的主要发源地，是全世界向往自由民主的国家和人们模仿和学习的典范。

几十年过去了，随着互联网资讯的自由传播，世界变得越来越透明，人们变得越来越聪明，对美国的民主政治也有了比较客观的认识，只要稍微分析一下，就知道美国政治实质上是为穷人说话为富人办事的金钱政治。

美国联邦参议员桑德斯在 2016 年竞选美国民主党总统候选人后写了一本书《我们的革命》，我从他的书中整理出如下信息：

2016 年，美国有 3.231 亿人口，却有 4300 万人生活贫困，贫困人口占总人口约 13.3%，其中很多人处于极度贫困中，2800 万人享受不到医保，每年都有上千人因为没钱诊疗失去生命。很多聪明的孩子不贷款根本支付不起高昂的学费。上百万的老年人以及许多残疾退役老兵仅靠社保艰难度日。

1979 年，千分之一的顶尖富人拥有全国 7% 的财富，到 2016 年，这一数字已经达到了 22%。

2000 年，美国有 51 个亿万富豪，这些富豪的财富之和仅是 4800 亿美元，2016 年，美国有 540 个亿万富豪，这些富豪的财富之和为 2.4 万亿美元。

在美国，金字塔尖 1% 的富人拥有的财富相当于底层 90% 民众的总财富，美国排名前 20 的大富豪的财富比底层 1500 万民众财富之和还要多。

许多美国家庭的父母和孩子都有工作，但这些家庭的日子依然步履维艰。

桑德斯在他的书中透漏出的信息让人震惊，让人难以想象到美国贫富差距如此之大，竟然还有几千万贫困人口，如果美国是一个真正的民主国家，当家作主的美国民众不可能让富人那么暴富却让自己如此贫穷？

特别关照富人的政治一定是金钱政治！

富人和政治精英的共和

民主与共和常常相提并论，其实两者区别比较大。

民主注重体现多数人的意志，而共和更注重不同群体和力量的平衡。

一般的民主理论认为，一个民主国家的公众在政治上是平等的，通过民主制度，可以把多数人的意志转化为共同的政治意志，进而上升为国家意志。这是比较理想的民主政治，比较适合单一民族单一文化的社会结构简单的国家。

在历史上，共和制是一个国家不同阶层之间的平衡结合，比如在罗马平衡贵族与平民，在英国平衡国王、贵族与平民，在现代，共和制是不同群体之间更复杂的合作与制衡产生共同的政治意志。

人们都想当然地认为美国是一个民主国家，实际上，与其说美国是一个民主国家，还不如说美国是一个富有民主色彩和有较多民主成分的共和国家。

美国的权力结构就是共和的体现。

美国是联邦制国家，美国的 50 个州高度自治，除了遵守联邦宪法和联邦法律，除了外交和军事由联邦领导之外，州几乎就是一个独立的邦，每个州有自己的法律、税收、警察、教育、选举制度，各州之间法律互不相同，总统不能领导州长。

美国国会分两院，包括众议院和参议院。众议院采用比例代表制，每个州的代表数量由州的公民数量决定，由州选举产生，这种代表制单纯靠人数决定共同意志，大州就有更大的政治权力，体现了民主精神。参议院采用平均代表制，州不分大小，每个州都各有两个代表，由州选举产生，这种代表制强调大州和小州的平衡，小州和大州有相同的政治权力，体现了共和精神。

美国的共和有成文的法定的，也有不成文的事实的，而富人和政治精英之间的共和就是不成文的事实的，美国政治实质上是金钱政治，而资本和政党则是富人和精英的合作纽带。

美国政治虽然是金钱政治，但并不是简单的金钱政治。

在二十世纪初，美国的洛克菲勒家族成为全球最富有的家族，其家族族长纳尔逊·奥尔德里奇·洛克菲勒曾在1960年、1964年和1968年寻求共和党总统候选人提名，都未能成功，有人说他其实赢得了民心，但得罪了共和党大佬们。

在近年的美国大选中，有时身价几百亿美元的富豪要参加总统大选，但都难以通过共和党或民主党的初选，更不用说进入决选了。

可见在美国的金钱政治中，金钱不能随意购买权力，因为美国的金钱政治不是自由市场，而是富人和政治精英共同操盘美国政治。

在美国，从建国初期到20世纪70年代，在政治竞选中没有法律限制候选人的捐献额度，政治候选人可以不公开捐献来源。

1971年，美国国会通过了《联邦竞选法》，对政治献金、政治竞选活动中的广告费用等作出限制，允许成立政治行动委员会，个人和企业可以通过注册政治行动委员会以筹集竞选资金，向政治候选人提供政治捐献。

随着一些非法政治捐献和权钱交易丑闻被曝光，美国公众对金主通过政治献金影响和操控竞选的政治现象非常不满，为遏制金钱对民主的侵蚀，1974 年，美国国会对《联邦竞选法》进行了修正，进一步限制竞选支出和政治捐献，该法规定，在政治选举中，个人或政治行动委员会在选举中可以向候选人或政党进行有限额的捐款，根据规定，个人在一次选举中对每位总统候选人和国会议员候选人捐款额的上限是 2000 美元（包括初选和大选），而政治行动委员会则可捐出 1 万美元，个人在一次选举中可为政党捐献的钱不得超过 2 万美元，其中用于捐给政治行动委员会的上限为 5000 美元，个人每年所允许捐献的资金总额在 2.5 万美元以下，捐款超过 200 美元的都要有详细记录。

1976 年再次修订《联邦竞选法》，取消对竞选支出的限制，并于 1979 年再次允许各党派在活动中花费无限量的资金，用于例如增加选民投票率和登记人数的活动。

1979 年，联邦竞选委员会裁定各政党可以将不受管制的资金用于非联邦的行政和政党建设活动，这笔钱可被用于与候选人相关的广告发行，这导致政治捐款和选举支出大幅度增加。

美国最高法院于 2010 年 1 月 21 日公民联合会诉联邦选举委员会案做出判决，认定限制商业机构资助联邦选举候选人的两党选举改革法案的条款违反宪法中的言论自由原则。

美国的特别行动委员会终于可以解脱束缚支持联邦选举候选人的政治竞选了。

美国追踪竞选花费的民间团体"公开的秘密"预计，2020 年总统及国会选举总费用将接近 140 亿美元。

2016 年美国总统选举及国会选举总费用大约 70 亿美元。

2024 年前总统川普和现总统拜登将再次在总统大选中对决，竞选也许比 2020 年激烈，竞选费用也许超过 2020 年。

政治精英表面上由选民支持才能成为官员或议员，但其实只有和资本合作的精英才有可能获得权力。美国稳定的两党制也有利于资本和政治精英合作，大富豪、大资本和大企业可以两面下注，同时给共和党和民主党提供政治献金，无论哪一个党占了上风都不会反对资本主义。

在政治竞选中，政治精英接受资本的政治献金和其他支持，才能成为政治候选人，才会有资金有社会资源，才能组织大规模大范围的竞选活动，政治竞选非常烧钱，没有资本的支持，政治精英靠自费难以支撑竞选。在选民投票前，资本先为选民选了政治候选人，等到选民投票时，只有资本选出的几个政治候选人可以选择。

民选官员和议员在施政过程中遇到问题还需要资本

保驾护航排忧解难，毕竟美国是一个小政府大社会的国家，资本的能量其实大于权力的能量。

资本以赚钱为首要目的，为政治精英出钱出力绝不仅仅因为在政治观念方面志同道合，还因为政治精英手中的权力可以帮助资本赚钱，资本帮助精英获取权力，精英用权力回报资本，帮助资本减税免税，为资本量身定做利好的政策，权力和资本密切合作。

民主的衰退

因为金钱政治，美国政治的民主色彩仍然鲜亮，但美国政治的民主成分却日渐淡薄。

美国联邦参议员桑德斯在美国政界是一个异类，他竟然想要抛开资本和政党建制派单干。

桑德斯是一位民主社会主义者，也是美国历史上第一名信奉社会主义的参议员，也是近年少数成功进入联邦的社会主义者。在竞选联邦参议员的政治竞选中，他以独立人士身份出现在选票上。桑德斯担任联邦参议员后，由于加入民主党党团运作，故在委员会编排方面被算作民主党一员。

2015年4月30日凌晨，桑德斯通过邮件的方式正式宣布参加2016年总统大选。30日中午，他在美国会大厦外的草坪上举行发布会，公开自己的竞选主张。与此前几位候选人声势浩大的集会不同，桑德斯的第一次政治集会显得简约低调，一个未经装饰的发布台、几只话筒、十几家媒体记者。桑德斯当天表示，他将改变美国贫富悬殊的现状，打破资本影响政治的潜规则，提高富人的税率。他还表示，他不会向大多数候选人那样在竞选中大肆"烧钱"，这意味着他想甩开资本单干。

2015 年，桑德斯已是 74 岁的白发老人，没有年龄优势，缺乏竞选资金，民主党建制派不支持他。在民主党预选中，他拒绝企业和个人的大笔捐赠，靠人均 27 美元的小额捐赠支撑他的竞选活动。

桑德斯创造了政治奇迹，在整个竞选中他获得了2381714 张选票，占总选票的 46%，最终民主党的超级代表们宣布支持他的竞争对手希拉里，希拉里才锁定了选举胜利。

2016 年 7 月 22 日，"维基揭秘"网公开了近 2 万页的民主党全国委员会内部邮件，显示民主党高层有意排挤桑德斯，暗助希拉里获胜。

桑德斯在他的书《我们的革命》中哀叹："民主和改变未来的希望越来越渺茫。"

桑德斯在 2019 年也参加了美国民主党总统候选人竞选，但未能再次创造 2015 年的奇迹，他中途退出了。

桑德斯的竞选经历虽然创造了奇迹，但也让所有的政治工作者都明白了一个道理：抛开资本和政党建制派依靠选民的小额政治捐款单干必败无疑。

美国著名政治家、第三任美国总统托马斯·杰弗逊曾说："我们宁愿要没有政府有报纸的美国，也不要有政府却没有报纸的美国。"可见美国对新闻媒体重视，人们希望新闻媒体可以报道政治和社会的真相，希望可以监督政府和议会及司法部门，但现代的新闻媒体恐怕难以起到这些作用。

在美国，有几百个广播、电视频道可供观看，有几百家报刊杂志可供阅读，难以计数的出版社、电影公司、网络资讯平台和视频平台，人们会感觉自己有广泛的选择，让人难以察觉的是，其实几乎所有的主流媒体只属于几家巨型公司，这几家公司以制造某些产品而闻名，同时经营着这些媒体，毋庸置疑，这些媒体要为自己的母公司的根本利益发言发声，还要为母公司赚取利润，这就导致这些媒体难以真正为公众服务了。

在美国的主流媒体里，该报道什么不该报道什么，新闻工作者心中自有红线，也知道孰重孰轻，否则职业生涯就到头了。新闻工作者自然而然不能报触及母公司利益的资讯，也不会轻易报道触及大富豪和其他大公司的利益的资讯，因为这些富豪和公司都是这些媒体的衣食父母，每年为这些媒体提供数十亿美元的广告收入。

美国的新闻媒体是商业媒体，更愿意报道娱乐性和刺激性的新闻，可以吸引流量，即使在政治竞选期间，那些对工薪阶层和普通民众非常重要的问题也不会得到关注，关注贫困、中产阶级衰落、高失业率、低工资等问题对商业媒体来说无利可图，绝大多数的政治资讯内容是关于政治候选人的个人性格、八卦、竞选策略、丑闻、民意调查、筹款、口误、失误，却鲜少深入分析国家面临的问题，也不会费劲去探讨提供真正的解决方案。

在美国的政治竞选中，选民投票选举资本和政党事先选好的政治候选人，然后在下一次政治竞选投票之前，对政治基本没有影响力。

结语

有人觉得美国政治实质是金钱政治，没救了，其实美国的金钱政治是富有民主色彩和有较多民主成分的共和政治，共和政治如果进步可以进入纯粹的民主政治，如果后退会下滑到寡头倾向的政治，现在是美国进步还是后退的关键时刻，事在人为，美国公民努力正当其时！

3.4 中产阶级的衰落

中产阶级的巅峰时代

二战后，美国的经济飞速发展，美国的工业水平达到了世界巅峰。

那时，人们就业率很高，就业稳定，对自己的收入都很满意，工业产品前所未有的丰富，工厂的工人都加入了工会，普遍享受良好的福利，包括医保、病假和带薪休假等。工厂的工人可以定期与雇主协商工资标准，还享有合理的退休金待遇，退休后可以享受岁月静好的晚年生活。

当美国的工人们都进入了中产阶级，美国成了一个中产阶级占主体而富人和穷人占少数的橄榄球形社会，成了一个比较理想的社会。

在二战期间，美国组织了庞大的军队，二战结束后，有上百万退役老兵，政府出台了《军人安置法案》，帮助退役老兵重返校园，毕业后可以获取学历证书，可以进入中产阶级，可以成为医生、律师、教师、工程师和企业家，成为主流社会的一部分。

美国政府支持的次级抵押贷款体系让美国数百万家

庭可以买房，让美国家庭可以向银行贷款创业或让孩子读大学。

二战后，美国政府大规模地投资了基础设施，创造了大量就业机会，刺激了地方经济，提高了生产力。政府尤其注重交通运输设施，修建了现代化州际公路，将各个州紧密连接起来。旧金山、华盛顿和洛杉矶等城市开始建设新型地铁系统，许多城市进行了扩建，全国的机场都扩充了规模。

二战后，美国经济持续增长，整个社会都受益，富人财富不断增长，中产阶级也不断壮大，贫困家庭越来越少，虽然那时美国不是乌托邦，性别歧视、种族歧视和移民歧视等社会问题仍然存在，但每一个美国家庭都会做美国梦，并且可能实现梦想，子女的生活会比父母的生活更幸福，对于大多数美国家庭来说，那真是一个美好的时代！

美国梦的破灭

现在的美国有近 3.33 亿人口，却有四千多万美国人生活贫困，其中很多人处于极度贫困中，有近三千万美国人没有医保，这些贫困者的家庭只要有一个人患重病就可能让家庭陷入经济危机，每年有近千人因为没钱诊疗而失去生命，上百万老年人和许多残疾退役老兵仅靠社保艰难度日，大量学生不贷款就无法支付昂贵的学费，许多贷款上学者毕业若干年后仍无法还清贷款！

近几年美国经济动荡，大多数美国中产阶级生活变得艰难，对未来很迷茫，对于许多家庭来说，父母和子女都有工作，但他们的收入无法满足基本的生活开支，大量中产阶级家庭感觉目前的生活水平难以为继，他们不得不加班兼职，很多人打两三份工。

美国中产阶级的收入停滞甚至降低，而平均工作时长在发达国家里却是最长的，比勤奋出了名的日本人还多几十个小时，许多美国白领高效运转是常态，走路都匆匆忙忙，随身携带笔记本电脑和手机，稍有闲暇会随时投入工作。许多工作企业根本就没有为员工提供带薪休假和带薪病假的福利，自己或家庭成员生病了还要上班。

近年来，美国官方统计数据计算出来的失业率一般只有百分之几，一般都不超过 5%，并不太高，但这种统计出来的数字有水分，实际的失业率要高得多。美国官方统计的失业率不包括失业了但没有主动找工作的人，也不包括找不到全职工作不得不做兼职工作每周只开工不到 30 个小时的人，而这两类人数以千万计。

不同的群体失业率差别很大，许多弱势群体失业率非常严重。

没有大学学历的年轻人就业率非常低，非裔、拉丁裔、印第安人等少数族裔的青年失业率甚至达到 30% - 40%。

在过去的日子里，有工作就意味着可以过中产阶级的富足生活，如今太多年长的工人生活艰难，大量工作岗位流向海外，即使保住工作了也收入锐减甚至减少一半，这些工人养老金微薄，一年仅有一万多美元的社保福利，仅靠社保无法维持基本生活，不得不消耗自己的积蓄度日，生活窘迫。

许多地区萧条了，中产阶级收入减少了，或者脱离了中产阶级跌入社会底层，而生活环境还恶化了，生活成本也增加了。居高不下的失业率、贫困率和犯罪率不但让许多社区的商家无利可图还增加了经营风险，结果就是许多拥有几千居民的社区竟然会没有银行和超市，零售商店也不足。酗酒、吸毒、自杀、抑郁问题和暴力犯罪让许多青年根本活不到中年。

对于大多数美国中产阶级家庭来说，美国梦就是只要子女努力就会比自己的父母活得更有出息，但近年来越来越多的美国家庭却对未来不再有美好的期待，不再期待自己的子女会比自己活得更好，或者自己的子女活得不如自己已经成为事实，对于这些美国家庭来说，美国梦已经破碎了！

衰落的原因

上世纪 70 年代初美国中产群体占比超 60%，美国是橄榄型社会，但现在下降至不足 50%，即使不是金字塔型社会也是胡萝卜型社会，美国中产阶级为什么会衰落呢？

第一个原因是全球化。

全球化为美国中产阶级带来了全世界最物美价廉的商品，但也带来了中产阶级难以承受的后果，那就是美国资本纷纷外移，到全世界人工成本最低、土地成本最低和原材料价格最低的国家和经济体去创建新公司新工厂。随着资本外移，工作岗位也从美国流失了，资本可以在全世界自由流通，但美国劳动力却无法在全世界自由流通，即使可以自由流通总体来说也没有优势，结果就是美国大量中产阶级纷纷收入停止增长或降薪或失业。

第二个原因是自动化和信息技术革命。

自动化和信息技术革命提高了产业和消费的自动化和智能化，结果是制造业和服务业需要更少的劳动力，当然自动化和信息技术革命也需要更多的技术人员，但增加的工作岗位数远低于减少的工作岗位数，结果是中产阶级的就业机会减少了。

第三个原因是非法移民。

美国境内的非法移民数在 2015 年就多达 1200 万，有人预测到 2024 年会达到 2000 万人，这些大多数非法移民的劳动力素质都不高，但非法移民不怕苦不怕累不怕脏，可以忍受恶劣的工作环境，可以接受低工资，甚至不要求雇主为自己交社保，中产阶级难以和这些非法移民竞争相对低端的工作岗位。

衰落带来的危机

中产阶级的个人所得税是美国各级政府最重要的税收来源之一，近些年美国各级政府的财政赤字和公共债务快速膨胀，大量中产阶级衰落了跌入社会底层，不但减少了大量的税收，还增加了失业和救济方面的支出，加重了社会负担，可以说是雪上加霜。

其实中产阶级衰落了带来的社会危机要比财政危机更大，曾经的中产阶级有可能走向各种各样的极端主义。

中产阶级的工作一般是稳定的，收入是富足的，生活是优雅的精致的舒适的，中产阶级的政治主张一般是积极的进步的，更倾向自由、理性和包容。

曾经的中产阶级失去了稳定的工作、丰厚的财产和美好的生活，沦落为底层人士，可能抛弃中产阶级的政治主张，但又不同于自始至终就身处底层的人们，因为不甘心，生活态度往往是不稳定的，有时梦想咸鱼翻身，有时消极颓废自暴自弃，有时怀疑自己的不幸是社会不公正导致的，而政治主张更可能会转向狂热、激进、冒险和极端，当意识到根本无法改变残酷的现实时，有可能会把所有的希望寄托于某一个极端主义的政党或政客，希望这个政党或政客用极端的方式颠覆整个社会，走出一条新的繁荣富强之路，即使付出惨重的代价也在所不惜。

当然曾经的中产阶级走向极端主义是小概率事件，但曾经的中产阶级数量越多，走向极端主义的概率就越大。

结语

中产阶级是每一个社会的稳定器，由于现代民主社会政治博弈比较激烈，政治稳定性弱，中产阶级更是民主社会的主要政治支柱，可以说，避免中产阶级衰落和壮大中产阶级规模事关民主社会的盛衰存亡。

一个国家的中产阶级衰落了，这个国家就衰落了，全世界的中产阶级衰落了，全世界就衰落了。

3.5　谋杀之都

新奥尔良取代了圣路易斯

2022 年，新奥尔良取代了圣路易斯成为美国最有名的谋杀之都。

据美国福克斯新闻网 2023 年 1 月 9 日报道，新奥尔良警察局透露，2022 年的最终数字仍在统计中，但截至 2022 年 12 月 28 日，该市的谋杀案件数已达 277 起，是 26 年来的最高水平。

凶杀案件并不是新奥尔良 2022 年唯一激增的犯罪类型。根据美国非营利组织大都会犯罪委员会的数据，与 2019 年相比，2022 年新奥尔良市的枪击事件增加 88%，劫车案件增加 156%，武装抢劫案件增加 20%。

激增的犯罪率和执法不力使新奥尔良成为美国凶杀率最高的城市，该市的凶杀案已经远远超过圣路易斯、芝加哥、纽约这些暴力肆虐的城市。

新奥尔良市警察协会会长曾表示，现有警员数量难以保证公众安全，甚至连警员自身的安全都无法保障，新奥尔良市早应该采取行动，否则情况不至于这么糟糕。

圣路易斯也曾是美国有名的谋杀之都。

华尔街职业分析机构 2020 年 7 月 24 日 Wall St. 统计发现，2020 年美国谋杀率最高的城市，是密苏里州的圣路易斯市，该市 2020 年报告的谋杀案为 263 起，每 10 万人中有 88.1 人被谋杀。

此外，还有一个很突出的数据点是，77%的谋杀案与枪支有关。

另外，底特律、孟菲斯、巴尔的摩和芝加哥等城市凶杀案也非常高，都是谋杀之都。

在这些谋杀之都里，暴力肆虐，抢劫、强奸和袭击等案件的统计数字都是惊人的。

有人说 2020 年爆发的新冠病毒疫情破坏经济，导致破产和失业增多，导致犯罪率增高，其实新冠病毒疫情前许多城市的暴力犯罪率就不低，早已是谋杀之都了。

2019 年，联邦调查局数据显示如下：

底特律的暴力犯罪率为每 10 万名居民 1965 人。2019 年，有 275 人被谋杀。

圣路易斯的暴力犯罪率为每 10 万名居民 1927 人。2019 年，该市有 194 人被谋杀。

孟菲斯的暴力犯罪率为每 10 万名居民 1901 人。2019 年，有 190 人在那里被谋杀。

巴尔的摩的暴力犯罪率为每 10 万名居民 1859 人。2019 年，巴尔的摩有 348 人被谋杀。

斯普林菲尔德的暴力犯罪率为每 10 万名居民 1519 人。2019 年那里发生了 356 起强奸案，这几乎是美国全国比率的五倍。

　　小石城的暴力犯罪率为每 10 万名居民 1517 人。这个城市的严重袭击率是美国全国的近五倍。

旅游安全攻略

　　我在途风旅游资讯网上看到一篇文章，标题是《芝加哥旅行攻略之安全篇》，整理如下：

　　芝加哥位于密西西比河水系和五大湖水系的分界线上。境内有两条河流，芝加哥河流经市中心，卡拉麦特河（Calumet River）则穿过城市南部的工业区。芝加哥市区位于芝加哥河汇入密歇根湖的河口两侧，也是卢普区（The Loop）等主要景点和著名建筑的分布区。市区外侧主要分为三个部分，北区，西区和南区。北区（包括西北方向）主要是中产和富裕阶层居住地区，治安良好，商店和娱乐场所比比皆是，著名的壮丽-英里（Magnificent Mile）就位于这里。西区和南区主要是非裔和西裔美国人居住，治安较为混乱，尤其以南区为甚，在芝加哥居住和旅行时应当尽量避免这两个地区。黑人区主要集中在南区，白人区集中在北区和西区。

　　1. 南城（South Side）是美国最大，也是最为危险的贫民窟之一，95%以上居住的是芝加哥最为穷困的少数族裔，尤其以非裔美国人为主。各种暴力案件频发，甚至屡传入室劫杀案件。这一地区不熟悉情况的旅者一定不要进入，切勿抱有冒险或试探的心情，否则可能出现生命危险。南城的大致范围是 31 街以南，这一地区即便是晴好的白昼也一定避免进入。

而北至中国城，乃至 Loop 的南部，在入夜以后也要尽量避免进入。夜间这一地区的抢劫案件会直线上升。若是在唐人街居住的旅游者，尽量在天黑前返回住所或是离开，若是无法避免在天黑后离开，近在咫尺的红线 Cermak-Chinatown 车站应作为进出的唯一选择。

南城的唯一两个治安较好的例外地区是芝加哥大学所在的 Hyde Park 和 Pullman，但即便前往这两个地区，也应尽量在天黑前返回，尤其是 Pullman 等远郊地区。

2. 西部则是芝加哥第二大的贫民窟。西城贫民窟范围比南城小很多，治安也相比南城较好，但同样是非必要情况，为生命安全考虑，不要进入该地区（本人便是在西城遇到一次不幸事件，所幸损失不大）。西城的范围大致为 North Ave. 以南，Western Ave. 以西。这一地区无论什么时间段都要避免前往。而天黑后，Daman 大街以西，乃至芝加哥河 South Branch 以西都需要慎重踏足。

3. 地铁绿线市区以外的部分应尽量避免乘坐。芝加哥的地铁应禁止武器政策而相较外界稍安全，但由于所谓的"地铁"大部分都在地上，完全暴露在外界，因此经过不安全地区的地铁要尽量避免乘坐。其中绿线刚好途经芝加哥的两大贫民窟，车上各色人群混杂，很难排除安全隐患，因此若有替代方案，应尽量避免绿线。

4. 深夜时在狭小的地下地铁站点应予以特别注

意。部分流浪汉会利用狭小的地下空间索取财物，而若是遭到拒绝，很可能会有不友善的举动，乃至影响到人身安全。

5. 芝加哥城区各处建设有些 Public House（即中国的保障房或是香港的公屋），通常分配予位居社会最底层，无力承担住房费用的穷苦民众乃至乞丐居住。由于住户经济条件原因，治安通常十分败坏，甚至沦为犯罪窝点。故若无特殊需求，应远离一切公共住宅区（此类住宅的命名通常是名称+Homes）。

总之，若是在芝加哥停留期间避免上述不安全区域，夜间 8 时前返回住所或是返回到市区以北或西北地区，芝加哥给旅游者留下的印象，便不会是盛传的那般狰狞和败坏的社会秩序。

从这篇安全攻略可以看出来，芝加哥虽是美国的谋杀之都，但芝加哥仍有安全的商业街道、消费场所、社区和校园。芝加哥是一个旅游城市，旅游区都是安全区，每年都有许多来自全世界的游客到芝加哥旅游。

据美国财经网站 MoneyGeek2023 年 2 月公布的全美最安全城市排行榜，全美治安最好、治安最差的城市都在芝加哥地区，芝加哥西郊瑞柏市（Naperville）拥有优秀的公立教育和居住环境，被评为"全美最安全城市"，位列全美第一，入围全美最安全城市前十名的城市，还包括芝加哥西南郊城市朱丽叶（Joliet, IL），位列全美第八名。

在美国，在每一个谋杀之都，都有富人区，不同于贫民窟，在富人区里，警力和保安力量都非常充足，富人区就是安全区，在富人区居住、工作、消费和休闲，就可以享有充分的安全保障，可见即使在谋杀之都，市场经济仍然可以发挥作用，治安服务有如商品，安全是可以用钱买的，只是没有明码标价没有单独销售，而是以附赠这种形式让有钱人享用。

成长环境和生存环境及犯罪逻辑

在美国的谋杀之都，青少年纷纷加入黑帮。

为什么会这样？

贫困、失学和失业是最主要原因。

当一个孩子在黑帮横行的贫困区出生和长大，那这个孩子就已经是黑帮苗子了。在枪支泛滥和暴力横行的街区里，霸凌者肆无忌惮拉帮结派，而试图远离暴力的孩子反而会感到异常孤独，甚至被欺凌和被威胁，遭遇多次暴行之后，即使原本善良的孩子们也不得不寻找可以保护自己的群体，从群体中获得安全感、归属感、认同感和亲密感，同时，也会为群体里的朋友两肋插刀，为群体铤而走险，以暴易暴和用暴力解决问题的教化就这样普及了。

在谋杀之都，暴力弥漫到贫困区的每一个街头和角落，也弥漫到贫困区的每一个校园。

校园是社会的缩影，在谋杀之都，许多校园不是教书育人的场所，而是暴力的温床，是输出暴力分子的基地，是培养犯罪预科生的场所。在这些学校里，青少年崇尚暴力，喜欢用打架等暴力方式解决问题，一部分青少年根本不能从这些学校毕业，但这些青少年辍学或失学时却可能已经学会了暴力犯罪。

当崇尚暴力的青少年走出校园后，为了防身或进行犯罪活动会自备武器。在枪支泛滥的谋杀之都，除了小火力的手枪外，甚至还有 AK 系列等突击步枪，买一支枪比买一本书还容易。当遇到需要用暴力解决的问题，有枪的青少年就不屑于再用拳头和刀子了，而是更愿意选择直接用枪解决问题，在枪击事件中，往往是青少年之间自相残杀。

这样，青少年本身既是犯罪高发的群体，也是受害者突出的群体。

当一个熟悉暴力手段的青少年失学失业深陷贫困时，加入黑帮就是一个自然而然的选择。

即使生活在贫穷中，如果有很多改变命运的机会，并且在努力之后都会有回报，那么很多人可能最终会摆脱失望和迷茫，并且建立对未来的勇气和信心，那些犯罪诱因就很难起作用，但在谋杀之都，在贫民区，许多有色族裔和移民原生家庭经济条件差，受教育程度低，不容易找到合适的工作，所从事的工作都收入非常微薄并且没有上升空间，没有改变命运的希望，最关键是贫困家庭没有教育改变命运的坚定信念，而从事贩毒等犯罪活动可以快速致富，加入黑帮和犯罪赚钱往往就是这些人最大的希望。

很难想象发达的现代国家执法部门仍然有比较高的

误判率，在美国，在谋杀之都，由于社会偏见和种族歧视等原因，冤假错案仍然比较多，执法不公对法律的威信伤害非常大，如果一个人因为居住在一个犯罪率高的贫民区，因为属于某一个种族或民族或某一个群体，就有早晚会被冤枉无罪获刑的强烈预感，那么这个人就会有不做白不做的犯罪心理。

犯罪分子一旦获刑就很难回头，因为大多雇主不愿意接纳这些有犯罪前科的人，刑满释放人员没有正当工作，无事可做，就会主动或被动从事非法活动，比如贩毒、走私、洗黑钱、偷窃、抢劫，以及加入各种黑帮中，犯罪将成为这些人的终身职业。

打击犯罪活动乏力

在美国，打击犯罪活动乏力，是谋杀之都暴力肆虐的主要原因之一。

为什么谋杀之都打击犯罪活动乏力？

原因很多，也比较复杂，总结主要原因如下。

第一，因为美国控枪失败。

在美国，枪支泛滥，黑帮很容易获取各种枪支，还可以通过暗网或其他非法渠道购买走私武器，在谋杀之都，黑帮的武器不逊于警察的武器，有时甚至比警察的武器还先进，如果黑帮愿意，完全有实力和警察火拼。

在美国，由个人制造、未经联邦政府许可的枪支被称为幽灵枪，因无法被政府追查而得名，懂枪的人可以轻易用在网上合法购买的零部件组装幽灵枪。幽灵枪为犯罪活动提供了方便，购买幽灵枪的零部件是合法的，且购买者无需提供自己的背景，警方在刑事调查中难以通过幽灵枪追踪到犯罪嫌疑人。

美国司法部的统计数据显示，在 2016 年至 2020 年间，执法部门在犯罪现场发现了近 24000 支幽灵枪，在 2021 年的刑事调查中收回了 19344 支幽灵枪。

2022 年 4 月 11 日，美国联邦政府出台新规，旨在管控没有序列号、难以追踪的幽灵枪。

2022 年 6 月 29 日，美国纽约州政府和纽约市政府分别对 10 家枪支零部件经销商提起诉讼，以阻止幽灵枪的贩售。

2023 年 8 月 8 日，据央视新闻，美国联邦最高法院以 5 比 4 的紧急裁决恢复了拜登政府对幽灵枪进行限制和监管的联邦法规。

在美国，对销售幽灵枪零部件是否应该限制和监管有很大的争议，这届政府制定了法规，限制和监管销售幽灵枪零部件，但下届政府就可能推翻法规，将来幽灵枪仍有可能合法归来。

政府有政策，社会有对策，枪支零部件的生产企业和经销商一定会想办法规避现有的法规，幽灵枪有可能以另外的形式继续存在。

现在就断定幽灵枪在美国将成为历史还言之过早。

第二，暗网和虚拟加密货币让犯罪活动更隐蔽。

在谋杀之都，走私军火一直是利润不错的非法生意，到了互联网时代，暗网和虚拟货币成了走私军火的隐蔽货币。

在美国，虚拟加密货币是合法的，暗网和虚拟加密货币相结合，犯罪分子进行犯罪活动又隐蔽又方便。

暗网存在于互联网中，若要访问暗网，不能使用 Google 搜索或者 Chrome 或 Safari 等浏览器，而是要使用专为暗网设计的软件，暗网中的人们可以隐藏其身份和位置，犯罪分子可以利用暗网贩毒、走私军火、贩卖人口，可以利用暗网进行各种犯罪活动，而执法部门和其他人难以发现。

各种暗网黑市都有一个共同特点，那就是使用虚拟加密货币支付，如果没有虚拟加密货币，暗网黑市对犯罪分子的吸引力就会大打折扣。

虚拟加密货币是在虚拟空间中特定社群内可以购买商品和服务的加密货币，可以在没有中央清算机构条件下结算，不需要依赖银行就能完成支付过程，从而避开了整个金融体系，避开了任何形式的金融监管，隐蔽性和便利性兼备，犯罪分子可以在暗网黑市进行非法交易然后用虚拟加密货币放心买单。

第二，警民关系差，缺乏合作。

在谋杀之都，因为有的警察经常粗暴执法过度使用武力和执法不公，警民关系不太和谐，时不时民众聚集游行抗议，甚至发生警民冲突，警民难以密切合作。

在谋杀之都，由于枪支泛滥成灾，警察执法时非常紧张，有的美国警察执法风格比较彪悍，更容易发生误判。比如，美国警察拦下一辆汽车检查，车上的人如果慌慌张张地找驾驶证等证件，警察无法分清车上的人是在找证件还是在找枪，如果警察喝止，而车上找证件的人因为反应迟钝动作没有停下来，有的警察就有可能开枪射击找车上证件的人。再比如，如果一个看上去人畜无害的少年拿着一支比较逼真的玩具枪走在街头上，美国警察命令少年停止行走接受检查，如果这个少年不理会继续行走，有的警察就有可能开枪打死这个少年。再比如，有人拿把刀要自杀，家人或邻居报警，警察赶到现场命令自杀者放下武器，自杀者如果拒绝，有的警察会开枪射杀自杀者，帮助自杀者完成自杀的心愿，。

在有些刑事案件中，也许训练使然，也许因为想杀死对方防止反击或事后报复，又嫌手枪威力太小，有的美国警察会一口气把弹夹中的子弹都打在威胁不大的犯罪嫌疑人身上，也许是因为嫉恶如仇，也许是为了讲义气，要有难同当，要有事一起扛，有时在现场的所有警察会一起向嫌疑人开火，并都打空自己的弹夹，结果身中多弹的嫌疑人往往当场毙命或者死于救护车送医院的路上，即使送到医院大概率抢救无效。

在谋杀之都，不知道因为种族歧视，还是因为有色人种本身犯罪率比较高，警察喜欢对有色人种截停搜身，而有色人种对警察也比较排斥，对于一个有色人种的青少年来说，遇到麻烦找警察就是自找麻烦，甚至是自寻死路。

第四，警力严重不足，不是相对不足，而是绝对不足。

在谋杀之都，警力不是按照犯罪率高低成正比分配的，而是按市场思维配置警力，富人区本身犯罪率就低，保安力量充足，但因为提供资金多，会配置更多的警察，其中办案经验丰富的警察更多，而贫民区本身犯罪率就高，保安力量少或没有，但因为提供资金少，会配置更少的警察，其中办案经验丰富的警察更少，所以犯罪率高的贫民区往往警力不足，因为警力不足，贫民区的犯罪率更高。

2020 年 5 月，乔治·弗洛伊德被明尼阿波利斯市的一名警察跪杀后，美国各地的抗议者走上街头，敦促各城市"撤资警察"，有些政客听从了这些意见。许多谋杀之都的警察部门预算被消减，有的地区的警察部门被取消，警察人数自然也被消减。

在谋杀之都，警察显然是一个高危职业，而人们对警察负面看法比较多，投诉比较多，警察的工作压力大，警察纷纷辞职，导致警察数量严重不足。比如，2022 年谋杀之都新奥尔良市暴力犯罪激增，2022 年 9 月，警察局仅有约 950 名警员，这一数字在 2014 年是 1400 人，而警方估计该市至少需要 1600 至 2000 名警员才能维持最基本的服务。由于警员不足，新奥尔良市的 911 报警电话的平均响应时间竟长达两个半小时，美国新奥尔良市警局宣布，该局将雇佣平民来执行一些文职或简单的调查和搜证工作，以应对警员短缺和犯罪率激增问题。

第五，单凭执法部门根本无法解决暴力犯罪率高的问题。

执法部门改变不了充满戾气的校园环境，改变不了混迹街头的青少年的生活方式，改变不了贫民区的贫困状况，无法打断黑帮苗子的成长过程，不能破坏黑帮的生存环境，那么打击犯罪活动就有如扬汤止沸，不可能成功。

执法部门根本无法触及暴力犯罪泛滥的根源，只有执法部门、政府和整个社会齐心合力才有可能彻底铲除黑帮。

结语

在谋杀之都，了解犯罪分子的成长史，深入了解黑帮成员的犯罪心理逻辑，查找执法部门打击犯罪活动无能为力的原因，才会明白黑帮和犯罪分子何以前仆后继几十年仍势头不减，才会明白抓捕几个黑帮成员和犯罪分子根本无济于事，才有可能找到铲除黑帮和打击暴力犯罪活动的有效办法。

3.6 铁锈带和贫困州

　　美国是世界上最发达最富裕的国家，但并不是每一个公民和每一个地区都因此受益。美国地区之间发展失衡比较严重，不但有若干贫困的铁锈带，还有许多贫困州，在这些贫困的地区，许多家庭过着贫困的生活。

美国的贫困生活

　　在世界各国，贫困线标准是不同的，美国的贫困线标准要比普通国家高一些，2022 年，在美国，个人平均收入是 54132 美元，个人的贫困线标准为每年 13590 美元，收入等于或低于这一数额的个人被视为贫困人口，每增加一名家庭成员，门槛增加 4720 美元，两口之家的贫困线标准每年 18310 美元，三口之家的贫困线标准是 23030 美元。

　　2022 年，美国家庭收入中位数为 74580 美元。据统计，美国有几千万贫困人口。

　　美国贫困生活到底是什么样的呢？

　　美国的贫困生活不象发展中国家的贫困生活那么

惨，但贫困生活毕竟是贫困生活，也不好过。

即使在这个世界上最繁华的城市纽约，如果你坐地铁上下班，你每天都会遇到数不清的无家可归者，包括乞丐、残疾人、精神病患者、酒鬼、瘾君子、前科犯、流浪艺人等。

在美国，穷人可以领取救济金，可以领取救济食品和其他生活物资，一般来说穷人肯定饿不着，不但饿不着，反而可能能量过剩身体肥胖，这是因为许多穷人经济条件差，只能吃肯德基和麦当劳等快餐，这些快餐以肉类和淀粉为主，热量比较高，穷人没有好的健身条件，也没有时间、精力和心情健身，所以穷人容易肥胖。

在美国，许多家庭虽然有住处，但居住条件实在不尽人意，有的家庭长期住在房车里，不是为了自由浪漫，就是为了省钱，房车是固定的，不能旅游。

铁锈带

铁锈带泛指工业衰退的地区。

二战后，美国经济在全世界一枝独秀，重工业一家独大，许多重工业中心繁荣了几十年，20世纪60、70年代，美国的经济萧条和世界的经济竞争导致美国重工业生产过剩，那些重工业中心走向衰落，大量工厂倒闭，闲置的厂房破旧不堪，被遗弃的设备锈迹斑斑，因此这些地区被形象地统称为铁锈带。

美国的铁锈带分布范围广泛，数量很多，包括密歇根州的底特律、印第安纳州的加里、密歇根州的弗林特、密歇根州的萨基诺、俄亥俄州的扬斯敦、俄亥俄州的克利夫兰、俄亥俄州的代顿、纽约州尼亚加拉瀑布城等地区。

美国的简斯维尔是典型的铁锈带。

简斯维尔生产汽车的历史非常悠久，早在 1919 年，当地制造出通用汽车公司的第一辆拖拉机。1923 年开始，通用汽车在简斯维尔生产雪佛兰汽车。随着工厂扩大，简斯维尔的道路、学校和住宅设施均得到了改善，人口也不断增长，成为了一个中等规模城市，逐渐走向了繁荣。

简斯维尔的工业繁荣维持了半个多世纪，在这半个多世纪的时间里，通用汽车公司是当地最大也几乎是唯一的大雇主，这注定了简斯维尔的繁荣、衰落会与通用的扩张、衰退、复兴共进退。

1986 年，通用汽车转移了简斯维尔整条货卡车生产线，超过 1200 名工人选择跟随生产线一起离开，简斯维尔失去了 1800 个工作岗位。在 1986 年通用关闭生产线之后不多久，该公司又启动了当地的中型载重卡车生产线，再次招人。

2008 年，通用在简斯维尔关闭 14 座工厂，减少 2.1 万个工作岗位。

2015 年，通用永久关闭了在简斯维尔的工厂。

许多通用的工人失业了，中断医疗保险等福利，许多梦想进入通用工作的年轻人失去了就业机会，陷入迷茫，不知所措。

通用的工厂大量关闭，配合通用生产链条的其他工厂衰退或倒闭，大多数在工厂打工的蓝领及其家庭陷入经济拮据，消费锐减，服务业陷入困境，经济危机蔓延到城市生活的方方面面，最终导致整个简斯维尔衰退了。

工人们失业了，很难从头再来，联邦政府曾给了简斯维尔数百万美元用于职业培训，试图让工人们再学习再就业，但是效果并不佳。

简斯维尔复苏缓慢，至今还是铁锈带。

铁锈带的形成原因

从好莱坞老电影可以看到二十世纪有如梦幻的美国大工业生产景象：厂房壮观气派，宛如宏伟的魔境，巨大的熔炉倾倒着铁水洪流，巨大的机械不知疲倦地伸展转动，一辆辆汽车开下生产线，场面令人震撼，语言难以描述。

为什么如此发达的大工业会衰落呢？

原因比较多。

第一个原因，生产结构过于单一。

重工业地区主要集中于煤炭、钢铁、电力、机械、化工等基础重工业类型，往往一家产业独大，一旦这家产业突然衰落，经济转型缓慢。

第二个原因，环境污染严重或资源短缺。

有些重工业地区集中生产污染严重，时间长了，对居民健康的严重损害就会暴漏出来，只能关闭或迁移大量的工厂。

有些重工业利用当地资源生产，当资源枯竭后，这些重工业就无以为继，只能关闭或迁移。

第三个原因，世界性经济竞争。

二战后，全世界都开始发展经济，韩国、日本、中国等国家后来者居上，经济发展强劲，劳动力成本和地产成本低，生产的工业产品质量好价格低，抢夺了美国重工业产品的市场，导致一些美国重工业衰落。

第四个原因，新技术革命和用地紧张等原因导致传统的生产和组织形式不适应时代发展的要求。

石油天然气及新能源得到广泛应用，煤炭能源地位就会下降，煤炭工业就会减产，有些煤矿就会关闭。

随着社会进步，美国社会开始注重劳工的人权，工会运动兴起，巨型工厂流程简单，只要少数人在一条至关重要的生产线罢工，就可以迫使整个企业停止运转，对于企业主来说，巨型工厂过时了。

美国老工业基地的建筑以多层厂房居多，这是因为当地高度城市化，那里的土地基本开发完毕，地产成本上升，城市的人力成本也不断增长，制造业要节约生产成本，势必要搬迁到广阔的美国南部和中西部。

随着工业加工精度要求不断提高，巨型工厂在精密加工流程中处于劣势，很多大型设备和原材料很重，必须要地基稳固，否则一个微小的颤动就会导致产品质量不合格，如果加工精度的要求非常高，单层厂房要优于多层厂房，另外，单层厂房还有便于批量装卸货物等优势，因此受到企业主的青睐。

二战之后，交通和通信的发达，全国兴修高速公路，运输力量大为增强，企业可以在各地分散组装配套产品，不用集中在一个大厂房，让分散化生产有了实现的可能，随着世界生产分工的到来，大生产网络和小生产线兴起，巨型工厂落后于时代，必然会被淘汰。

某些铁锈带的复苏

在美国，大多数铁锈带几乎停滞在过去，那些锈迹斑斑的工厂继续生锈，但也有少数铁锈带得以复苏，焕发出新的生机，复苏的铁锈带包括匹兹堡、克利夫兰、阿克伦、底特律等。

在19世纪中期，匹兹堡已是美国钢铁工业中心，同时也是全球领先的制造业中心，当时被誉为"世界钢都"。19世纪后期，美国加快西部开发，丰富的煤炭资源再加上源源不断的廉价劳动力为匹兹堡的发展提供了强劲的动力，"世界钢都"匹兹堡可谓是辉煌繁荣。

以钢铁产业为中心的重工业给环境带来了沉重的负担，在20世纪50年代，匹兹堡成为一个重度污染的城市，匹兹堡开始致力于环境治理，大量工厂外迁，企业规模开始减缩。到了20世纪70年代，美国经济萧条，钢铁需求开始下滑，日本以及韩国钢铁行业崛起，与美国钢铁业形成竞争关系，匹兹堡钢铁产业出现产能过剩的局面，大量钢厂关闭，钢铁企业大规模裁员，城市陷入衰退。

匹兹堡出现了铁锈带现象。

出现铁锈带现象的匹兹堡最终并没有成为铁锈带，而是先加强环境治理，后来加强文化及社区建设，实施城市经济多元化战略，促进新兴产业的发展，再后来又经济转型，转向教育、旅游和服务业，尤其是医疗和以机器人制造为代表的高技术产业。匹兹堡的高等院校不仅是高科技企业的基地，还提供大量就业机会，为匹兹堡的发展做出了巨大的贡献，创造了经济和文化的奇迹。

时至今日，匹兹堡从一座钢都转变成一个高科技研发中心，尤其是在绿色技术、教育培训以及研发领域都取得了巨大的成就。

2009 年，经济学人周刊把匹兹堡评为美国最适宜居住的城市。

由于近年的经济发展堪为典范，匹兹堡于 2009 年获选主办世界二十国集团（G20）高峰会。

2010 年，福布斯杂志亦评匹兹堡为美国最适宜居住的城市。匹兹堡还是全美犯罪率最低的城市之一。

贫困州

说一个州是贫困州，家庭收入中位数就比较低，就有比例比较高的贫困率，罗列一下 2022 年美国最贫困十个州的情况，可以了解美国贫困的一面。

贫困排名第一的是密西西比州，家庭收入中位数为 36850 美元，贫困率达到了 21.3%，没有医疗保险的比例为 18.7%，失业率为 10.4%。

贫困排名第二的是阿肯色州，家庭收入中位数为 38600 美元，贫困率达到了 16.5%，没有医疗保险的比例为 18.5%，失业率为 8.2%。

贫困排名第三的是田纳西州，家庭收入中位数为 40026 美元，贫困率达到了 16.1%，没有医疗保险的比例为 14.7%，失业率为 9.8%。

贫困排名第四的是西弗吉尼亚州，家庭收入中位数为 40824 美元，贫困率达到了 15.7%，没有医疗保险的比例为 13.9%，失业率为 8.1%，超过五分之一的儿童生活在贫困之中。

贫困排名第五的是路易斯安那州，家庭收入中位数为 41896 美元，贫困率达到了 13.4%，没有医疗保险的比例为 16.3%，失业率为 7.7%。

贫困排名第六的是蒙大拿州，家庭收入中位数为 42005 美元，贫困率达到了 13.4%，没有医疗保险的比例为 16.3%，失业率为 7.7%。

贫困排名第七的是南卡罗来纳州，家庭收入中位数为 42059 美元，贫困率达到了 14.9%，没有医疗保险的比例为 17.6%，失业率为 10.9%，全美排名第四。

贫困排名第八的是肯塔基州，家庭收入中位数为 42091 美元，贫困率达到了 17.3%，没有医疗保险的比例为 15.5%，失业率为 9.5%。

贫困排名第九的是巴拉马州，家庭收入中位数为 43275 美元，贫困率达到了 16.1%，没有医疗保险的比例为 14.4%，失业率为 10.0%。

贫困排名第十的是北卡罗来纳州，家庭收入中位数为 43275 美元，贫困率达到了 16.1%，没有医疗保险的比例为 16.7%，失业率为 10.1%，超过四分之一的儿童没有得到足够的食物。

美国是发达富裕的国家，贫困排名第一的密西西比州家庭收入中位数为 36850 美元，比许多国家所谓的小康家庭收入还高许多，但密西西比州的许多家庭长期过着美国式的贫困生活。

贫困州为什么是贫困州

许多事都讲究天时地利人和，一个地区的经济发展也是如此，贫困州之所以是贫困州，是因为贫困州的历史底蕴不足、地理条件差、社会结构不良造成的。

有的贫困州历史上是蓄奴州，当年以种植园经济为主，经济本就落后就其他州，这种以提供原材料为主的经济结构严重阻碍了当时当地资本主义工商业的发展，一直以来工商业就欠发达。

位于美国中部地区的贫困州曾有过历史机会，在19、20 世纪，美国大面积兴修铁路，当时美国铁路主要有两条线，一条是横跨东西的从纽约到洛杉矶的两洋铁路，另一条是南北方向从芝加哥到新奥尔良的铁路，两条铁路交汇于中部地区的圣路易斯，而圣路易斯还是密西西比河和其最大支流密苏里河的交汇点，当时这一区域是盛极一时的交通枢纽。然而好景不长，随着时代的发展，汽车逐渐在美国普及，航空业也成为了美国主要的交通运输方式，原本的铁路网不再是交通的主流，设施老旧和速度缓慢的铁路衰退了，失去了交通枢纽的地位，这些贫困州经济增速自然就放慢了。

大多数贫困州的地理条件不利于经济发展。

美国从地理方面可以分为三个地形区：东部的阿巴拉契亚山脉包围大西洋沿岸所形成的东部沿海低地，中部广袤的密西西比河冲积平原和西部的科迪勒拉山系中的落基山脉部分组成的高原，而这些贫困州的地理位置分布，则主要集中在美国中部及密西西比河中上游流域的平原地区。

密西西比河大平原区域南北缺少山脉阻挡，这种地形决定了这一地区很容易受到气候灾害的侵袭，夏天有大西洋来的飓风，冬天则有北部的寒流，这样的气候对于公共设施、民居建筑有破坏作用，对电力输送、交通运输、工业生产也有恶劣影响，对经济发展无疑是不利的。

在海运方面，中部平原的条件不如其他两个区域。虽然美国三面环海，海运条件十分优越，但这一贫困地区的南部出海口，即墨西哥湾地区面向的主要是拉丁美洲，要去其他更发达、贸易量更大的大洲比如欧洲或者亚洲，则远不如东西海岸便捷。

无论是从气候还是出海口，中部平原的条件都不如东西海岸区域，这也成为了这些贫困州相对贫困的重要原因。

许多贫困州是黑人最集中的区域，官方的种族歧视已成为历史，但在现实社会中种族歧视仍然存在，种族和经济的不平等互相关联，在这些区域公共设施陈旧，教育相对落后，整体劳动力素质不高，医疗水平低，犯罪率比较高，所以这些州不具备宜商宜居的条件。

自由市场经济模式的局限性

美国的经济模式是自由市场经济模式。

美国还没建国就实行了市场经济，从建国之初就是民主共和国家，一起步就是正在工业化的资本主义国家，这在全世界都是罕见的。从 18 世纪末到 19 世纪中后期，随着工业化和由农业国向工业国的转变，在美国确立了自由竞争的市场经济体制。19 世纪末 20 世纪初，自由市场经济向寡头经济和垄断经济转变，自由竞争有所减弱。20 世纪 30 年代，特别是第二次世界大战以后，美国经济已经不再是古典的自由市场经济，但还是以自由竞争为主基调。

美国的权力是分散的，从横向看，美国实行民主共和制，三权分立，避免权力集中，从纵向看，实行联邦制，宪法赋予各州立法权，地方高度自治。美国人崇尚民主，也崇尚自由平等，这种价值观体现在经济上，就是自由市场经济。

自由市场经济模式以亚当斯密的古典政治经济学理论和 18 世纪中期英国工业革命的实践为理论依据，主张国家对私人企业尽可能少干预，实行自由经济、自由贸易，企业经营高风险、高利润，强调个人自由，反对国家制定经济发展规划。

自由市场经济模式的特点是：①私人经济占绝对主导，国有经济比重小；②私人资本集中程度高，垄断性强；③市场自发调节作用大，国家干预少；④劳动力市场的自由开放程度高、流动性大，就业竞争压力大。

美国自由市场经济模式，即所谓消费者导向型市场经济模式，十分强调市场力量对促进经济发展的作用，认为政府对经济发展只能起次要作用，也因此，美国是一个小政府大社会的国家。

经过了初期经济自然快速增长和银行混乱发展的时代后，由于资本主义经济制度中固有的矛盾，也由于缺乏统一集中管理，美国差不多每10年就发生一次经济危机。

1929年美国爆发的经济大萧条导致了史无前例的严重经济衰退，1933年美国总统罗斯福推行新政应对大萧条，政府在相当程度上放弃了传统自由派不干预经济的做法。

在解决失业方面，美国设立了民间保护团，吸收失业青年从事植树、造林、筑坝、水土保持及兴建国家级与州级公园以保护自然资源，政府前后提供50亿美元用来修建机场、公园、道路、学校与下水道等公共设施，为失业者提供就业机会。

在农业方面，美国国会通过了农业调整法，控制农民生产粮食的数量及设立房屋贷款公司，以保障公民的住房；在规范证券发行方面，通过了证券法；为促进和规划不发达地区的发展，建立了田纳西河流域管理局；通过了联邦紧急赈救法等等。

此后，美国政府对市场经济进行干预的宏观管理制度又进行了不断的改进和发展。

英国的经济学家凯恩斯认为对商品总需求的减少是经济衰退的主要原因，因此，他指出维持整体经济活动数据平衡的措施可以在宏观上平衡供给和需求。凯恩斯主义主张国家采用扩张性的经济政策，通过增加需求促进经济增长，即扩大政府开支，实行赤字财政，刺激经济，创造就业机会，维持繁荣。

美国接受了凯恩斯主义。

现代的美国主要通过财政预算体系和银行金融体系进行经济宏观调控。

美国没有全国的经济计划，而是以保持物价稳定并促进充分就业为目标，政府预算的收入与支出，所制定的税制结构与累进所得税、失业保险等，都成为美国政府搞活宏观经济、调整中央与地方关系及帮助政府实施社会目标的重要手段。美国实行联邦、州和地方的三级政策预算管理体系。联邦政府的财政收入约占全部收入的 60%，地方约占 40%。在联邦政府的预算支出中，约有 10%用于补助州与地方。这样联邦政府可以凭借其财力，对州和地方的发展进行干预与影响，并可以在一定程度上，促进全国经济趋向平衡的发展。

美国不依靠产业政策与国家计划来干预经济活动，

而是通过国家对商品和劳务的采购来扩大市场，刺激投资和生产。最主要的采购是军事采购，大多由国防部承办，其余部分则是民用采购。

美国政府十分重视对农业的保护并对农业进行计划干预。1933 年通过了农业调整法，创建了商品信贷公司，可以从财政部借款对农业进行价格补贴。美国政府初期对农业的干预，主要是由于农业的供过于求而实行限产措施。70 年代起，由于国际市场出现了农产品短缺，政府暂时停止了限耕，转而促进农业增产，减少"支持价格"，促进农业面向市场。1985 年国会通过了《食物安全法》，降低了若干种农产品的"支持价格"，并促进农业进一步面向市场竞争。

1863 年，美国通过了国民银行条例，并在其后的补充条例中，规定了在联邦政府注册的国民银行体系。联邦政府在财政部内设立了金融监察局，控制信用和管理银行。为了制止州银行印发货币，还规定了对州注册银行发行货币要征以 10% 的税，使州银行的发行钞票成为无利可图。这样在美国银行体系中，存在着联邦管理银行与州管理银行的双轨制。

罗斯福在 1933 年到 1935 年提出了银行法，以支持银行系统改革并集中了联邦储备银行的权力。该法律体系中，明确了联邦储备银行的领导体系与组织。

美国联邦政府可以规定银行利率，通过升息抑制通货膨胀，通过降息抑制通货紧缩，进而调控市场经济。

总体来说，美国政府对美国的市场经济干预还是比较多的，但同其他国家相比，确实干预比较少，相对其他国家的市场经济，美国经济算是自由市场经济。

美国的自由市场经济有其无可比拟的优点，否则美国也不可能成为世界上最发达最富有的国家，但也有难以克服的弱点，否则也不会还有那么多经济落后的地区。

美国的自由市场经济模式决定了，在市场经济中企业是主角而政府是配角，这是美国经济的优点，但在许多长期贫困的城市或州，这却是弱点，受条件所限，企业无法引领这些城市或州的经济进步，而政府的权力和资源非常有限，无法引领这些地区走出经济困境，这是美国经济模式的局限性。

在美国，相比于良好的企业管理，美国各级政府就显得有点人浮于事，恐怕每一个美国居民对此都有所体会，在那些财政困难的落后城市或贫困州，政府的工作就更难以到位了，连基本的法治都难以维持就是例证。美国政府主权在民，但公民对政府的监管非常薄弱，美国政府就象是一个没有股东参与董事会和管理层的企业，公职人员没有高效务实的传统，民选官员、政府雇员和议员缺乏激励机制，在工作中缺乏努力工作的动机，政府还能运转已经难能可贵了，从中可以看出美国经济模式的局限性。

令人遗憾的是，美国似乎没有注意到自己的经济模式有局限性，或者根本认为自己经济模式的局限性不是局限性，因此也没有人从这方面探索改善的办法。在经济长期落后的地区，企业无能为力，即使允许政府在市场经济中发挥更大的作用，政府也会因为自身管理不足难以有所作为。

除了自由市场经济模式，世界上还有几个比较有效的市场经济模式，包括政府主导型市场经济模式、政府引导型市场经济模式等。

在亚洲有四个发达国家，包括新加坡、日本、韩国、以色列，其中的三个国家，包括新加坡、日本和韩国，其经济模式都是政府主导型市场经济模式，在保证经济自由度的前提下，政府积极干预经济发展，各自取得了巨大的经济成就。

新加坡和韩国凭借政府主导型经济模式发展成发达国家，至今经济和科技在世界处于领先地位。在上世纪日本凭借该模式成为发达国家，大有赶超美国之势，因为经济政策错误导致经济低迷近三十年，但仍是发达国家，还拥有不可替代的高科技。

至于以色列，虽然人们都将以色列经济归类于自由市场经济，但以色列政府对其经济影响非常大，有政府主导经济的倾向，而以色列经济在中东一枝独秀，尤其许多高科技更是在全世界独一无二。

在欧洲，德国采用政府引导型市场经济模式，这种市场经济模式的主要特点是，自由竞争与政府控制并存、经济杠杆与政府引导并用、经济增长与社会福利并重。在经济方面，德国的经济和科技都是欧洲的领头羊，作为一个发达国家，多年来基本可以保持持续经济增长，实在难能可贵。

在美国的铁锈带和贫困州，既然自由市场经济失灵了，企业无法带动经济增长，可以借鉴亚洲发达国家或德国的经验，让政府对经济发挥积极的作用，让铁锈带复苏，让贫困州脱贫，当然，前提是要保证经济自由度，否则会冲击美国整体的自由市场经济。

结语

美国有许多铁锈带和贫困州，如果可以在这些地区实现良好的经济增长，那么美国的经济总量不但可以大大增长，还可以减少贫富差距，缩小地区之间的经济失衡，可谓一举多得。

3.7　难以遏制的非法移民潮

意志坚定的非法移民

2023 年 12 月 28 日，据美国哥伦比亚广播公司援引最新获得的联邦内部统计数据报道，美国边境巡逻队 12 月在美墨边境拘留的非法移民数量，创下了有记录以来的单月最高记录。

根据美国国土安全部的初步统计数据，截至 2023 年 12 月 27 日，美国边境巡逻人员已经拘留了超过 22.5 万名非法跨越美墨边境的移民，打破了 2022 年 5 月创下的 22.4 万名的单月拘留非法移民最高记录。

美国是一个发达富裕的移民国家，而这个世界上还有许多落后贫穷民不聊生的国家，这些国家的穷人们为了生存,不惜冒险成批偷渡进入美国成为非法移民。

大多数偷渡美国的非法移民穷得连偷渡费和搭车费都付不起，往往长途跋涉，要忍受饥渴、疲惫、酷暑的折磨，途中可能遭遇疾病、溺水等天灾，还可能遇到偷盗、袭击、抢劫、性暴力、殴打、绑架、拘留、杀害等人祸。

近年来，在美国加强边境管制的情况下，非法移民不得不寻找更为艰险的路线或方法，有的人不顾沙漠的高温穿越亚利桑那州沙漠地区，有的人穿越危险的索诺兰沙漠和奇瓦瓦沙漠，有的人穿越位于巴拿马和哥伦比亚交界处的达连隘口的丛林，有时恶劣的气候和地理环境会使非法移民大批死亡，也有非法移民冻死或闷死在偷渡的货柜箱里。

大多数非法移民都从美墨边境进入美国。

为了偷越边境或贩毒，非法移民或毒贩在美墨边界挖掘大量跨越美墨边界的地道，大多数地道集中在美国加利福尼亚州圣地亚哥地区，有些地道是两用的，有时用于贩毒，有时用于非法移民偷越边境。

非法移民在美墨边境多个河段跋涉过河或翻越边境墙，如果有幸没有被抓捕遣返，就可以在美国境内找工作，可以通过长期打工纳税获取合法移民资格，拿到美国绿卡，成为合法移民，或者遇到美国联邦出台大赦非法移民的政策，非法移民就能拿到劳工签证或美国绿卡。

因为许多非法移民可以成为合法移民，所以才有一批又一批的非法移民意志坚定地偷渡美国边境。

2017 年，对于要跨越美墨边境的非法移民来说流年不利，正是在那一年，非法移民的克星川普赢得总统大选。

2017 年 1 月 20 日，川普正式就任美国总统，1 月 25 日，他就迫不及待地在国土安全部签署行政命令，下令在美国和墨西哥边境兴建高墙，同日，他签署另一份行政命令，暂停对收容非法移民的"避难城市"的联邦拨款。

2018 年川普再接再厉，2018 年 4 月至 2018 年 6 月期间，川普政府在整个美墨边境开始实施零容忍移民政策。根据该政策，美国联邦政府将偷渡到美国的非法移民与其子女强制分离，成年非法移民将被美国政府起诉并被关押在联邦监狱或被驱逐出境，而非法移民的子女则由美国卫生及公共服务部负责看护。后来有调查发现，零容忍移民政策在美国政府公开宣布实施的前一年，也就是 2017 年上半年，已经开始实施。

由于这种强制骨肉分离的零容忍移民政策遭到了联合国的人权组织和美国国内的媒体强烈谴责，2018 年 6 月 20 日，川普签署行政命令，决定终止该政策。

2018 年 6 月 26 日，美国联邦法官达娜·萨伯劳在美国全国范围内发布了针对川普零容忍移民政策的禁令，并下令在 30 天内要让所有非法移民的子女与其父母团聚 。两个月后，许多非法移民家庭仍处于分离状态。

2020 年 1 月，南方贫困法律中心表示，美国政府根据该政策，共有 4368 名儿童被迫与父母或监护人分离。同样在 1 月，美国公民自由联盟表示，自 2018 年 6 月美国政府表示不再将非法移民与其子女强制分离以来，依然有超过 1100 个非法移民家庭未能团聚。2020 年 11 月，仍有几百名非法移民子女的父母未能找到。非法移民家庭团聚的过程得不到美国政府的任何财政支持。

2018 年 10 月，一支几千人的移民队伍步行几千公里来到了美国边境，突破多国边境线。对于这支长途跋涉的非法移民队伍，美国民主党人建议开放边境，放这些人进入美国，但川普直接调集了 1.5 万军队驻守边境，逮捕了所有非法入境者，全部关押进了监狱，没让一个非法移民进入美国。

在 2021 年的美国大选中，拜登赢得了总统选举，他声称，他将在上任后的 100 天之内颁布政策，给美国境内的 1100 万非法移民提供获得公民身份的途径，整个中美洲的人们都兴奋了。拜登一直同情非法移民，而同情非法移民的美国民主党在美国的众议院和参议院又占了人数优势，这对向往美国的非法移民来说，消息绝对利好。

知道了利好消息后，中美洲人们不但兴奋，还行动起来了。2021 年 1 月，几千人从中美洲的洪都拉斯出发，步行前进，向着一千几百公里之外的美国边境进发。这些人仅靠双腿来进行这段遥远的旅程，其中还有未成年人。在旅途中，越来越多的人加入了，形成了一支队伍，人数多达一万几千人。

这支移民队伍沿着公路前行，看上去很有气势，2021 年 1 月 14 日，在警察的堵截下，突破了危地马拉的边境线，将进入墨西哥境内，距离美国越来越近。

这是一支意志坚定的移民队伍，队伍中还有无父母陪伴的未成年人，还有记者伴行，沿途国家的政府束手无策，负责拦截的军人和警察无能为力。当这支队伍拼命冲击封锁线时，军人和警察象征性地做了拦截，封锁线被冲破后就干脆不管了，毕竟这些移民只是路过，这些军人和警察犯不上较真。

2021 年 1 月 20 日，拜登宣誓就任美国总统，一万几千人的非法移民队伍千里迢迢赶往美国庆贺拜登的登基大典，同情非法移民的拜登会不会打开美国边境热烈欢迎？

非法移民太心急了，这么多非法移民要入境美国，拜登还没准备好，有点慌了，连忙劝说非法移民别来美国，但拜登接下来确实为非法移民开了绿灯。

2021 年 2 月 2 日，拜登颁布行政令，要求让因零容忍移民政策而在美墨边境被拆散的移民家庭重新团聚，并且拜登成立跨部门工作组，协助解决非法移民骨肉分离问题。

2023 年 9 月 21 日，拜登正式宣布授予已经在美国的数十万非法入境委内瑞拉人临时合法工作身份，这意味着这些无证的委内瑞拉人可以合法在美打工。

自从 2021 年拜登担任总统以来，他的移民政策就一直比较温柔，但非法移民的好日子有可能在 2025 年结束，因为非法移民的克星川普已经宣布在 2024 年再次参加美国总统大选，而且人气很旺，支持率居高不下，还放言如果再次当选美国总统将施行严厉的移民政策。

在上个世纪，中国是一个经济落后的发展中国家，许多贫穷的中国人偷渡美国，自从上个世纪末到这个世纪初中国经济腾飞后，就很少有中国人偷渡美国的新闻了，想移民美国的中国人会想办法合法移民。

　　自从 2020 年初，中国开始流行新冠病毒传染病，中国政府的防疫措施主要是封区、封城、封国、大规模核酸检测，导致生产停滞，经济下行，失业人口不断增多，中国又开始有穷人偷渡美国，2022 年有超过 2.4 万名中国公民从墨西哥越境进入美国时被逮捕，美国政府数据显示，这一数字超过了此前 10 年的总和。

　　中国的非法移民通常先飞往厄瓜多尔，那里不需要签证，然后像成千上万来自中南美洲和更遥远地区的其他移民一样，付钱给人蛇，在人蛇协助下穿过哥伦比亚和巴拿马之间的危险丛林前往美国，一旦到了那里，他们就会向边境官员自首，许多人会寻求政治庇护，这种偷渡方式被称之为走线。

　　大多数来自中国的非法移民成功了，这反过来又刺激了更多中国的非法移民冒险，与其他国家的人相比，中国人在移民法庭上申请政治庇护的成功率更高，而那些申请不成功的人最终还是会留下来，因为中国政府通常不会接纳被美国遣返的中国人。

那些让人难以苟活的国家

　　美墨边境的非法移民主要来自墨西哥、洪都拉斯、危地马拉等中美洲国家，或来自海地、委内瑞拉等经济落后国家。

　　美国境内的非法移民，墨西哥人占大多数。墨西哥人移民美国是有历史传统的，历史上总共发生了四次墨西哥人迁移到美国的移民潮。

第一次移民潮发生在 1910 年至 1920 年的墨西哥革命期间，一部分墨西哥居民逃到美国，1929 年美国爆发经济大萧条，数十万墨西哥的非法移民被遣返回国。

第二次移民潮发生在 1939 年到 1945 年的第二次世界大战期间，几百万美国青壮年参军，劳动力缺乏，美国政府提出了《墨西哥农业劳工计划》，允许墨西哥农工进入美国西南部做农业工作，墨西哥政府接受了这个计划，几百万墨西哥劳工涌入美国，终结《墨西哥农业劳工计划》后，美国政府再次大规模强制遣返墨西哥的非法移民。

第三次移民潮发生在 1979 年到 1981 年初的第二次石油危机期间，墨西哥商品出口骤减，失业骤增，大量失业的墨西哥人非法入境美国成为非法移民。

第四次移民潮发生在 70 年代，从墨西哥到美国的非法移民比较多，美国政府出台了《1986 年移民改革与控制法》法案，其中规定，只要雇主故意雇佣非法移民，将会面临大额的罚款或者是监禁处罚，结果导致制造假证件行业火了，当时只要花费不到 50 美元，就能买到一张假绿卡，该法案还规定，允许从事特殊工业工人项目（易腐烂变质农作物领域）的非法移民申请临时留居，工作 2 年后可获永久居住权，5 年后可申请加入美国国籍，结果墨西哥的非法移民更多了，这些移民为了美国绿卡不惜冒险也要北上美国。

近年来在美国来自墨西哥的非法移民还比较多，原因很多。

第一个原因是经济因素。

墨西哥是一个发展中国家，经济相对美国比较落后，失业率非常高，许多墨西哥人在墨西哥城市中无法找到工作，于是选择到美国去谋生，也有许多墨西哥人为了寻找更好的工作和获得更高的收入选择前往美国。

美国对待移民忽冷忽热的政策是导致墨西哥人非法移民增多的重要原因。美国的经济越发达，对劳动力的需求就越高，就会开放国门接纳大量墨西哥的劳工，对于墨西哥人来说，移民美国已是一条比较传统的人生出路，但美国经济萧条时，就会排斥墨西哥的劳工，对墨西哥移民关上国门，于是许多墨西哥劳工在申请合法移民无望的情况下，会不惜一切代价走上非法移民的道路。

第二个原因是政治和安全的因素。

墨西哥的政治环境动荡不安，政府腐败问题严重，贩毒、谋杀等暴力犯罪猖獗，许多墨西哥人为了躲避政治迫害和人身伤害，选择了非法入境美国。在美国，墨西哥非法移民可以找到更加安全的生活环境。

第三个原因是社会因素。

墨西哥的社会比较保守，尤其是女性和 LGBT 等群体，在社会上经常受到歧视和压迫，而美国政府提倡男女平等，支持和保护 LGBT 等弱势群体，在这种情况下，这些群体前往自由开放的美国有可能获得新生。

美国境内的许多非法移民来自中美洲的洪都拉斯。

在 2000 年的美国人口普查中，发现 217,569 名美国居民为洪都拉斯人，在 2010 年的普查中，有

617,392 名居民被确定为洪都拉斯人，2012 年美国国务院的一项估计显示，当时共有 80 万至 100 万洪都拉斯人居住在美国，占洪都拉斯人口的近 15%。

从 1821 年独立建国以来，到 1980 年，洪都拉斯共发生了 139 次政变，150 年有 139 次政变，差不多一年多一次，政令朝令夕改，没有可持续发展的经济环境。1982 年，洪都拉斯才结束了连续多年的军人独裁统治，通过了新宪法，开始了民主化进程，但政局仍不稳定。

洪都拉斯资源丰富，但贫富差距非常悬殊，少数人占有大多数资源和财富，大多数人非常贫穷，2022 年人均 GDP 只有 3200 美元，有时极度贫困人口占全国人口可达三分之一左右，结核、疟疾、艾滋病患者人数占中美洲各国之首。

由于执法力量薄弱，洪都拉斯的犯罪率居高不下，2015 年洪都拉斯的谋杀率为每 10 万人中有 60 人，是世界上谋杀率最高的国家之一。在人口较少的格拉西亚斯-阿迪奥斯地区，贩毒活动猖獗。洪都拉斯的监狱非常危险，黑社会火拼导致的暴力冲突屡见不鲜。

中美洲国家还有海地、委内瑞拉等发展中国家的政治和民生，与洪都拉斯大同小异，暴力犯罪率长期居高不下，贫民们生活艰难，挣扎在生存线上，未来毫无希望，所以大量贫民不顾路途险恶赶往美国，希望找到活路。

2023 年中国政府解封后疫情结束，本来预期经济会复苏，但房地产危机、地方政府债务危机、与美国的政治分歧导致外贸订单减少、金融诈骗曝光引发金融危机，导致经济衰退，失业率飙升，于是大量底层穷人选择偷渡美国。

如果中国不能扭转经济颓势，作为世界第二大经济体的中国将再次沦为让人难以苟活的国家，会有越来越多的穷人走线美国。

美国是希望但不是天堂

对于大多数刚潜入美国的非法移民来说，未必是好日子的开头，也许是漫长苦日子的开始。

在美国，至少有一千几百万非法移民，其中大部分人在美国已经居住了至少 5 年，还有许多人已经在美国生活了几十年。这些非法移民生活在阴影中，做着最艰苦和最低报酬的工作，还被迫生活在恐惧之中，害怕自己的非法移民身份被执法人员发现，驱逐出境的威胁一直困扰着这些移民。

在美国，许多企业，包括许多大企业，都长期雇佣非法移民劳工，因为可以给这些劳工支付最低的工资。

许多非法移民劳工缴纳联邦个人所得税，但是由于这些劳工打黑工，并不记录在账，所以不能按社会契约获得福利。

许多非法移民劳工没有受到劳动法律法规的保护，如果这些劳工被迫加班没有奖金，甚至被骗领不到工资，也无可奈何，如果工作环境不安全，甚至受到虐待或殴打，这些劳工往往不敢抗议，因为害怕被解雇或被移民局发现。

非法移民劳工没有加入工会的资格，也就没有工会为这些劳工出头做主。

美国的法律规定，一个人只要出生在美国境内就可以取得美国国籍而获得美国公民资格，而不问其父母的国籍。

在美国，许多学生因为在美国出生，所以是美国公民，但却每天担惊受怕，担心哪天从学校回到家里发现爸爸或妈妈被逮捕甚至驱逐出境，因为学生的爸爸或妈妈不是美国公民，这种随时成为单亲家庭或孤儿的恐惧困扰着这些学生们，也许会成为这些学生们的终生阴影，这是人世间非常残酷的事情。

许多美国公民的配偶是外国公民，但夫妻无法在美国一起生活。对于许多移民家庭来说，全家团圆是一个奢侈的梦，家庭成员长期异国分居，给生活带来难以忍受的困扰和痛苦。

在美国加利福尼亚州圣地亚哥市有一个公园名称是国际友谊公园，公园里有一面18英尺高的铁栅，它是圣地亚哥和墨西哥提华纳市之间的边境标志，但它平时不对人开放，只有每个星期六和星期日，从上午10点到下午2点，美国边防巡逻队打开一扇大门，允许游客接近它。

每当铁栅栏开放的时候，边境一边的家庭成员与对面的家庭成员可以隔着栅栏相望。铁栅的栏杆间隔很密，两边的亲人不能拥抱，也不能亲吻，只能伸出细长的手指，也许是一个小指，穿过围栏，与亲人进行最小的亲密接触。国际友谊公园位于美丽的太平洋畔，每当周末许多游客边逛公园边欢笑，但许多无法团聚的移民家庭成员却忍不住悲伤哭泣。

国际友谊公园的铁栅见证了许多移民家庭的悲欢离合！

对于大多数非法移民来说，美国是希望，但不是天堂。

美墨边境的千里长墙

兵来将挡，水来土掩，非法移民要成群结队涌入美国，美国政府于是在美墨边境建了千里长墙堵截非法移民。

美国和墨西哥之间的边境西起圣迭戈与蒂华纳，东至布朗斯维尔与马塔摩洛斯，东段以格兰德河为界，中段穿越索诺拉沙漠及奇瓦瓦沙漠，西段经过圣迭戈及蒂华纳都会区以至太平洋岸，两国边界总长达 3169 公里，有的边界是繁华的都会区，有的边界是一望无际的荒漠，有的边界建造了隔离墙。

美墨边界的隔离墙形形色色，断断续续，总长约 1600 公里，可称之为千里长城，主要是为了防止来自墨西哥境内的非法移民入境美国。

在建造隔离墙的前几十年里，美国无法有效监控美墨边界地区，导致境内非法移民数量不断增加。

2006 年 10 月 26 日，时任美国总统小布什签署《安全围墙法案》，决定在美国和墨西哥边界地区修建一道长达 1126 公里的隔离墙的法案，初衷是阻挡从墨西哥境内的非法移民非法越境进入美国。

2010 年，时任美国总统奥巴马叫停了隔离墙建设。

2017 年，时任美国总统川普重启了隔离墙建设，并将隔离墙加宽加高，并安装技术设备防止逾越。

2020 年，拜登就任美国总统，他竞选总统时一直反对建造隔离墙，但上台后因为非法移民问题焦头烂额，后来不得已重新允许修建部分边境墙。

美墨边境之间的隔离墙由于建造年代不同，规格不一，最开始的边境墙只是一道铁皮墙，翻越起来很容易，所以偷渡不是难事。2006 年，小布什总统宣布在美墨之间修建新的围墙，围墙高达数米，用钢材焊接而成，长度达到上千英里，后来川普总统又修了 700 英里的高栅栏围墙，这些围墙有的高达 10 米，堪称奇景，成了许多游客的打卡地。

美墨边境不仅仅有隔离墙阻止非法移民偷渡，还有边境巡逻车来回巡逻，警车在境内巡查，美国陆军国民警卫队的直升机也会参与搜索，有时为了一个非法移民会有多个执法部门联合执法，警察和国民警卫队及其他执法人员会共同行动。

美墨边境的千里长墙没有完全挡住非法移民，但美国如果没有千里长墙，美国境内的非法移民就不止现在的一千几百万，可能是几千万，美国无法为这么多非法移民提供工作，也没有足够的资金可以安置这些非法移民，将陷入混乱。

非法移民对美国社会的影响

在美国，底层劳工排斥非法移民，而企业和雇主需要非法移民。

在美国，人力成本很高，现在法定最低工资高达每小时 15 美元，如果每天工作 8 小时，每周工作 5 天，那每个月的工资是 2400 美元，另外还有保险、带薪休假和其他福利。

在世界的大多数国家，每月 2400 美元是高收入。

美国底层劳工有人权，不是资本家可以随便剥削的人，劳工工资至少要达到法定的最低工资，企业要为劳工交社保，劳工可以加入工会，有休假和罢工的权利，有不加班的权利，有加班加奖金的权利，还有可以不工作的权利和观念。企业和雇主招聘美国劳工干那些脏活、累活和苦活，就要支付高于法定最低工资的薪金，否则，美国公民宁可呆在家里领失业救济金也不会做那些艰苦的工作。

如果没有非法移民，美国底层劳工也许能过上幸福的生活，但美国企业的生产成本将飙升，产品价格增高，将更缺乏国际竞争力，没有非法移民，美国企业会大量倒闭或破产。

如果没有非法移民，雇主要享有现在的社会服务，要付出比现在高得多的价钱，服务质量尤其服务态度反而会不如现在。

大量非法移民涌入美国，破坏了美国底层劳工的美国梦，便宜了企业和雇主。

非法移民不是美国公民，不能买社保，不能加入工会，害怕警察抓捕遣返，勤劳听话，只要给非常低的工资就满足，是企业和雇主青睐的理想劳工。有了非法移民，企业和雇主肯定优先雇佣非法移民，于是美国底层劳工大量失业。

其实美国现在离不开非法移民，具体的说，离不开非法移民劳工。非法移民劳工已经和美国的经济和社会产生了千丝万缕的有机联系。非法劳工承担那些艰苦和报酬最低的工作，如果没有这些劳工，美国公民不会做这些工作，美国的农业体系很可能会崩溃，粮食价格会迅速上涨，许多粮食只能进口。非法劳工分布于美国的许多地区和许多行业，已经融入美国社会，成为社区的一部分。

言行激进的川普总统，是一个身价几十亿美元的大富豪，却维护几千万美国底层劳工的劳动权益，当然他是为了几千万底层劳工的政治选票，为了竞选总统，他非常卖力，恨不得把所有的非法移民都赶出美国。

经常笑眯眯的拜登总统，只是一个中产阶级，表面上非常同情非法移民，其实主要维护美国的企业和雇主的利益，当然是为了企业和雇主的政治资源，非法移民总是幻想拜登大赦非法移民，其实这不会发生，非法移民一旦成了美国底层劳工，有了政治选票，就会毫不犹豫地支持川普,希望川普当选总统保护自己的劳动权益。

近几年生活在美国的非法移民数量惊人，并且还在增长，2015 年达到 1200 万，有人预测到 2024 年会达到 2000 万人，到那时候，美国底层劳工失业率会更高，对非法移民的抵制会更强烈。

支持非法移民的美国民主党和抵制非法移民的美国共和党，因非法移民问题政治博弈非常激烈，已经波及俄乌战争中的乌克兰。共和党议员要求拜登拨款加强美墨边境的管理，阻挡非法移民潮，否则将拒绝援助乌克兰。现在共和党议员与民主党议员无法达成协议，僵持不下，只是苦了乌克兰，没有美国的援助，乌克兰军队已经开始撤退，继续下去将难以支撑，有可能国将不国。

美国的非法移民问题看似错综复杂，其实都是美国各方为了自身利益在博弈，非法移民问题涉及的各方利益盘根错节，形成一种非法移民数量的动态平衡，非法移民数量不会无限制增加，因为美国无法承受，也不会海量减少，因为美国需要。

结语

尽管非法移民对于美国来说是一个比较严重的社会性问题，而事实是，美国离不开非法移民，但不需要过多的非法移民。

过去的和现有的移民政策都不可能解决美国的非法

因问题，如何制定新的移民政策，如何适度控制非法移民的数量，是美国面临的政治大难题。

3.8 波多黎各：美国的鸡肋

波多黎各全称是波多黎各自治邦，是美国海外的一个自治邦，位于加勒比海地区的海岛上，距离佛罗里达州迈阿密东南 1600 公里，首府圣胡安。

在美国，自治邦和州有什么区别？听上去感觉自治邦应该比州有更大的自治权，事实是怎么样呢？

在美国，自治邦隶属于联邦政府，自治邦的自治权是联邦政府授权的，联邦政府随时有权增加和减少自治邦的自治权，所以自治邦的自治权比较有限。

在美国，州听上去似乎是联邦政府的直属地区，实则不然，州是高度自治的地区，有独立的宪法和主权，跟联邦政府互不隶属，而是共治的关系。在美国，各州不但有自己独立的司法机构、警政单位，还有比较独立的国民警卫队。

所以,波多黎各的自治权不如美国各州的自治权大。

波多黎各居民是美国公民，但在波多黎各只有有限的选举权，有权选举一名无表决权的美国联邦众议员，不参与美国的总统选举和参议员选举，当然波多黎各人一旦移民至美国大陆就可以立即获得美国公民所有的政治权利。

波多黎各国土面积9104平方公里，2018年人口约365.9万人，其中波多黎各人占76.2%。

波多黎各的历史、热带风情、自然景观和传统美食使其成为世界闻名的旅游胜地。

波多黎各不仅是旅游胜地，还是医药业和制造业中心。

波多黎各在加勒比海地区并不是一个贫困的地方，但同美国大陆相比，绝对是一个不富裕的地方，波多黎各的人均收入只有美国人均收入的三分之一到二分之一。

美国最贫穷的地区之一

尽管波多黎各的人均收入在加勒比海国家中是最高的，但低于美国任何一个州的人均收入。

波多黎各即使不是美国最贫穷的地区，也是美国最贫穷地区之一，波多黎各的人均收入比美国最贫穷的州密西西比州的人均收入还低。

2022年9月18日，飓风菲奥娜袭击了波多黎各，致使全岛断电。

拜登与第一夫人吉尔·拜登一道前往波多黎各。他在波多黎各期间计划会晤当地家庭以及风暴后努力重建的社区领袖。

2022年10月3日，美国总统乔·拜登在波多黎各察看了飓风菲奥娜造成的破坏，并承诺提供6千多万美元，以帮助上个月受到风暴袭击的这处美国领地。

拜登在受到飓风重创的南部城市庞塞说："我们正在投资于波多黎各的公路、桥梁、公交、港口、水安全和高速互联网。"

白宫表示，6 千万美元的新资金将出自上一个财年通过的两党基础设施法案，并将用来加固堤坝和防洪墙以及在这处领地设立洪水警告系统。

2022 年 10 月 3 日波多黎各总督佩德罗·皮尔路易西说，93%的居民的供电已经恢复，波多黎各西部和南部一些受灾最严重的地区仍然有断电问题。

拜登说，波多黎各在重建的过程中必须考虑到未来的风暴。

拜登说："我们知道气候危机和更多的极端天气将继续袭击这座岛屿以及袭击美国全国。在我们重建之际，我们必须确保我们的重建成果能够持久。"

拜登总统对波多黎各的访问讯息说明波多黎各的经济状况很糟糕，未来也不乐观。

就在五年前，2017 年 9 月，波多黎各曾遭到五级飓风玛利亚的袭击，至 2022 年 10 月仍然没有完全恢复。

其实在飓风玛利亚袭击波多黎各之前，波多黎各的财政就已经破产了。

2017 年 5 月 3 日，波多黎各向美国联邦法院宣告破产，积欠债务达 700 亿美元，因为无法为其债券还本付息而被几个主要债权人提起诉讼。

2015 年，波多黎各的政府公债占 GDP 比率已经超过 70%。在陷入长达十年的经济困境之后，波多黎各负债高达 720 亿美元。美国的信用评级机构已将波多黎各调降至与希腊同级的垃圾级。

在 2017 年破产之前，波多黎各已经历了十年以上的经济衰退，失业率高达 11%，人口也在这段期间内流失 10%，45%的人口非常贫穷。

波多黎各破产成为当时有史以来美国最大的破产宣告事件，是 2013 年破产的密歇根州底特律市的约四倍债务。

波多黎各破产和政策失误、基础设施管理不善有关。

2008 年以前，波多黎各的经济还是比较繁荣的，但 2008 年爆发经济危机后，波多黎各经济开始下行，但没有调整经济政策，劳工政策给予雇员的权利比美国大陆大。比如，波多黎各人均收入较低，联邦最低工资标准对于波多黎各已经过高，但波多黎各法律规定的最低工资高于联邦标准，病假、假期和休假的规定也比美国大陆宽松。波多黎各对企业不友好的经济政策导致企业纷纷外迁，投资减少，在 2015 年，2008 年金融危机过后不到十年，就破产了。

在波多黎各，电力系统由政府拥有和经营的电力公司 PREPA 管理，公共实体的用电不收费，商业和住宅用户的收费很低。电力公司入不敷出，靠贷款勉强维持，波多黎各电力供应不稳定不可靠，飓风更加剧了电力供应的困难，对现代社会来说，没有电，经济发展必然停滞。

从殖民地到自治邦

在西班牙语里，波多黎各的意思是富裕的海港，波多黎各以前是西班牙的殖民地，后来成为了美国的殖民地，再后来才成为美国的自治邦。

波多黎各最初的居民是印第安人。1493 年哥伦布在第二次航行来到此岛，将此地命名为圣胡安岛，以纪念天主教圣人、耶稣的表兄施洗者约翰（西班牙语称胡安）。

1508 年，西班牙人来到圣胡安岛后，在岛上建立了定居点。

1509 年，圣胡安岛正式成为了西班牙的殖民地。

1509 年，行政中心波多黎各建成，其后声名大涨，当地政府于 1521 年，将岛名改为"波多黎各"，其首府则改名为"圣胡安"。

岛名和首府名称互换了。

1898 年，美国为了争夺世界各地的殖民地，和西班牙爆发了美西战争。西班牙战败后，将古巴和波多黎各割让给了美国，菲律宾低价卖给了美国。至此，波多黎各变成了美国的殖民地，波多黎各总督由美国总统指派。

1917 年，美国通过琼斯法案，给予波多黎各居民美国公民的地位。

西班牙统治波多黎各长达四个世纪，对波多黎各的影响深远，至今大多数波多黎各人的第一语言是西班牙语而不是英语，波多黎各人信奉的主要宗教是天主教，波多黎各虽然归属美国一个多世纪了，但波多黎各人至今也没有真正融入美国。

1952年波多黎各颁布自己的宪法，在宪法中确立在美国内自治邦的地位。

波多黎各从美国的殖民地变成了美国的自治邦。

不象美国人的美国人

波多黎各人是不象美国人的美国人。

如果有人问波多黎各人是哪国人，许多波多黎各人不会回答自己是美国人，而是回答自己是波多黎各人。

在波多黎各，西班牙语是波多黎各人的第一语音，在学校里主要用西班牙语授课，英语只是必修课。波多黎各人的文化受多种文化影响，有西班牙帝国遗留下来的文化，同时因为曾经大批输入非洲奴工，因此也带来了非洲文化，因为归属美国，各年代的美国流行文化都会传播到波多黎各，但是波多黎各没有被同化。

波多黎各人因为受多方文化交流影响，反而难以对其中任意一方文化产生归属感，结果形成了强烈的自我认同感，主要表现为眷恋波多黎各的家乡故土，即使移民岛外也喜欢悬挂波多黎各的国旗和岛旗。

波多黎各人特殊的文化必然会造就独特的艺术，在波多黎各当地最引以为傲的是其音乐文化。来自非洲的Conga和Bongo鼓、来自欧陆的吉他和弦乐调性，以及来自美国的爵士乐，发展出今天拉丁音乐主流骚莎（Salsa）的基础。同时，其吸收了牙买加发展出来的雷鬼乐（Reggae），发展出西班牙语流行音乐的雷鬼动（Reggaeton），如今国际仍然处处可闻，但听众未必会意识到这些音乐源自波多黎各。过去数十年里，波多黎各人大批移民美国大陆，波多黎各的音乐渗透到美国大陆的无数夜店，波多黎各移民对美国大陆音乐的发明和成长有不可忽视的贡献。

波多黎各人的精神世界不是印第安土著的，不是西班牙人的，不是黑人的，也不是美国人的，只是波多黎各人的，波多黎各人不富裕，但波多黎各人有丰富的精神世界！

过去想独立今天想上位

1898 年，波多黎各从西班牙转归美国，但波多黎各的人心没有随之归属美国，波多黎各人没有想重归西班牙帝国，而是想独立建国。

1930 年代波多黎各人民在波多黎各国民党的领导下举行起义，成立波多黎各共和国，被镇压。

1937 年，波多黎各人民在波多黎各国民党领袖 P. 阿尔维苏·坎波斯在蓬塞发动独立起义，再次遭到镇压。

1947 年，美国国会允许总督由选举产生。

1948 年开始总督由波多黎各居民选举产生，波多黎各人还是不买账。

1950 年 10 月 30 日，波多黎各人民再次武装起义，宣布成立波多黎各共和国，31 日失败，100 余人被逮捕。

1950 年 11 月 1 日，波多黎各民族英雄奥斯卡·科拉佐和格利斯里·托雷索拉刺杀美国总统失败，另外一些波多黎各民族主义分子在国会众议院走廊开枪，射伤了几位众议员。

1952 年，美国给予波多黎各自由邦的地位，施行自治，但外交、国防、关税等仍由美国控制。

1972 年以来，联合国非殖民化特别委员会多次重申波多黎各人民享有自决和独立的不可剥夺的权利。

1977 年，美国总统杰拉尔德·鲁道夫·福特向国会提交了《1977 年波多黎各立州法》，主张把波多黎各变成美国的第 51 州。

1982 年 11 月，罗纳德·威尔逊·里根总统发表声明，支持波多黎各成为美国的一个州。

1993 年 11 月，波多黎各再次就与美国的关系举行全民公决，结果多数人仍主张维持美国的自由邦地位。

2012 年 11 月 6 日，波多黎各再次进行了第四次公投。此次公投由两轮投票构成。在第一轮中，波多黎各人就"在与美国关系上是否想改变现状"进行投票。180 万人具有投票资格，有 6.5 万人放弃了第一轮投票，在参加投票的人中，54%的人支持改变关系。随后，波多黎各人就如何作出改变进行选择，有"成为美国一州"、"扩大自治权"和"完全独立"三个选项供投票者选择。在此轮投票中，只有 130 万人进行了投票，61%的民众支持成为美国第 51 个州，约 33%希望扩大自治权，而仅有 5%的人赞成完全独立。

波多黎各的民意发生了根本性的改变。

2017 年 6 月 11 日，波多黎各岛于当地时间就与美国之间的地位关系举行第五次全民公决。据美国全国广播公司报道，波多黎各岛公投赞成向美国国会申请"成为美国的第 51 个州"。本次公决中，波多黎各人有三个选项：成为美国第 51 个州；维持现状；与美国实行自由联系下的内部自治或独立。

美国国会继续敷衍波多黎各，没有真正支持波多黎各成为美国第 51 个州。

波多黎各人为什么当初不惜暴动也要独立而现在却开始想让波多黎各变成美国的一个州呢？

第一，美国虽然曾把波多黎各作为殖民地，但对波多黎各并没有犯下骇人听闻的暴行，也许对待波多黎各人比西班牙帝国还友善些。

第二，美国的思想文化进步了，殖民思想成为过去，民主、自由、人权等普世价值之光也照进波多黎各。

波多黎各从殖民地上升为自由邦，波多黎各人的生活也有所改善，至少比所在地区的其他国家都富裕，波多黎各脱离美国，波多黎各人的生活可能恶化。

波多黎各人已是美国公民，虽然在波多黎各没有选举总统和国会议员的权利，但只要进入美国大陆就会享有美国公民的所有权利，大量波多黎各人进入美国大陆工作生活，美国本土和波多黎各已经有了千丝万缕的联系。

第三，波多黎各归属美国已经一百二十多年，美国是世界最发达最富裕最有影响力的国家，美国文化不可避免会渗透进波多黎各社会的每个角落，必然会和平演变波多黎各。

第四，波多黎各的地理位置对美国有非常大的战略意义，美国不会放弃波多黎各，波多黎各的弱小和美国的强大决定了波多黎各无法独立建国，而波多黎各为了争取更多的权利，成为美国的一个州更现实一点，何况美国大陆已有支持波多黎各成为州的政治意向。

波多黎各的政治现状

美国是两党制的国家，但在波多黎各美国的共和党和民主党都不是主要的政党，波多黎各的主要政党都是本土的，包括人民民主党、新进步党和波多黎各独立党。

人民民主党成立于 1938 年，主张维持波多黎各"自由联合"地位，要求在美国主权下成立地方自治政府，成员与民主党有联系。

新进步党于 1967 年成立，主张波多黎各成为美国的一个州，成员分别与民主党及共和党有联系。

波多黎各独立党于 1946 年成立，主张波多黎各独立，建立社会主义国家，该党已衰退。

在波多黎各，政党之间是一种你中有我我中有你的奇特的关系。美国民主党和共和党在波多黎各都有分部，这两个党的党员可以同时成为人民民主党和新进步党的党员。

波多黎各人民民主党的党员主要是美国民主党党员，而新进步党则包括民主党与共和党的党员，而美国共和党波多黎各分部是一个百分之百的建州派，他们的分部原则中有提到"成为美国一州为波多黎各的目标"。

在 2016 年 11 月总督选举中，除了总督来自新进步党，新进步党还赢得波多黎各众议院多数党席位，而人民民主党继续维持多数郡市首长的职位。

从波多黎各的政治选举情况可以看出来，主张波多黎各成为美国一个州的政治力量占了上风。

美国的鸡肋

鸡肋对于食客来说，可以说食之无味弃之可惜，人们常常用鸡肋来形容无利可图的事物。

对于美国来说，波多黎各就象鸡肋。

波多黎各经济低迷，看不到振兴的希望，几年前宣布破产，现在还有几百亿美元的债务，如果波多黎各成为美国第 51 个州，按美国的法律，美国大陆难以从波多黎各获取政治和经济的利益，而波多黎各却可以从美国联邦政府得到大约 120 亿美元的经济援助，所以尽管波多黎各想要成为美国一个州，美国联邦却对波多黎各的政治诉求不热心。

结语

波多黎各有两个希望，一个希望是政治的，希望波多黎各成为美国的一个州，另一个希望是经济的，希望波多黎各发达富裕，这两个希望能否成为现实，其实并不在于美国联邦，而在于波多黎各自己，只有波多黎各推行大胆的政治改革并获得巨大的民主进步，才会实现政治和经济的希望！

第四章 如果美国想更伟大

4.1 美国急需民主改革

防止全国范围的大规模内乱或内战

美国虽然是发达国家，但现在已经出现了某些发展中国家常见的一些不良政治现象，政治极化和恶性党争已经成为政治常态，族群矛盾时有激化，政治极端主义跃跃欲试，而这些政治因素如果结合到一起就有可能酿成一场全国范围的大规模内乱或内战，为了防患于未然，美国应该积极推行民主改革，优化民主政治，以防止内战或内乱发生。

在美国，政治极化和族群矛盾虽然可以引起突发性社会事件，但因为缺乏全国性组织基础，都有自限性，即使极端主义介入临时引发社会动乱，但只要没有共和党或民主党推波助澜，那动乱就不会继续蔓延，最终动乱会熄火。

在社会动乱中，如果共和党或民主党借题发挥，借力于政治极化和族群矛盾，还不惜拉上极端主义势力，由于政党组织遍布全国，那就可能引发全国范围的大规模内乱或内战，所以防止内乱或内战，控制恶性党争至关重要，而控制恶性党争的关键则是推行民主改革，阻止政党之间不顾一切地政治博弈，从而淡化恶性党争，减少内乱或内战的风险。

避免陷入不可逆的突然衰落

对于一个帝国来说，衰退和衰落是不同的，衰退可以让帝国和世界有时间有机会适应，但衰落是突然的，会给整个世界留下太多的势力真空范围，引发各方势力争夺利益，这会带来世界的混乱。

衰退也许难以避免，但衰落是可以避免的。

当今世界，美国是世界唯一的超级大国，是世界最大的经济体，控制着全球主要的金融系统，美元是世界通用货币，美国拥有世界上最强大的军队，军费开支比其他军事大国的军费之和还多，军事基地遍布全球，美国是世界的民主灯塔，拥有全球最大的政治影响力，确实，美国还是世界唯一的超级大国，但美国维持超级大国的地位十分勉强，其实已经过度透支国力，而长期过度透支国力有可能导致美国陷入突然衰落。

美国经济高度发达，非常成熟完善，正因为如此，盛极必衰，经济潜力基本都被挖掘出来了，经济增长比较缓慢甚至比较低迷，除非有重大的社会科学和科技的突破。

近年来美国政府开支有增无减，社会高福利、高额军费、对外战争耗费、对外军事援助、对外经济援助和安置非法移民等开支，竟然让全球最大的经济体难以支撑，其中必然有太多的不必要的甚至莫名其妙的开支。

美国每年政府赤字居高不下，联邦政府依靠美元是国际货币这独一无二的优势增发天文数字的国债，美元的信用和价值已被质疑，政府债务屡屡突破债务上限，偿还债务遥遥无期，每届政府都竭尽全力运用政治、经济和军事等综合手段才能稳住整体局势。

在美国最繁荣鼎盛的时代，美国的社会问题，包括政治极化、恶性党争、贫富两极分化、地区之间发展失衡、族群矛盾、极端主义和高犯罪率等，都没有解决，而是暂时被共同利益都在增长的美好前景所掩盖，随着繁荣逐渐消退，这些社会问题逐渐暴露出来，也对美国的政治、经济、军事和科技有非常大的消极影响，如果经济再衰退，这些问题可能会有火上浇油或雪上加霜的作用。

一个看上去强壮但实则隐患重重的猛男，已经严重透支体能却一直硬撑显示自己仍然健壮，就有可能会猝死、突然休克和突然瘫痪，一个看上去强大但实则问题多多的帝国，长期透支国力显示强盛，就有可能会急速衰落或突然崩溃。

政治、经济和社会的诸多问题有让美国陷入不可逆急速衰落或突然崩溃的可能，但多年来美国却没有朝着解决这些问题的方向走，其中的深层次原因，应该是美国公民还没有真正当家作主，导致开支无度负债累累问题重重，这才是美国各种问题的本质。

美国需要民主改革，让民主到位，直面问题，解除隐患，才能避免陷入不可逆的突然衰落或突然崩溃。

更伟大和重新引领世界民主潮流

2016 年，川普先生参加美国总统大选，提出了

"让美国再次伟大"的竞选口号，2023 年继续使用这个口号。

美国前总统川普是一个非常有争议的政客，他提出的口号自然也是有争议的口号，他的口号暗示了现在的美国已不是伟大的美国，暗示了以前某个时代的美国才是伟大的，而川普先生要带领美国重现那个时代的伟大。

其实川普先生的口号太保守了，太谦虚了，美国现在还是伟大的，如果川普先生无意于否定当前的美国，可以这么说：让美国更伟大！

其实让美国更伟大很简单，美国现在有几十万亿美元的国债，只要偿还上几万亿美元，让美元更坚挺，美国就会更伟大；美国有几千万的贫困人口，只要让其中的一千万贫困人口变成中产阶级，美国就会更伟大；美国还有一些贫穷落后的州，只要让这些州之中的两三个州脱贫了，尤其是长期垫底的密西西比州脱贫了，美国就会更伟大；美国有许多谋杀之城和罪恶之城，只要美国让其中的几个城市变成世界上最安全的地方，美国就会更伟大，还有许多事，只要美国做到了，美国都会更伟大。

当然这些让美国更伟大的事说起来简单，但要实现非常困难，其中最难的原因是：美国的现有政治体制无法让美国做让美国更伟大的事。只有民主改革到位，美国才会真正面对问题，才会有可能解决问题。

美国还是民主灯塔，在民主世界里有无可替代的影响力，但其实美国算不上民主楷模。

《经济学人》是全球阅读量最大的时政杂志之一，被人们认为是全球最具影响力的政治商业期刊之一，其发布的2021年民主指数报告显示美国排名位居第26名，而德国、韩国、日本、英国和法国的排名都位居美国之前。

透明国际是一个非政府、非盈利、国际性的民间组织，以推动全球反腐败运动为己任，是对腐败问题研究得最权威、最全面和最准确的国际性非政府组织，其发布的2021年清廉指数报告排名显示美国位居第27名，新加坡、德国、英国、香港、日本和法国的排名都位居美国之前。

全世界有233个国家和地区，美国民主指数排名26，清廉指数排名 27，对于一个普通国家还算不错的排名，但美国比较特殊，是世界的民主灯塔，况且近年来美国排名还在下滑，结合美国民主确实存在金钱政治、恶性党争、政治极化和政治极端主义倾向等严重问题，确实可以判断美国这个民主灯塔的民主之光正在变得暗淡。

美国需要民主改革，需要改善民主状况，从而成为名副其实的世界民主灯塔，继续引领世界民主潮流。

改革分类

为了方便说明，我把改革做了分类，并做了概念自定义。

改革分三类，包括机能性改革、结构性改革和战略性改革。

　　机能性改革是指基本机构不变，只做人事调整和改变工作方法。

　　机能性改革可以解决机能性问题。

　　机能性问题往往因为人为干扰，无法排除干扰，导致问题无法解决，或者涉及的社会运行机制过于复杂，无法理清问题所涉社会因素的机能和联系，也无法认清这些因素的作用过程和作用原理，导致问题难以解决。

　　结构性改革是指改变社会组织的结构，从而解决既有的问题或达到预期的目的。

　　结构性改革可以解决结构性问题。

　　结构性问题是指不改变社会组织的结构就无法解决的问题。

　　战略性改革是指从全局、历史和长远未来的角度谋划的改革，是大范围长时间的改革。

　　战略性改革可以解决战略性问题。

　　战略性问题是指涉及全局、历史和长远未来的大问题。

　　中国清末民初的著名学者陈澹然曾写过一句名言："不谋万世者，不足谋一时；不谋全局者，不足谋一域。"名言的意思是：不能制定长远的国家政策，就可能难以做好眼前的事，有时要做好眼前的事需要前期充分铺垫条件；不从全局的角度考虑问题，就可能难以治理好一个地区，毕竟有时全局对地区的影响非常大。

钟摆效应改变不了什么

钟摆效应原是心理学上的一个名词，主要是描述人类情绪的高低摆荡现象，后来也用于政治，形容政治选举中选民左右摇摆的心理状态。

在两党制的民主国家里，当某个政党在一次选举中大胜后，在下一次选举中选民会希望以前失败的政党获胜，选民心理有如钟摆，向左摆后便会向右摆，向右摆后就会向左摆，称之为钟摆效应比较贴切。

在美国，每四年会举行一次政治大选，在大选中会选举美国总统、部分国会议员、州长和部分州议员等，大选结束两年后会举行中期选举，在中期选举中会选举部分国会议员和州议员等，定期选举保证了民主政治的更新换代。

美国是最典型的两党制国家，美国的每次政治选举，共和党和民主党的政治候选人几乎都囊括了所有重要的竞选职位，包括总统和国会议员，其他政党和独立政治人士的政治影响几乎可以忽略不计。

在美国的政治选举中，两党支持者都比较稳定，而中间选民心理会呈现钟摆效应，导致有时共和党会占优势，有时民主党会占优势，但两党的基本盘相差不大，占优势的政党不会长期占优势。

美国的两党制和钟摆效应，导致美国政治工作者不愿意推行结构性改革和战略性改革，即使推行改革，也尽量推行机能性改革。

美国政治工作者如果推行改革，会优先关照自己和自己所属政党的利益，如果再大公无私一些，会优先关照自己所属政党的支持者的利益，这就是投票竞选的政治逻辑。政治竞选对手和反对党如果发现改革会损及己方的利益，或己方获取利益比较少，就会反对，当然有时就是为了反对而反对，这样任何改革都难以推行，包括民主改革。

如果政治工作者执意要推行改革，也会尽量推行改革力度和改革难度都比较小的机能性改革，而不是推行改革力度和改革难度都比较大的结构性改革和战略性改革。

政治工作者都讲究功利主义，推行民主改革就要收获政治利益，一般情况下执政党才有推行民主改革的实力，而执政党无法保证下届己方还是执政党，所以即使推行民主改革，也会推行机能性改革，尽量争取在本届就能有改革效果，否则钟摆效应发挥作用了而改革还没有效果而反对党上台了，如果改革有了好的效果反对党会把功劳归于自己，如果改革还没有效果反对党可能会终结改革。

在美国，由于两党之间的钟摆效应，无法推行真正的民主改革，所以美国需要钟摆效应之外的民主改革！

结语

近些年美国不遗余力地向全世界传播民主思想，推广普世价值，但在全世界范围内民主实践并不顺利，许多国家种下了民主的种子却收获了专制的荆棘，而美国本身也面临着政治和社会的困境，隐患重重，美国要避免爆发危机需要民主改革，如果美国通过民主改革摆脱了困境，必然会极大鼓舞整个民主世界的信心。

美国真的需要民主改革！

4.2 淡化党争

独立选区是本书提出的新概念，指为了防止党争的消极作用和政治风险，在政治竞选期间把存在不良政治因素的选区设立为特殊选区，在特殊选区内允许独立候选人竞选，但禁止政党参与竞选。

推动民主改革淡化党争

在美国，共和党和民主党之间的政治恶斗不断升级，还掺杂了政客之间的私人恩怨，未来的美国大选会不会加剧党争，会不会党争失控引发政治危机，会不会引发全国性暴乱或内战？

如果美国没有预防措施，任由政治势态进一步发展，只能说一切皆有可能！

美国的命运不应该完全交给政党，美国公民应该积极推动政治改革淡化党争，酝酿文明理性的政治气氛，提前解除政治危机的引信。

如果军队和警察等暴力机构参与党争，那党争就变得非常凶险，美国可以首先在国家暴力机构推动去政党化，最终达到暴力机构非政党化。只要暴力机构不参与党争，党争再激烈也不过是一场政治闹剧！

在美国，许多政治选区族群混杂，利益对立，矛盾突出，在竞选期间有引发政治冲突的危险，如果危险非常大，可以把这些选区设立为只有独立政治人士竞选没有政党参与的独立选区，或者可以用随机抽签选举代替投票选举。

在过去的体育比赛中有人喜欢提一个比较虚伪的口号：友谊第一比赛第二，在政治选举中也可以提出类似的口号，用这种口号把竞选气氛引向和谐，我想到的口号是：发扬文明理性的政治精神。

军队、警察、特工、检察官、法官去政党化

在美国，除了南北战争，还没有军人干政的其他例证，无论政治斗争多么激烈，都没有政治工作者想用军队对付政敌，将军们在政治斗争中也都谨慎地保持中立。军队的中立态度不但是法律制约的结果，也是军队是国家的而不是某个人某个政党的政治观念自我约束的结果，但随着党争越来越激烈，军队还能不能一如既往地保持中立？

美国现役军人虽然不能成为政治候选人，但可以加入政党，在美国大选中有投票权，而国民警卫队和后备役的军人不但可以加入政党，有投票权，还可以竞选议员等公职。虽然还没有军人干政的负面信息，但如果发现有问题那可能就是严重问题，所以应该未雨绸缪，尽早在军队中推动去政党化，取消军人的投票权和竞选权，避免军人参政太投入了用枪投票。

在美国，警察可以加入任何一个合法的政党，如果警察要加入一个政党可能更愿意加入共和党，因为共和党比较支持警察的现有工作方式，而民主党对警察的要

求比较苛刻甚至严厉。

　　警察是社会中最大的合法武装力量，如果警察加入党争，法律秩序必然混乱，所以对于警察应该去政党化，取消投票权和竞选权，而政党对于警察的政治态度不应该过于极端和敌对，比如取消警察，大幅度消减警察经费，这会促使警察对政党选边站队，如果警察在党争中倾向某个政党，那绝非美国之福！

　　在美国，大家都知道，美国最高法院的首席大法官和大法官对美国的法律秩序有一言九鼎的巨大作用，无论一个案子争议有多大，只要首席大法官和大法官做出裁决，纷争就停止了，但是近年来首席大法官和大法官有政治倾向已经不是秘密，共和党和民主党都想把自己人推上首席大法官和大法官的宝座，美国人都知道某个首席大法官是左倾的还是右倾的，某个大法官是左倾的还是右倾的，现在最高法院的整体政治倾向是什么。

　　当最高法院有政治倾向，最高法院的威信就降低了，如果有一天最高法院裁判有争议的政治案件，失败的政治群体却根本不相信法院是公正的，那法律秩序将荡然无存。

　　检察官和法官代表社会的公正和威信，应该去政党化，取消投票权和竞选权，完全政治中立，避免政治迫害，才能维护法律的尊严和社会的稳定。

随机抽签选举代替投票选举

　　在民主时代的古雅典，每一名雅典成年公民都可以通过随机抽签选举成为五百人会议（雅典城邦最高权利机构）的成员，成为立法会的成员，成为审判员（类似于法官的职务），成为执政官（城邦行政首脑）等公职人员，每一名成年公民都可以参加公民大会，古雅典实现了平民民主，最大限度地减少了政治斗争，维护了城邦的政治稳定。

在美国，党争过于激烈，如果改革竞选制度，某些民选官员和某些议员，比如市议员和郡议员，可以通过抽选选出来，在抽选过程中，争吵、谩骂、抹黑、算计、谋略和谣言等都无济于事，抽选上位者把成功归因于神，抽选失败者把失败归因于运气不佳，如果如此，政治斗争就失去了动机和起因。

用抽选代替投票选举，可以避免党争。

独立选区

美国是两党制国家，主要政党是共和党和民主党，现在两党之间政治分歧太大，两党之间的关系已经是敌对的关系，政党的支持者之间也势同水火，而投票选举则有可能成为政党恶斗的导火索。

在党争比较激烈的选区设立独立选区，即使政治候选人之间发生争执，可以说是个人恩怨，候选人的支持者之间发生冲突，可以说是族群冲突，不涉及党争，至少新闻报道可以这样说，在竞选期间尽量避免党争引发政治动乱。

设立独立选区，可以淡化党争。

文明理性的政治精神

在美国，共和党和民主党之间的党争虽然有可能祸国殃民，但都是合法的，不但是合法的，还经常以法律的名义攻击对方，当然，表面上都有冠冕堂皇的理由，都振振有词，政治斗争斗到酣处形同无赖和泼妇互相骂街，文明理性的政治形象荡然无存了，奇怪的是，在美国选民只希望自己支持的政党赢，竟然没人担忧政党恶斗误国误民，也没有人提倡文明理性的政治精神。

竞选成功和推行己方的政见对于政党和政党的支持者当然重要，而保持文明理性的政治精神同样重要，因为没有文明理性的政治精神就不可能有自觉的政治契约精神，没有自觉的政治契约精神，就不可能有真正的三权分立和司法独立，法律和暴力会成为斗争工具，国家就有分崩离析之忧。

世界上有太多的国家以为发布几页法律和政治的文件就会实现民主，但每一个政客和选民都只想把法律条文和政治规则当成实现自己私利的工具，结果必然是实现了伪民主。

文明理性的政治精神可以缓解党争！

结语

因为美国的政治影响力在民主世界是最大的，所以美国的党争不但事关美国的国运，还事关民主世界的兴

衰，淡化党争降低政治风险不但是美国人应该关注的大
事，对民主世界的人们来说也是不可忽视的大事！

4.3 独立选区

独立选区是本书提出的新概念，指为了防止党争的消极作用和政治风险，在政治竞选期间把存在不良政治因素的选区设立为特殊选区，在特殊选区内允许独立候选人竞选，禁止政党参与竞选。

独立选区的全民性

在独立选区，虽然不允许政党和政治团体参与政治竞选，但这些政党的政治候选人可以以独立政治身份参与竞选，对于候选人来说没有太大的政治损失，因为候选人损失不大，政党之间就有可能为了避免两败俱伤和维护共同利益而同意设立独立选区。

在美国，共和党和民主党之外的政党力量几乎可以忽略不计，如果共和党和民主党达成淡化党争的共识，就能设立独立选区。

政党不可能代表全民

2008 年 3 月 22 日，台湾国民党总统候选人马英九在大选中获胜，并于 2008 年 5 月 20 日就任台湾总统，就任总统之初，他就提出自己要做全民总统的政治理念。

据台湾"中央社"报道，2011 年 7 月 2 日，台湾时任总统马英九先生在国民党第 18 次"全代会"致词时说："全世界任何总统制、半总统制的国家，选出来的总统，都是全民总统；我不可能选出来，我说我是国民党的'总统'，不可能这样"，他还说："我要照顾的是全民，就因为我能够照顾全民，我们才有机会继续执政"。

马英九先生的全民总统的政治理念听起来不错，但政治现实是残酷的，对于马英九的全民理念，国民党不以为然，政治竞争对手民进党也不买账，攻击国民党毫不留情。接下来国民党政治竞选就每况愈下，虽然2012年马英九再次赢得大选获得连任台湾总统，但到2016年他正式卸任总统时，台湾选民对国民党的支持率已经低到回天无力的地步，那一年民进党赢得大选。

在一个民主国家，尤其是两党制的民主国家，因为一个政党的主要纲领是稳定的，本党的党魁和重要人物也难以改变，否则会失去本党的基本盘，无论一个政党如何有诚意，都难以超越政治定位从而获取全民的支持。

如果一个政客刻意讨好竞争对手政党的支持者，反而有失去自己政党的支持者的危险，美国政客们深谙其理，所以在政治竞选中从来不做获得全民支持的政治幻想，其竞选策略往往是要维持住本党支持者的选票，再尽量争取中间选民的选票，才会更有胜算。

在2016年美国大选过程中，共和党总统候选人川普是一个政治素人，但他深谙政党不可能代表全民利益。在竞选过程中，川普不太关注民主党支持者的政治诉求，但他激发了绝大多数共和党支持者的政治激情，还争取到了一部分中间选民的支持，结果那一年他赢得大选担任美国总统。

　　在美国这样一个两党制国家，政党不可能代表全民。

店大欺客党大欺民

　　在市场经济里，会有店大欺客的现象，在民主体制里，会有党大欺民的现象。

　　中国有句名言说店大欺客，意思是说，如果一个店历史比较长久，规模比较大，其他店无法挑战这家店的商业地位，对于许多顾客来说，这家店几乎就是这些顾客的唯一选择，只要商业竞争力比其他店强一些，这家店就不怕没有客源，因为这些顾客对这家店的依赖性，这家店可以不重视对顾客的服务，甚至为了自身利益会欺骗或怠慢顾客，由此推想，如果在一个民主国家一个政党太大了会如何呢？

　　在一个民主国家，如果一个政党太大了，经常成为执政党，是主要政党之一，其他政党无法挑战这个政党的政治地位，那么这个政党就可能只关心自身的政治竞争力比其他政党强一些，可以忽视选民的核心政治诉求，甚至欺骗选民，操弄民意，从而为自身获取最大政治权益，这种现象可以称之为党大欺民。

　　在美国，共和党和民主党之外的政治力量几乎可以忽略不计，两党势力如此之大，两党除了竞争之外，还可以达成某种心照不宣的政治默契，那就是无论哪一个政党成为执政党，都会为了政党的自身利益和政客的切身利益而无法让选民称心如意，在一个市场经济的国家，在一个商业化的社会，无利可图的事情是不存在的，这就是尽管政党轮流执政而政治和社会的痼疾却莫名其妙长期存在的原因。

独立人士指不属于某个党派的人士。

皮尤研究中心2018年的调查显示，美国公众中，38%的人自称独立人士，31%的人自称民主党人，26%的人自称共和党人。

独立人士的数量总体上超过共和党与民主党，但独立人士难以推出自己的政治竞选候选人，只要想投票，只能成为有政党倾向的独立人士，投共和党或民主党，当独立人士既不愿投共和党也不愿投民主党时，那就干脆不投票。相比于共和党和民主党的支持者，独立人士的政治参与度低，投票的可能性也低。

如果设立独立选区，那么在独立选区里，由于政党的挤压减轻了，独立候选人有了更大的政治生存空间，提出的政治意见更容易契合选民尤其独立人士的政治意愿，对于选民尤其独立人士来说，面对众多的独立候选人，政治选择无疑增多了，维护自己政治权益的机会也就增多了。

即使设立了独立选区，在独立选区里，一个独立候选人的政治视野一般会比政党有限，更有可能代表小众群体，但所有的独立候选人加起来，就更有可能代表全民。

淡化党争激活独立人士

在美国，设立独立选区可以避免那些两党恶斗的选区引发大规模暴乱，而设立独立选区的过程也是淡化党争的过程。

在美国，共和党和民主党之外的政党力量几乎可以忽略不计，所以要设立独立选区，只有两党协商达成共识才有可能。如果共和党和民主党可以商讨设立独立选区，那就说明两党认识到两党恶斗的风险，即使最终没有设立独立选区，那至少也是政治的进步，说明两党有了管控政治风险的意识。

在美国，共和党和民主党及其支持者都没有为了淡化党争设立独立选区的初始动机，两党越来越像不顾比赛规则随时犯规的两个拳击手，为了赢得胜利越来越不择手段，而选民越来越像拳击擂台下无比躁动随时冲上擂台大打出手的观众。

在美国，数量非常庞大的独立人士群体有设立独立选区的动机，有淡化党争这样冠冕堂皇的政治理由，可以作为选民投票也可以作为独立候选人竞选，有塑造政党推行独立选区的政治实力，如果为了设立独立选区充分动员起来，有成为共和党和民主党之外的第三方政治势力的潜力。

结语

在美国，设立独立选区可以降低政治恶斗引发大规模暴乱的风险，也可以激活政治参与度不高的独立人士群体。

4.4 守法居民选票

守法居民选票是本书自定义的新概念，指一名居民因为在几年里没有犯罪行为额外获得的一张政治选票。

犯罪造成的损失之大超乎想象

美国在政治、经济、科技、军事等方面非常发达，领先世界，但在打击犯罪方面却不太先进，尤其在打击暴力犯罪方面，当然，反过来看，美国犯罪分子的犯罪手段比较先进，这也可以算是美国发达的一个方面。

在发达国家里，美国的犯罪率是非常高的，仅从犯罪率来看，美国并不算是一个美好的国度。

在美国，暴力犯罪活动造成大量的居民伤亡，也会损毁大量的设施和财产。

美国是一个自由的国度，但不幸的是，犯罪分子似乎比普通公民有更多的自由，恶劣的社会环境让犯罪分子有生长空间，低效的执法人员让犯罪分子有发展机会，枪支泛滥让犯罪分子如虎添翼，暴力犯罪率自然高了，结果造成了大量居民伤亡，枪击、爆炸、纵火等暴力犯罪活动还会损毁大量的公共设施和私人财产。

在美国，犯罪分子非法贩卖可卡因、芬太尼等烈性毒品，造成大量吸毒者死于非命，大量吸毒者身心俱废，甚至沦为街头流浪汉，有时毒品损伤终生不可逆。

2023 年 6 月 26 日是国际禁毒日，根据联合国毒品和犯罪问题办公室的报告，美国是全世界最大的毒品消费国，全球生产的毒品约 60%输入到了美国。2022 年美国约有 10.96 万人死于吸毒过量，这一数字不仅创下历史纪录，而且比当年美国死于枪击和车祸的总人数还要多。《财富》杂志直言，毒品已经成为美国最大的公共健康问题。

美国的暴力犯罪率非常高，但这不代表政府不重视打击犯罪活动，实际上，美国政府投入了大量人力、物力、资金，抓捕了大量的犯罪分子，有时监狱人满为患，警察被迫不得不对涉嫌轻微犯罪嫌疑人放弃起诉。

在美国，犯罪活动造成的损失是巨大的，打击犯罪活动耗用的经费是政府的沉重负担，关押罪犯的费用也是天文数字。

2017 年，美国加州监狱约 13 万囚犯，下一财政年度管理每名囚犯的成本将上升至创纪录的 75560 美元，列全美第一。根据加州立法分析师办公室(Legislative Analyst Office)2017 年 3 月公布的数据，上一财政年度，每关押一名囚犯，州政府成本约 70812 美元，其中 2/3 的花费在监狱看守的薪资福利和囚犯的医疗健康上。各项开支依次为，看守 32019 万美元，医疗 21582 美元，监狱设施管理 7025 美元，行政开支 4171 美元，食物等 3484 美元，改造计划 2437 美元及其他。

2022 年美国监狱人口数量约 200 万，每个罪犯关押一年平均费用约几万美元，那每年监狱所需总费用可达一千几百万亿美元，耗费惊人。

扶正祛邪：让守法居民多一张选票

在美国的许多城市和地区，犯罪活动猖獗，为了鼓励居民守法，改善法治环境，在政治竞选时应该奖励守法居民一张守法居民选票。

在美国，在犯罪率高的城市和地区，黑帮分子、有犯罪活动但没有被逮捕的居民、有犯罪倾向的居民、有犯罪记录的居民比较多，那些人未必会因为自己干了坏事感到羞耻，反而可能感觉自己是另类英雄。在守法居民面前，那些坏人可能还有优越感，倒是守法居民，在那些人面前有恐惧感，可能畏畏缩缩，从某一个角度看，每一个守法居民都有心理损失。如果在政治竞选时多给守法居民一张守法居民选票，对于所有居民来说，这是一种鼓励，鼓励居民守法，对于守法居民来说，这既是鼓励，也是一种心理补偿，而对那些坏人来说，守法居民选票也是一个威慑，犯罪分子失去或可能失去拥有守法居民选票的政治权利。

在政治竞选中，有犯罪记录的居民仍有政治选票，其投票权受美国宪法保护，这些居民有可能反对严格管控枪支和毒品，抵制预防和抑制犯罪的政策，在犯罪率非常高的城市和地区，这些居民加上受其影响的亲戚和朋友，这些人的选票数量和政治能量可能足以影响政治候选人，可能足以让政客放纵犯罪活动。

如果守法居民多了一张守法居民选票，守法居民会愿意把守法居民选票投给那些致力于打击犯罪活动尤其暴力犯罪活动的政治候选人，这也许可以形成法治严明的政治气氛，起到降低犯罪率的作用。

守法居民的标准

什么样的居民算是守法居民？

增设守法居民选票的目的之一是，促使重视政治投票权的居民不犯罪和不再犯罪，如果一名居民有犯罪记录就长期或永远不能拥有守法居民选票，那这名居民就失去了为了获取守法居民选票而守法的精神动力，不利于有犯罪记录的居民改过自新，所以只要几年内没有犯罪记录的居民就应该算守法居民。

如果继续放宽守法居民的标准，那么可以从犯罪的性质、是否主观、是否暴力犯罪等来区分，当然，制定守法居民的标准，最好不要把有犯罪倾向的居民算作守法居民。

如果居民有犯罪记录但没有刑事犯罪的记录，如果放宽标准，可以算守法居民。

如果居民有犯罪记录但不是主观犯罪，是失误引起的犯罪，如果放宽标准，这类居民可以算守法居民。

如果居民有犯罪记录但不是暴力犯罪，如果放宽标准，这类可以算守法居民。

总之，如果增设守法居民选票，要因时因地制宜，要精细研究，才会制定出适当的守法居民标准。

适用于谋杀之都和罪恶之城

在美国，不同的城市或地区犯罪率差异非常大，有些城市凶杀案和谋杀案非常多，被称为谋杀之都，有些城市因为暴力犯罪率明显高于其他城市或地区，被称为罪恶之城。

美国有许多谋杀之都和罪恶之城，这些谋杀之都有如战场，几乎每天都有人死于凶杀或谋杀，伤者无数，大多数死伤者都是枪击造成的，在罪恶之城，经常发生暴力犯罪，受害者除了死亡和肉体受伤，心理也会受到严重伤害，长期难以恢复，也许终身找不到安全感。

2023 年，美国国内打击犯罪人均费用排名前 10 的大城市是：

1. 阿拉巴马州伯明罕，人均费用为 11,392 美元

2. 路易斯安那州新奥尔良，人均费用为 11,094 美元

3. 密苏里州圣路易斯，人均费用为 11,055 美元

4. 密歇根州底特律，人均费用为 9,281 美元

5. 田纳西州孟菲斯，人均费用为 9,056 美元

6. 马里兰州巴尔的摩，人均费用为 8,160 美元

7. 阿肯色州小石城，人均费用为 7,781 美元

8. 俄亥俄州克里夫兰，人均费用为 7,397 美元

9. 威斯康辛州密尔瓦基，人均费用为 7,029 美元

10. 密苏里州堪萨斯城，人均费用为 6,398 美元

在美国的谋杀之都和罪恶之城，犯罪活动造成的人员伤亡和财产损失非常大，犯罪人数非常多，关押一个

罪犯每年的费用高达几万美元，换一个角度来看，只要谋杀之都和罪恶之城的一个居民守法，不但可以避免人员伤亡和财产损坏，还等于每年为这些城市至少节约了几万美元，所以应该奖励每一个守法居民一张守法居民选票。

结语

　　总之，如果增设守法居民选票，因时因地制宜，制定适当的守法居民标准，可以鼓励居民守法，可以改善法治环境。

4.5 纳税人选票

公民选票和纳税人选票是本书自定义的新概念。

公民选票指一名公民因为拥有公民身份而拥有的政治选票。

纳税人选票指一名选民因为依法缴纳个人所得税额外获得的一张政治选票。

纳税人选票和公民选票

在美国，个人所得税指美国联邦、州和地方政府对个人所得征收的税。按征收级别不同，分为联邦个人所得税、州个人所得税和地方个人所得税，其中以联邦个人所得税为主。

在美国的政治选举中，一个人无论贫富贵贱，也不论是什么种族和民族，只要拥有公民身份并达到了法定的投票年龄，这个人就可以成为选民，可以在政治竞选中投票，这体现了美国人人平等的理念。

做一个设想，在美国，如果一个公民除了公民选票外，还可以因为向政府缴纳个人所得税额外拥有一张纳税人选票，这张选票和一张公民选票具有相同的政治效用，那就意味着这个美国公民有两张选票。

再做一个设想，在美国，一个移民没有美国国籍，当然也没有选票，如果这个移民因为向政府缴纳个人所得税而拥有一张和公民选票具有相同政治效用的纳税人选票，那就意味着外国人也拥有了美国的政治选票，如果这样，美国的政治选举就具有了世界开放性。

开源节流减少福利拍卖

在美国，由于对外战争、对外援助和公共福利等支出不断增长，政府赤字和国家债务不断打破历史记录，这些年不断出现政府停摆的危险，每年国家债务利息就达到几千亿，成为美国民众的沉重负担，2022 年美国国债达到 31 万亿美元，光利息就约 8000 亿美元。

美国的财务状况显示美国应该开源节流，但奇怪的是，美国却没有开源节流的政治动力。

为什么？

税收是政府运营的物质基础，没有税收，所有的普世价值都是水中月镜中花，都是苍白无力的口号。

不纳税的选民数量庞大，这些选民没有承担开支的压力，却有增加开支反对节流的政治话语权，可以投票支持增加社会福利和反对消减社会福利，可以投票支持不必要的对外战争，可以投票支持没有价值的对外援助，结果就是政府赤字和国家债务一路猛涨。

怎么办？

增加纳税选民的政治话语权，让纳税选民有两张选票，除了因为拥有美国公民身份而拥有公民选票，还会因为依法纳税而拥有纳税人选票。

纳税选民们自然而然会支持开源节流，如果拥有纳税人选票，就会消减不必要或无力承担的社会福利，反对增加不合理的社会福利，就会否决根本没意义或极度不合算的战争，就会否决没有效果却莫名其妙长期坚持的援助，就会支持收缴那些应该交纳却合法避免的巨额税收，如果这样，开源节流就有可能实现。

如果纳税选民有了纳税人选票，那么不纳税的选民就有了纳税的动力，为了能拥有和纳税选民同样的政治话语权，一辈子都没有纳税的选民也许会突然纳税了，虽然没有历史数据，无法评估纳税人选票可能对税收变化的影响，但不言而喻肯定会促进不纳税的选民纳税。

纳税人选票会不会造成选民之间政治上的不平等？

柏拉图说：对一切人不加区别的平等就等于不平等。

因为国家债务、公共福利、战争消耗和各种援助导致公共支出不堪重负的时代，因为纳税的责任大，所以政治话语权也应该大，这未尝不是一种更合理的平等，另外，不纳税选民仍有纳税获取纳税人选票的平等机会。

如果纳税人选票向世界开放

在美国政治竞选活动中，只有美国公民才有投票的政治权利，即使拿到美国绿卡并依法纳税多年的移民也往往没有政治投票的权利。

美国是一个百分百的移民国家，移民开辟了美国的前身北美殖民地，移民创建了美国，移民扩张了美国，移民发展了美国，移民的历史就是美国的历史，独立、自由、开拓和创新的移民精神就是美国精神。

时至今日，美国仍然是全世界接受移民最多的国家，但是移民条件非常苛刻，许多移民辛苦劳作一辈子，永远无法成为美国公民，不被遣返已是幸运儿，许多移民少年时登陆北美，白发时才拿到美国国籍，这些移民在美国默默奉献的岁月里，基本没有政治权利，也没有政治话语权，是政治隐形人。

很遗憾，虽然有人说美国是一个开放的社会，但美国越来越是一个保守封闭的社会，政治身份永远比贡献大小更重要。

如果移民纳税就能拥有纳税人选票，那么移民对美国就会有某种归属感，更容易产生社会责任心，应该纳税却没有纳税的移民为了获取纳税人选票，就有可能主动纳税。

大多数纳税人都是中产阶级

在美国，真正的有钱人会依法避税，真正的穷人会依法不纳税，大多数纳税人都是中产阶级。

中产阶级是工作稳定、收入稳定和生活方式稳定的阶级，是美国创造财富的主要社会群体，有了纳税人选票，中产阶级会有更大的政治话语权，中产阶级的相对的文明、理性和客观等政治性格，就会注入美国政治，让有点嘈杂的美国政治变得稳重点，所以说中产阶级是民主的稳定器。

有一个说法，一个中产阶级占主体而富人和穷人占少数的社会是一个比较理想的橄榄型社会，而一个中产阶级因为拥有纳税人选票而拥有更多政治话语权的社会，会不会是一个更加理想的社会呢？

投票税和纳税人选票

美国曾存在过投票税。

1870 年美国各州立法，普遍以投票税、识字测试和祖父条款限制黑人和穷人投票。

投票税即投票前缴税，会配合祖父条款，即祖父或父亲在某年前投票过才能投票，识字测试，文盲半文盲都不能投票，但是符合祖父条款的白人无需测试。

1964 年投票税被全面废除。

投票税对富人来说无足轻重，但对黑人和穷人来说就是一个比较大的负担，会迫使许多黑人和穷人放弃投票，这其实是一种政治歧视，变相剥夺了黑人和穷人的投票权，竞选结果必然不利于黑人和穷人。

如果增加了纳税人选票，那是不是变相恢复了投票税？

其实增加了纳税人选票并不会影响公民选票。

在美国各州，依照法律，公民收入低于纳税标准可以不纳税，仍可以有投票权，至于收入高于纳税标准应该纳税却没有纳税的公民，似乎不会失去投票权。

如果增加了纳税人选票，相对于纳税的选民，不纳税的选民的投票权就缩水了，这是事实，但对于一个负债累累还要借钱发福利的社会来说，让纳税的选民拥有更大的政治权利，这至少会有积极的政治影响，至于这是否公平，应该是一个仁者见仁智者见智有争议的问题。

结语

在民主政治的历史里，从来没有过纳税人选票，纳税人选票应该有积极的政治作用，值得研究和尝试！

4.6 天赋治权天选至上

古雅典的抽签机和天选至上

考古学家发现了一台古希腊时代的抽签机，这个抽签机被用来随机抽签选出审判员。

在运作方面，这台机器的原理非常容易理解，可以规避人为因素的干扰选出审判员。

抽签机的构造和运作都比较简单，抽签机上有按行列整齐排布的插口，可以放审判员候选人的名片。

首先所有的部落都要推出相同数量的候选人，然后组织者将候选人的名片插入插口，每个竖列都是同一部落的候选人名字，结果每一个横排都由不同部落的候选人组成一个预备的审判团。

在机器的左侧设一根管子，按照抽签机的横排数量，组织者准备与横排数相同数量的黑白铜球，一般只有一个白球，其他都是黑球，白球代表中签，而黑球代表落选。

到了选举时间，就将黑球和白球随机混合，倒入铜管顶部的碗口之中，接下来开闸落球，每一横排都有一个球落下对应，落下黑球的横排则代表着落选，落下白球的横排中选，这个横排的预备审判团成为法庭的审判团。

因为抽签机的抽签过程排除了人为操控作弊，所以这种选举方式是公正平等的。

在古雅典的民主时代，古雅典主要通过随机抽签选举选出官员、议员、审判员、公职人员，所有公民都可以成为候选人，候选人抽签中选完全由天意决定，可称之为天选，只有少数专业要求比较高的公职，比如将军、骑兵军官、司库和建筑师等，是通过选民投票选举产生的。

古雅典为什么如此推崇随机抽签选举呢？

首先是为了避免人为操控选举，防止出现政治寡头和僭主，防止政治内讧。

投票选举固然是实现民主的重要方法，但投票选举就有了人为操控作弊的可能性，看一看在现代投票选举中盛行的金钱政治和寡头政治就知道，投票选举可以被人为操控。

随机抽签选举将选举的决定权交给不可知的随机概率，也等于交给神的意志，相比人的投票，古雅典人显然更相信神的裁决是最公正平等的。

只要随机抽签选举，再多的政治资源，再高明的政治谋略，都不可能增加中选的概率，无论个人、家族、政党、宗教都无法建立长期稳固的统治集团，更不用说出现寡头和僭主，这就是人算不如天算，天选至上。

其次是保证公民平等参政。

古雅典的政治理念就是，雅典是所有公民的国家，理当让所有公民都参与政治，既然不可能所有人都同时成为统治者，那就只能轮番治国。为保证机会平等，随机抽签选举是最合理的选择，因为随机抽签可以排除贵族和精英在选举中的影响和操控，确保所有公民平等参政，是一种强化平等的有力措施。

最后，随机抽签选举可以分摊公职，可以培养高素质的公民群体。

根据伯里克利的著名的国殇演说，雅典的直接民主和抽签制度，也是为了训练出大量有公德心和参政积极性的公民群体。

公民通过接触专业性不太强的公共事务，可以破除对于政治和权力的恐惧感和神秘感。

在公民群体中轮流执政，有利于提高公民群体的整体素质，在强化自己是城邦主人意识的同时，也能加深对政治和权力的体验和理解，这样在任职期间就可以秉公执法、兢兢业业，在卸任后也能安心接受他人统治。

古雅典的民主时代是战争频繁的时代，拥有高素质的公民群体可以避免在某次大规模战争中由于一批精英覆灭而导致国家政治瘫痪。

古雅典的抽签选举是平民民主的突出体现。

那么现代社会还必要用随机抽签选举吗？

政治素人和随机抽签选举

前美国总统川普刚当选总统时，人们称他是政治素人，因为他从没有担任过任何公职，其实川普不是真正意义上的政治素人，他虽然没有从政经历，但他是一个大商人，认识许多美国政要，由于商业需要，也熟悉美国政治，他的生意遍布世界，认识许多国家的达官权贵，对许多国家的政治规则也比较了解，所以他就职美国总统后在政治、经济、军事方面能有所作为，如果不是新冠疫情让他失策，2020 年他大概率会再次当选美国总统。

2022 年美国中期选举，佛罗里达州民主党人马克斯韦尔·弗罗斯特当选，成为美国首位当选的"Z 世代"国会众议员，马克斯韦尔·弗罗斯特是一个非洲裔古巴移民，当选时只有 25 岁，许多人认为他是一个政治素人。虽然弗罗斯特显得有些稚嫩，但他也不是政治素人。从 15 岁起，弗罗斯特开始创建反枪击暴力组织，参加抗议游行。在随后的日子里，他加入了美国公民自由联盟。2018 年，当帕克兰校园枪击案发生时，美国兴起了一场由学生主导的游行示威"为我们的生命而游行"，弗罗斯特成了全国组织总监，负责数百万美元的预算并管理地方分会。虽然弗罗斯特只是在政治的边缘和外围活动，但他积累的政治经验应该比普通公民一辈子积累的还多。

投票选举出来的议员几乎都是政治精英，没有政治素人。

政治素人没有政治经验，和老谋深算的政客相比有什么优点吗？

有优点，优点就是没有经验。

在香港电影《赌神》里，有如下几句台词：

"小姐呀！不介意的话帮我们洗牌咯！"

"我不会耶！"

"我就是喜欢你不会！"

在赌场里，除非赌客和发牌的荷官联手作弊，否则赌客肯定希望荷官是一个新手，这样荷官作弊的概率就非常低。

政界其实比赌场更复杂，真正的民意往往难以传达到政界，或者在政界被扭曲了。政治素人从政经历几乎为零，还没有参与金钱政治，所以选民们更相信政治素人，希望政治素人可以真正为选民做主。

在古雅典的民主时代，官员和议员主要通过随机抽签选出来，候选人的资格要求只是雅典公民。随机抽签选出来的议员和官员，大概率是平民，大概率是真正的政治素人。

在美国，富人和政治精英是少数，如果随机抽签选举，抽选出来的议员和官员大概率是平民，大概率是真正的政治素人。

在美国，政治工作者虽然大多数没有亿万身价，但至少也是殷实的中产阶级，都是精英，哪怕出身于贫民窟，从政后也会过上非常富足的生活，可以说，政治工作者和平民没有生活在同一个世界，即使对平民富有同理心，可以感同身受，但毕竟和亲身体验是两码事，何况政治工作者能不能真正对平民产生同理心，还要打上一个问号。

抽选出来的官员和议员更熟悉基层，首先会以平民的立场为政治出发点，也更能代表基层的民意。

抽签选出的官员和议员在性别、种族、民族和行业等方面会均衡分布，女性和男性比例差不多，会有许多工人、农民，会有比较多的少数种族和少数民族，由于来自社会的方方面面，只要人数达到一定规模，按统计学原理评估，所有抽选出的官员和议员完全代表全民。

天赋治权

美国的西方民主体制实际是代议民主，在代议民主的过程中，选民希望选出精英替自己做主，结果总是选民为自己选主。

现代民主有了较大的进步，在二十世纪六七十年代，在欧美的民主国家终于实现了政治普选，继而在全世界大多数民主国家普及。可是即使实现了一人一票的普选，代议民主也不是真正的民主。政治现实是，选民选出的一批政治精英不为选民做主，再过几年再选另一批政治精英，结果仍然是政治精英做选民的主。

美国的代议民主到底有什么问题呢？

首先，选民无法决定谁会成为候选人，选民只能在特定候选人中做选择。

美国的政治是两党制政治，候选人几乎都是通过共和党和民主党推举出来的，候选人产生的过程往往是大型企业、富豪、党内元老、党内超级代表联手人为操控的过程，除了共和党和民主党，小党几乎没有多大的政治生存空间，更不用说独立政治人士了，选民其实没有选择的余地，无论选民怎么选，都是在选两党已为自己选好的候选人。

其次，大型企业和富豪们通过为政治候选人提供政治献金，通过雇佣专业的公关人士进行政治游说，通过投资或撤资等施压手段，对美国政府政策有巨大的政治影响力，而代表普通公民的政治力量和普通公民对政府的影响都非常小甚至微乎其微。

最后，投票率比较低，民选官员和议员不是全体公民选出的，而是一部分公民选出的。美国大选的投票率经常低于60%，国会选举的投票率基本上少于一半，而地方选举，如州一级，县一级或者镇一级的选举，投票率一般都在几分之一。由于当选的政治候选人得票往往不到选民的一半，可以说，代议民主制下选出的官员和议员几乎没人能得到超过半数选民的支持。

投票率低对谁有利呢？

拥有社会资源越多的社会群体，投票的积极性越高，拥有社会资源越少的社会群体，投票的积极性越低。

参选人士最关心的是可能投票的那些群体手中的选票，为了赢得选举，他们会为可能给自己投票的社会群体谋取政治利益或提供政治承诺。

有人说，美国现在的代议民主不是民有、民治、民享的民主，而是少数人有、少数人治、少数人享的民主，这个说法有点夸张，但有道理。

既然现在的代议制民主有这么多问题，是否可以尝试类似古雅典民主的平民民主和抽签选举呢？

在民主时代的古雅典，通过随机抽签选举官员，那个时代几个著名的哲学家和政治家都质疑抽选是否合理，苏格拉底说："用豆子拈阄的办法来选举国家领导者是非常愚蠢的，没有人愿意用豆子拈阄的办法来雇用一个舵手、建筑师、奏笛子的人或任何其他行业的人，而在这些事上如果做错了的话，其危害是要比在管理国务方面发生错误轻得多的。"伪色诺芬指出在实行随机抽签选举的民主制下，当权的是那些缺钱、缺少教育、愚昧无知的穷人、坏人、下等人，而不是独具德行和智慧的富人、贵族、优秀分子。亚里士多德把民主政体定义为"穷人当政"，把寡头政体定义为"富人当政"，在他看来这两者都是偏离正途的蜕变政体。当柏拉图说"对一切人不加区别的平等就等于不平等"时，他表达的意思肯定不是赞同抽签选举。

古雅典的抽签选举确实有问题，优秀政治家之所以优秀，需要天赋和长期历练等条件，平民直接成为优秀政治家是不太可能的，但可以优化随机抽签选举，可以推荐、抽签、投票相结合，从平民中选出优秀者。

古雅典的民主是平民民主，虽然没有天赋治权的说法，但每个公民都参与了政治，都相信自己的权力是神赋予的，几千年过去了，今天热爱民主的人们可以有这样的政治信念：天赋治权！

能当陪审员就能当议员

美国法律规定，每个成年的美国公民都有担任陪审员的义务。

在美国司法审判过程中，广泛采用陪审团制度，每个成年的美国公民都有可能成为陪审员。

美国法律对于陪审员有比较明确的要求，陪审员必须是成年的美国公民，在美国成年的标准是年满21岁，另外，对英语掌握不能达到流利的程度或不会说英语，或由于精神上身体上的原因，不能履行令人满意的陪审团服务，比如不在本土居住，或被以可能判处一年以上监禁刑的罪名起诉，或有在某一州或联邦有一年以上监禁刑的犯罪记录，公民资格还没有恢复，凡是符合其中一个条件的美国公民，免除担任陪审员的义务或资格。

在美国，陪审员的挑选程序比较麻烦，首先，法官从当地选民登记名单中，随机选出一定数量的人，写信询问他们是否可以担任本案的陪审员，然后，法官用问卷的形式审查这些人是否具备担当本案陪审员的资格，最后，法官通知这些人到指定时间到法庭接受庭选，在庭选过程中，双方律师对陪审员候选人具有否决权。

从美国陪审员的挑选程序可以看出，陪审员是法官从当地选民中随机选出来的，不限种族、民族、性别、学历和行业，机会是平等的。

陪审员的工作流程主要是参加庭审，然后听从法官指示，评议案件，最后做出裁决。

在庭审过程中，陪审团扮演的只是听众的角色。双方律师在发言辩诉意见时要面对陪审团，双方证人在陈述案件事实时候也都以陪审团为主要对象。

庭审结束后，首席法官会对陪审团作出指示，然后陪审员被送至秘密的评议室，依据法律常识、人生经验、是非标准、控辩双方提供的证据，对案件做出评议。

在刑事案件中，一般陪审员裁决必须得到全数同意通过才可判决犯罪嫌疑人有罪，在民事案件中，一般只要求简单多数通过即可做出判决。如果刑事案件中的陪审团无法就裁决做出判决，那么法官会宣布该案为流案，重新组建陪审团进行审判。

世上没有完美的法律制度，陪审团制度自然有利有弊，人们对陪审团制度褒贬不一，但美国自立国以来二百几十年一直沿用陪审团制度，说明陪审团制度仍然是有行之有效难以替代的司法制度。

陪审员的工作非常重要，可以参与审判重大案件，可以决定犯罪嫌疑人是否有罪，甚至可以间接决定嫌疑人的生死，这说明普通公民完全可以凭借常识对大事做出比较合理的判断。

议员的工作虽然比较复杂，但也不会比陪审员的工作更有难度，毕竟陪审员偶尔陪审，比较仓促，而议员议政则是长期的连续的，即使开始生疏，但很快就会熟悉相关事务。

公民可以仓促之间做陪审员审判大案，就应该可以做议员议政！

优化抽签选举

古雅典的平民民主虽然是比较纯粹的民主，但也有许多缺点和弊端，尤其抽签选举，饱受当代和后世的学者诟病。

实际上，不得不承认，无论古代还是现代，在国家层面上，平民确实难以担当国家大任，危难之间，难以对军事、外交等复杂的军政大事做出英明正确的决定，否则古雅典不至于在伯罗奔尼撒战争中战败，不至于在伯罗奔尼撒战争后衰落，但在日常政务中，尤其在基层的日常政务中，由优秀的平民治理，可以实现公正、平等、稳定的民主政治。

古雅典之后，抽签选举并没有被完全放弃，它与投票选举搭配，在古代的罗马共和国、中世纪的佛罗伦萨共和国和近代的威尼斯共和国仍是民主选举的重要方式或主要方式。

古罗马共和国选举官员时，先通过投票选出官员候选人，选举赋予当选者出任某类官职的资格，最后当选者具体担任什么官职往往要由随机抽签决定，显然罗马人虽然注重投票选举，要选出政治精英，但仍然没有忽视抽签选举的公正性，实际上，罗马共和国广泛采用抽签决定容易产生争议的政治事务，减少了政治的矛盾和冲突。

佛罗伦萨共和国采用推举、投票加抽签搭配的方式选举官员，先推举然后投票选出候选人，最后抽签从候选人中选出官员，这几乎决定了只有贵族可以进入抽签的选举阶段，结果几十个家族共同掌控权利核心，避免了某个家族专制独裁，抽签对平民参政帮助有限，却帮助贵族和政治精英实现了贵族的共和。

威尼斯共和国采用先抽签选举后投票选举的方式选举官员，先抽签后投票，先用抽签产生选举团，然后由选举团用投票的方式选出官员候选人或官员，选举团虽然愿意推举有名望的贵族，但选举团通过随机抽签产生，大多数选举团成员是平民，仍然有可能推举优秀的平民，具有一定的政治的开放性、平等性和公正性。

古雅典之后采用抽签作为选举方式的共和国，都在一定程度上有贿选和作弊的情况，但瑕不掩瑜，随机抽签选举防止了专制独裁，并在一定程度上实现了政治的公正和平等。

在现代社会，要推行现代平民民主，可以从基层的议会和政府开始，可以采用推荐、抽签、投票相结合的方式，从优秀的平民中选出合格的议员和官员。

下面简单设想一下现代的随机抽签选举。

一定数量有选民资格的公民可以推荐优秀的公民成为议员候选人，推荐人数的标准不能太多，参选人不用筹集政治献金就可以找到足够数量的推荐人，又可以证明自己有一定的号召力，这样基本可以保证候选人既代表民意又比较优秀，然后可以从这些候选人中抽选出议员，替换任期已到卸任的议员。从统计学来看，这样选出的议员包括全社会各个阶级，大多数是平民，当然这些议员可以代表全体公民的政治意志。

一般情况下，对民选官员的要求要比议员高得多，因为民选官员不但要和议员议政，还要制定和执行具体政策，要有比较高的政治素质，要有比较强的号召力、影响力、组织能力和领导能力，政治责任比议员也大，所以民选官员要非常优秀，可以推荐、抽选、投票巧妙结合，选出优秀的人才担任官员。

　　一定数量有选民资格的公民可以推荐优秀的公民成为官员预备候选人，推荐人数量标准当然比议员的标准要高，要证明预备候选人有一定的政治号召力，但数量标准也不能太多，大多数预备候选人不用筹集政治献金就可以找到足够数量的推荐人。从预备候选人中抽签选出候选人，然后由平民占多数的议会从候选人中投票选出官员。如果这样，从公民推荐提名预备候选人，到随机抽选候选人，再到议会投票从候选人中选出官员。金钱政治很难渗透这样的政治竞选。

　　真正实用的现代随机抽签选举需要分析论证、实践检验，经过多次迭代才会产生。

淡化政党恶斗、金钱政治、寡头政治倾向

　　抽签选举可以淡化政党恶斗。

　　政党恶斗是为了控制政府和议会，如果通过随机抽选选出议员和民选官员，无论哪一股政治势力都无法操控政治竞选，都无法控制议会，那政党就失去了恶斗的动机。

　　在美国，政治竞选耗费巨大，政治候选人为了当选，不得不寻求富人和大企业的政治献金，接受献金后如果当选，自然而然会回报金主，所以金钱政治盛行。随机抽签选出的议员和官员感谢上帝，不用感谢任何人，这样更能保持平民的政治本色。

　　在美国虽然还没有出现寡头政治，却有了寡头政治

倾向。投票选举容易被操控，而抽签选举是随机的，被操控的可能性非常低，如果施行抽签选举，寡头政治倾向自然淡化了。

为平民提供一条参政捷径

在现代的民主国家，对于平民来说，参加政治竞选并不是一件容易的事，要有一定的经济实力，要有良好的心理素质，要有比较高的知名度，要有自带光环的政治魅力，要有过人的演讲能力说服选民支持自己，要有高超的公关能力可以和提供政治资源的大人物们打交道，要有高明的竞选谋略，要有让人高度认可的领导能力，对于平民来说，参加政治竞选绝对是一条艰难无比的人生之路，绝大多数平民只要对竞选的困难知道一点就会知难而退。

中国的哲学家和思想家老子在他的著作《道德经》里写道："信言不美，美言不信。善者不辩，辩者不善。"这些话翻译成白话文就是："真实的言语不华美，华美的语言不真实。行为良善的人不巧辩，巧辩的人不良善。"

能言善辩的政治精英，有为公民服务的才能，但未必有为公民服务的诚心。

对于公民来说，一个好的政治工作者首先要主观上有优先为公民服务的意识，其次才是要有良好的素质和经验。如果一个政治工作者没有公民利益优先的意识，对公民来说，这个政治工作者的素质再优秀也没有价值。

在现代的民主国家，选民们往往对政治素人抱有非常大的期待，就是因为选民们怀疑政治精英们的政治品质，期待政治素人可以为选民服务。

一名平民，避开人为操控作弊，通过现代的随机抽签选举，成为一名官员或议员，那这个平民肯定比政治素人更可信。

结语

古雅典的抽签选举和现代西方民主的投票选举孰优孰劣？

其实两者各有优点和缺点，如果两者巧妙结合，也许会实现现代平民民主，也许民主政治可以进入新的时代！

4.7 公民考核政绩

考核政绩票是本书自定义的新概念，指公民考核政府和议会的政绩的票。

公民考核政绩的重要性

在美国，民选官员和议员都是政治精英，至少演讲、公关和组织的能力有过人之处，公民因为信任和爱戴等原因而选举这些政治精英担任官员和议员。这些官员和议员大多数都有点真才实学，都能自觉履行一般的行政和议政的职责。

在美国，贫富两极分化，政治极化，族群矛盾严重，党争激烈，有时甚至会出现政治动荡的迹象，经济低迷有时濒临衰退边缘，财政赤字和国家债务日益高涨，种种政治和社会的问题交织在一起，让情况变得越来越复杂越严峻，而官员和议员对这一切却越来越力不从心。

为什么民选官员和议员对这一切越来越力不从心？

原因太多了，一言难尽，但有两个原因比较明显也比较重要，其中一个原因是这些民选官员和议员虽然是政治精英，但不一定是一流人才，另一个原因是这些民选官员和议员可能没有出尽全力。

大多数民选官员是不是一流人才呢？

在美国，有一个比较流行的说法：一流人才经商，二流人才从政。

　　这种说法不一定完全是事实，但绝对有道理。

　　美国是一个西方民主体制的国家，同时也是一个资本主义社会，在资本主义社会里，市场经济观念占主导地位，衡量一个人是否成功，首先要看这个人拥有多少财富，然后才看其他方面的成就，这就决定了一个人要做什么职业首先要考虑收入，而在美国，商人和商业高管的收入普遍比议员和民选官员的收入高，一个大企业CEO的收入可能比总统的收入多几十倍甚至几百倍！

　　在美国的政治竞选中，公民们有时发现有白发苍苍的有钱人参加选举，这些有钱人可能在年轻的时候有政治追求，但一般会先把青春献给赚钱的事业，等到钱赚够了年老力衰的时候才想起重拾昔日的政治理想。

　　民选官员和议员会不尽全力吗？

　　在美国，民选官员和议员不但收入相对比较低，还不是终身制，每一次竞选都有可能失败，法律还规定某些职位不得多次连任，那么民选官员和议员失去了官职何以为生呢？除了少数身居要职的政治工作者离职后会得到国家终生供养外，其他的政治工作者都要自谋出路。

　　在美国，民选官员和议员在任期间不但要办公，还要为以后的选举铺垫、造势和筹集政治捐款，或者为政治生涯结束后的生活准备出路，为了解决这些现实的问题，民选官员和议员必须付出一些时间和精力为自己谋划未来和结交朋友。由于普通公民可以提供的帮助是薄弱的，有钱人和大企业更能帮助民选官员和议员，即使没有私下的政商勾结和权钱交易，民选官员和议员也会自然而然倾向于维护有钱人和大企业，因此出现金钱政治也就不难理解了。

当然，民选官员和议员对公民的诉求也不敢完全置之不理，否则公民就会把选票投给竞争对手，于是竞选变成拍卖福利会，哪怕透支国家和社会的未来也在所不惜！

让公民考核政绩，让政治工作者可以凭借政绩获得高额奖金，才会吸引一流人才从政，一流人才拥有足够的治国理政能力，加上专注于政务，可以做出良好的政绩，可以在国家和社会的危难时刻力挽狂澜，消除危机。

自从有了普选权，公民可以自由投票选出官员和议员，这确实是民主的进步，但这还不够，如果公民可以直接考核官员和议员的政绩，可以奖励官员和议员，这就等于公民直接监管官员和议员,这是民主的更大进步。

考核对象

在美国，如果公民考核政绩，就要考核政府，因为政府可以为公民服务，也可以损害公民权利，也要考核议会，因为议会既可以监督政府，防止政府干坏事，也可以妨碍政府做好事。只有政府高效务实，议会和政府合作，政府才能正常运转，否则会发生空耗和内卷的政治现象。

美国是两党制的国家，在国家、州、郡和市的政治竞选中，如果一个政党赢得政府执政又在众议院和参议院中赢得多数席位，那么执政党内部就可以协调政府和议会之间的关系，政府和议会肯定会合作无间，如果一个政党赢得政府执政，但只赢得一个议会的多数席位，或在两个议会都没有占据多数席位，那政府的提议就可能在议会中难以通过，而议会的决议也容易被政府否决。

公民考核政绩，可以督促政府高效务实，也可以督促议会和政府合作，如果政府和议会之间恶斗，或者议会内部恶斗，公民可以做裁判，可以在考核时奖励全心全意为公民服务的官员和议员，对捣乱的政客做出不满意的评价。

既要公民满意又要兼顾考核指标

考核政府和议会的政绩，评价官员和议会的工作，既要看公民们对官员和议员提供的公共服务是否满意，还要考核指标。

让大多数公民满意，是政绩合格的基本条件和必要条件，还要政府和议会的工作超过考核指标的标准，才算政绩合格，公民们满意的比例越高，超过指标越高，政绩才越大。

每一个地区或城市都有需要最优先解决的问题，比如：谋杀之都需要降低谋杀案发生率，罪恶之都需要降低犯罪率，铁锈带和贫困州需要经济增长或减少政府债务等，需要最优先解决的问题可以作为考核指标。考核指标要可以量化衡量，简单直接客观，否则考核就会存疑有争议，容易失去公正性。

谁来制定公民满意比例的合格标准值和考核指标及

考核指标的合格标准值呢？

可以由随机抽选产生的民意代表团再加上被考核的议员和官员共同制定，可以避免标准值设置太高或太低的问题，也可以避免考核指标设置不合理。

如果标准值设置太低了，或者考核指标设置不合理，广大选民可以投不满意票。

可以考核三次

在美国，政治选举间隔两年一次，大选结束两年后就会举行中期选举，如果施行公民考核政绩，考核可以和选举一起进行，选举中选民考核政绩代替公民考核政绩。

选民对官员或议员直接考核，其实比选举更简单，不象竞选中会冒出陌生的候选人，公民对等待考核的官员或议员已经比较熟悉，可以在考核中很快做出满意或不满意的选择，然后相关工作人员对所有的公民考核评价统计并计算，就可以获得选民对官员或议员的考核数据。

选举往往在政府和议会正式换届前几个月进行，此时考核官员或议员的工作是否称职，会考核不到卸任前几个月，即使在卸任时考核也难以做到全面客观，因为官员或议员可以高瞻远瞩，也可以粉饰政绩或掩盖问题，其施政影响可能会在卸任后一段时期才能完全显现出来，所以官员或议员卸任后最好再考核一次，不过这次考核要混合考核，要考核卸任的官员或议员，再加上现在的政府或议会，这样可以促使快卸任的官员或议员为下一届的政府和议会的工作做好铺垫和衔接。

综上所述，公民考核政绩，对于一名民选官员或议员，可以分三次考核，一次可以在一届政府运行两年后的中期选举，一次可以在政府换届的大选，还有一次可以在政府换届两年后的中期选举。

对一届的政府和议会进行三次政绩考核，可以避免一次考核不全面，也可以避免考核过于频繁。

考核和奖励

考核政绩计算奖金，最好用科学量化计算的公式，最后得到一个精确的数值。

下面模拟考核一个美国铁锈带的城市，除了考核公民满意比例，还把失业人口数量作为考核指标。

相关参数说明：

1、奖金

民选官员、议员参加考核，如果达到获奖条件，可以获得奖金。如果有必要，政府雇员和不是民选出来的重要官员也可以参加考核。

2、就业人口数量

在美国的铁锈地带，高失业率是一个难以解决的社会问题，还间接产生了酗酒、吸毒、暴力、高犯罪率等其他一系列社会问题，如果考核铁锈带的政绩，就业人口数量应该是最重要的考核指标。

2、就业人口数量标准值

就业人口数量标准值是衡量就业人口数量的标准值，超过标准值，政府和议会的工作才算达到标准，才有获奖的资格。

3、公民满意比例

公民满意比例是指对政府或官员或议会的工作效果表示满意的公民数量占公民数量的比例。

选民满意比例是指对政府或官员或议会的工作效果表示满意的选民数量占选民数量的比例。

由于选举和考核可以同时进行，而选民满意比例和公民满意比例又非常接近，所以可以用选民满意比例代替公民满意比例。

4、公民满意比例标准值

公民满意比例标准值是衡量公民满意比例的标准值，只有超过这个标准值，政府或官员或议会的工作才算达到评价标准。

公民满意比例标准值应该由谁确定，又如何确定，这是一个值得讨论研究的问题。

美国是一个政治两极分化比较明显的国家，政府、官员和议会要获得超过一半公民的支持比较困难，所以公民满意比例标准值的默认值可以设定为 0.5，让达到标准有点难度，同时又不至于标准太高而太难达到，以激励官员或议员努力工作为公民服务。

5、奖金系数

奖金系数指调节官员或议员或政府雇员的奖金计算的系数，该系数使计算出来的奖金额是一个比较合理的数字，可以根据具体情况设置奖金系数。

为不同职务的官员或议员或政府雇员设置合理的奖金系数，既要科学分析，还要获得社会共识，否则考核时大多数公民会因为对奖金系数不满而对官员或议员做出不满意的评价。

获奖条件：

1、就业人口数量>就业人口数量标准值

2、公民满意比例>公民满意比例标准值

奖金计算公式：

奖金=（就业人口数量-就业人口数量标准值）*（公民满意比例-公民满意比例标准值）*奖金系数

从这个公式可以看出，如果一个官员或议员要获取奖金，既要为增加就业做出贡献，还要让尽可能多的公民满意，这样才有可能得到奖金。

要增加就业，需要创造宜商宜居的条件，吸引投资、企业和人才，在这些基础上促进就业。

下面模拟计算某铁锈带城市的市长、参议员、众议员的奖金，职务和人名都是虚构的，如有雷同，纯属巧合。

2025 年 11 月，某铁锈带城市的政治候选人弗兰克当选市长。

2027 年 11 月，市长弗兰克参加考核，考核近两年的政绩，就业人口数量 60.4 万，就业人口数量标准值 50 万，市政府的公民满意比例 0.72，市政府的公民满意比例标准值 0.5，市长的奖金系数为 20。

弗兰克的奖金=（60.4-50）*（0.72-0.5）*20=45.76（万美元）

2029 年 11 月，市长弗兰克再次参加考核，考核近两年的政绩，就业人口数量 65.7 万，就业人口数量标准值 55 万，市政府的公民满意比例 0.68，市政府的公民满意比例标准值 0.5，市长的奖金系数为 20。

弗兰克的奖金=（65.7-55）*（0.68-0.5）*20=38.52（万美元）

2031 年 11 月，弗兰克卸任市长两年后参加考核，考核近两年的政绩，就业人口数量 70.8 万，就业人口数量标准值 58 万，弗兰克的公民满意比例 0.71，弗兰克的公民满意比例标准值 0.5，卸任市长的奖金系数为 10。

考核卸任的市长，既要考核卸任的市长本人，还要考核现在的市政府，这样的混合考核可以促进前后两任市长衔接合作，还可能淡化党争。

弗兰克的奖金=（70.8-58）*（0.71-0.5）*10=26.88（万美元）

2025 年 11 月，某铁锈带城市的政治候选人安娜当选市参议员。

2027 年 11 月，市参议员安娜参加考核，考核近两年的政绩，就业人口数量 60.4 万，就业人口数量标准值 50 万，市参议院的公民满意比例 0.67，市参议院的公民满意比例标准值 0.5，市参议员的奖金系数为 12。

安娜的奖金=（60.4-50）*（0.64-0.5）*12=17.472（万美元）

2029 年 11 月，市参议员安娜再次参加考核，考核近两年的政绩，就业人口数量 65.7 万，就业人口数量标准值 55 万，市参议院的公民满意比例 0.73，市参议院的公民满意比例标准值 0.5，市参议员的奖金系数为 12。

安娜的奖金=（65.7-55）*（0.73-0.5）*12=29.532（万美元）

2031 年 11 月，市参议员安娜再次参加考核，考核近两年的政绩，就业人口数量 70.8 万，就业人口数量标准值 58 万，市参议院的公民满意比例 0.76，市参议院的公民满意比例标准值 0.5，市参议员的奖金系数为 12。

安娜的奖金=（70.8-58）*（0.76-0.5）*12=39.936（万美元）

2033 年 11 月，安娜卸任市参议员两年后参加考核，上次考核的数据，上次考核就业人口数量 70.8 万，上次考核就业人口数量标准值 58 万，考核近两年的政绩，参议院的公民满意比例 0.74，参议院的公民满意比例标准值 0.5，卸任市参议员的奖金系数为 6。

考核卸任的市参议员，既要考核卸任的市参议员本人，还要考核现在的市参议院，这样的混合考核可以促进前后两届市参议院衔接合作，还可能淡化党争。

安娜的奖金=（70.8-58）*（0.74-0.5）*6=18.432（万美元）

2025 年 11 月，某铁锈带城市的政治候选人杰克逊当选市众议员。

2027 年 11 月，市众议员杰克逊参加考核，考核近两年的政绩，就业人口数量 60.4 万，就业人口数量标准值 50 万，市众议院的公民满意比例 0.66，市众议院的公民满意比例标准值 0.5，市众议员的奖金系数为 8。

杰克逊的奖金=（60.4-50）*（0.66-0.5）*8=13.312（万美元）

2029 年 11 月，市众议员杰克逊再次参加考核，考核近两年的政绩，就业人口数量 65.7 万，就业人口数量标准值 55 万，市众议院的公民满意比例 0.75，市众议院的公民满意比例标准值 0.5，市众议员的奖金系数为 8。

杰克逊的奖金=（65.7-55）*（0.75-0.5）*8=21.4（万美元）

2031 年 11 月，杰克逊卸任市众议员两年后参加考核，上次考核的数据，就业人口数量 65.7 万，就业人口数量标准值 55 万，考核近两年的政绩，市众议院的公民满意比例 0.78，市众议院的公民满意比例标准值 0.5，卸任市众议员的奖金系数为 4。

考核卸任的市众议员，既要考核卸任的市众议员本人，还要考核现在的市众议院，这样的混合考核可以促进前后两届市众议院衔接合作，还可能淡化党争。

杰克逊的奖金=（65.7-55）*（0.78-0.5）*4=11.984（万美元）

提高选民投票率

在美国的政治竞选中，选民投票率一般都比较低，尤其基层选举，投票率有时会低至几分之一。

在政治竞选中，如果投票选举的同时还投考核政绩票，那不愿意投票选举的选民可能愿意投票了，因为议员和民选官员工作一段时期后，选民一般会对被考核的议员和民选官员的好与坏已经有了爱与恨，肯定想让自己赞赏的政治工作者在考核政绩时获得好评和奖金，想让自己抵制的政治工作者在考核政绩时得到差评得不到奖金，因此选民会积极去投考核政绩票，同时也投了政治选票，于是提高了投票率。

倾向全民政治

有极少数政治工作者会提倡全民政治，但一般不会被自己的政党和政敌所理解，有政党制度，全民政治就是一个政治口号，其实政治工作者连全民政治这个口号都不愿意喊。

由于美国是两党制国家，有的政客在执政后施政的过程中，对不同的社会群体会有"我们"和"他们"的区分，认为支持自己的群体是"我们"，更愿意善待"我们"，不支持自己的群体是"他（她）们"，对"他（她）们"会冷落、疏忽、怠慢，这本来是政客的潜规则，但有的政客心直口快，会不小心说出来。

在美国，如果公民可以考核政府和议会的政绩，那么政治工作者为了获得良好的考核和巨额的奖金，会全心全意为公民服务，甚至为了公民的政治利益，共和党和民主党会尽量合作，这样就在一定程度上淡化了党争，而公民如果认可政治工作者的政治服务，即使这个政治工作者和自己不属于同一个政党，也可能为这个政治工作者投下满意的考核评价，如果如此，民主政治就比较倾向于全民政治了。

结语

在民主世界里，人们一直想要物美价廉的政治服务，其实这是幻想。

如果公民想让政治工作者真心诚意为公民服务，就要直接考核和奖励政治工作者。

4.8 开放选区

守法居民选票是本书自定义的新概念，指一名居民因为在几年里没有犯罪行为而获得的一张政治选票，要深入了解可看本书的《守法居民选票》一章。

纳税人选票是本书自定义的新概念，指一名居民因为依法缴纳个人所得税而获得的一张政治选票，要深入了解可看本书的《纳税人选票》一章。

考核政绩票是本书自定义的新概念，指公民考核政府和议会的政绩的票，要深入了解可看本书的《公民考核政绩》一章。

移民效应指移民给国家和社会带来的积极作用。

开放选区是本书为了方便阐述提出的政治概念，指在政治选区里对合法移民开放，有贡献的合法移民可以成为政治候选人，竞选民选官员和议员，可以应聘政府雇员，可以有纳税人选票、守法居民选票、考核政绩票。

移民效应的政治延伸

美国是英国的殖民地还不是美国的时候，就已经是移民聚集之地。从 16 世纪末到 17 世纪，大量英国、法国、荷兰等国家的移民来到北美洲，寻求在北美新大陆上建立定居点。

美国独立建国后，还是一个地广人稀的国家，欧洲移民不断涌入。

19 世纪至 20 世纪初，美国经历了一系列的大规模移民浪潮，移民来源国包括爱尔兰、德国、意大利、中国和日本等，这些移民主要是为了逃离战争、饥荒和政治迫害等天灾人祸。

20 世纪后半叶，移民的主要来源从欧洲转变为亚洲和拉丁美洲的国家，包括中国、墨西哥、印度和菲律宾等。

世界各地的移民给美国带来了多元化，带来了多种族、多民族、多语言、多宗教、多风俗习惯，文化传统丰富多样，最关键的是给美国带来了源源不断的思想文化艺术活力。

一个移民或移民家庭敢于冒险漂洋过海来到陌生的北美世界，心中必然充满了勇气和希望。大多数移民到了北美地区，即使不是一贫如洗也没有多少财富，为了生存，为了将来的生活，必然要比本地居民加倍努力奋斗，要勤劳，要冒险，要有开拓和创新精神。因为移民有活力，移民在经济发展和创新方面也发挥了非常的重要作用，许多移民在科技、商业和艺术等领域取得了卓越的成就，为美国的繁荣富强做出了巨大贡献，也不断地重塑了美国社会。

在发达富裕的美国，还有许多铁锈带、贫困州等落后贫困地区，在这些地区，贫困持续几十年甚至上百年，不宜商不宜居，对投资、企业和人才都缺乏吸引力，本地人难以改变现状，如果说还有能改变这些地区的外力，移民是值得期待的重要力量，可以给与移民机会，让移民效应带动经济增长，还可以给与移民政治机会，让移民效应在政治方面也发挥作用，这会增加这些地区的活力，让这些地区走出贫困落后的处境。

对移民开放的开放选区

在美国，合法移民可以就业，可以经商，也能参与政治活动，但没有政治投票权，也不能成为政治候选人竞选公职人员，不能应聘警察、检察官和法官等公职，也不能应聘政府雇员，不管为美国做出多少贡献，终究还是一个外国人，难以真正融入主流社会。

美国是世界最大的移民国家，美国公职只有总统、副总统要求必须是美国出生的美国公民，许多美国高官不是在美国出生的，以前并不是美国公民，移民美国后才成为美国公民。

在美国，合法移民拥有美国绿卡，拥有长期在美国工作和生活的权利，如果合法移民愿意成为美国公民，也许再需要几年，也许再多纳税，也许办个手续，就可以成为正式的美国公民，所以合法移民应该算是美国的准公民。

合法移民作为美国的准公民，只要不担任联邦和州的公职，担任镇、市、郡的公职并不会改变美国政治的根本，也不会触及美国的国家安全。

在美国，如果设立开放选区，允许有贡献的合法移民可以担任公职，可以拥有纳税人选票、守法居民选票、考核政绩票，可以惠及开放选区。

美国出于各种原因接纳移民，但肯定不想移民成为美国的负担，希望移民守法，不扰乱社会秩序，希望移民纳税，为美国做贡献。如果规定守法纳税的合法移民有资格竞选和担任公职，有资格拥有政治选票，有参政意愿的合法移民就会小心守法，积极纳税。

在开放选区，如果合法移民有担任公职和政治竞选的意愿，合法移民会主动了解和融入美国社会，会尝试做义工和参加慈善活动，会积极改善开放选区的社会环境。

如果合法移民担任公职，为了证明自己不比公民差，会努力工作，移民的勇气胆略，移民的勤奋上进和开拓创新的精神，也许会解决开放选区的长期难以解决的社会痼疾。

世界民主的舞台和广告

民主指数是衡量民主的指数，由英国著名智库经济学人集团旗下经济学人智库编制，每年民主指数评分把全球将 160 多个国家分为四个等级，包括完全民主、有缺陷的民主、混合政权、专制政权。

从 1990 年到 2005 年，美国的民主指数都是高分，美国都评为完全民主国家。从 2010 年到 2015 年，美国仍评为完全民主国家，但美国的民主指数在下降。2016年美国的民主指数得分 7.98 分，跌至 8 分以下，美国评为有缺陷的民主国家。从 2016 年到 2022 年，美国的民主指数得分持续下降，2022 年在世界排名第 30 位，沦为长期有缺陷的民主国家，在 2022 年，有 24 个国家评为完全民主国家。

2022 年 11 月 9 日，美国著名媒体纽约时报中文网发布了一篇文章，标题是《在全球民主国家眼中，美国民主已迷失方向》，在这篇文章里，作者谈到了台湾人、加拿大人、立陶宛人等民主盟国的人们对美国民主的怀疑和对美国政党恶斗的担忧。

美国的民主堕落了，需要民主改革。

美国可以设立开放选区，在开放选区里，不但要建立公正平等的民主秩序，还要搭建世界民主的舞台，持有美国绿卡的合法移民，可以在政治竞选中投票，还可以成为政治候选人、政府官员、政府雇员。开放选区可以让移民感受世界民主舞台的政治魅力，并把美国民主的精彩故事传递给全世界。

开放选区可以促进美国民主进步，可以让优秀的移民做出突出的政治贡献，开放选区可以成为世界民主的舞台，可以增加美国在世界的政治影响力。

结语

美国是一个开放的国家，移民的后裔有的成为世界首富，有的成为美国总统，有的成为世界著名的科学家，为什么不让优秀的合法移民在政治方面早点出手为美国服务呢？

4.9 简约真实的选举

只有简约才会真实

政治竞选的实质是什么？是招聘，是特殊的招聘。

政治竞选实质上是为政府招聘官员，为议会招聘议员。

既然政治竞选是招聘，主权在民，那选民就应该是面试官。

虽然政治竞选实质上是招聘，但由于选民太多了，美国选民有一亿几千万人，选民无法象普通招聘的面试官那样面试政治候选人，所以政治竞选中政治候选人反客为主，自己筹款举办政治活动，宣示自己的政治观点和未来政策，极尽煽情和娱乐之能事，而选民则成了政治娱乐的观众，到最后投票时才有点主动权。

在现实中，没有选民把竞选和招聘联系起来，也没有选民把自己和面试官联系起来。

政治候选人筹集大额的政治献金，不必细查其中的真相和细节就知道必然是金钱政治，即使是合法的，没有贿选。接受了大额的政治献金却没有相应的政治承诺和政治回报，会有这样的好事吗？

在政治候选人接受大额的政治献金时，候选人对政治献金者的政治承诺就已经排在对选民的政治承诺前面了。

有人会说，政治候选人也接受支持者小额的政治献金，这算不算金钱政治？

这不算金钱政治，这是对政治候选人的正常资助，因为没有对少数人的私下的政治承诺和秘密的政治回报。支持者的小额政治献金是对政治候选人的公开支持，政治候选人获取权力后要践行政治承诺，就要对大多数民众政治回报，透明而公正。

简单的政治献金，简约的竞选活动，才是真实的政治竞选。

政治献金限制和第三政党

美国是一个两党制国家，但美国的政党制度其实是多党制，只不过共和党和民主党是主流，其他党派比较小，没有全国影响力，几乎可以忽略不计。

美国的两党制形成于 19 世纪 30 年代两党制初步形成，南北战争以后得以确立，已有近二百年的历史。

美国稳定的两党制似乎是上天的安排，总有形成两大政治阵营的原因，不断延续了两党制。

美国的两党制源于制定和批准联邦宪法过程中形成的联邦派和反联邦派，到了南北战争前，形成民主党和共和党两大政党，民主党主要代表南方奴隶主的利益，维护蓄奴制，共和党主要代表北方资本家和农场主的利益，主张废奴，两党矛盾无法调和，因此还发生了南北战争，时过境迁，战后若干年，当年支持蓄奴的民主党代表新移民价值观，尤其代表黑人群体的利益，而当年支持废奴的共和党代表旧移民的价值观，有点疏远了黑人群体。

美国的两大政党长期势均力敌，两个政党的主流支持者都不敢大力支持第三政党，怕分散了自己阵营的政治力量而导致自己阵营输了，最终会影响自己的切身政治利益，所以美国的小党因为缺乏广泛的支持者难以崛起。

当今美国的金钱政治是美国的共和党和民主党共同导致的，这两大政党从金钱政治长期获取巨大利益，期望这两大政党终结金钱利益无异于缘木求鱼。美国的《联邦竞选法》只能抑制金钱政治，要打破金钱政治，就需要第三个大政党崛起。

在美国，两大政党之外的小党要想崛起，可以指出金钱政治对民主的致命危害，以打破金钱政治为政治主题，让选民明白，美国应该存在反对金钱政治的政治力量，可以示范简约的政治竞选方式，可以依靠小额的政治献金政治竞选，从而赢得主流选民的支持，可以拒绝数以亿计的政治烧钱，也许可以开创真正代表民意的简约的政治时代。

选民可以抑制金钱政治

在美国，如果大量选民可以在政治方面精心统计和计算，也许可以抑制金钱政治。

判断一个人是否诚实，不但可以听这个人说了什么，还可以观察这个人的肢体语言，而判断一个政治候选人是否可以代表广大选民，仅仅听其言观其行还是不够的，因为许多政治候选人都擅长政治表演，并且演技高明，可以做到毫无破绽，而政治候选人的政治献金的数据都是公开透明的，无法隐藏的，选民可以从政治献金的数据深入了解候选人的政治心思。

我是一名 IT 工作者，经常统计和分析数据，如果我是一名选民，我会根据政治献金的统计数据选择政治候选人。

如果我是一名选民，我会对历届当选政治候选人的政治献金做出准确的统计，并尽量统计出超级政治行动委员会对政治候选人的支持情况，再结合政治候选人选前的政治承诺和当选后的政治行为，可以得到一些政治分析经验。

如果我是一名选民，在选择政治候选人之前，我会统计一个政治候选人的政治献金，再分析超级政治行动委员会对这个候选人的支持情况，这样就可以深入了解这个候选人真正的政治倾向。

如果我是一名选民，我不但要统计政治候选人的政治献金情况，还会统计候选人的政治献金总数，再统计企业和个人的献金总数，比较企业的献金总数是否多于个人的献金总数，在个人的献金里，达到献金上限的献金总数和其他的个人献金总数，比较前者是否大于后者，再根据常识估算超级政治行动委员会对候选人支持的费用，候选人的统计数字可以互相比较，等等，有了统计数字，自然而然会得出一些政治结论。

我不想做一名政治教唆犯，所以只能说这么多了，点到为止。

由于美国是两党制的国家，所以美国联邦的政治竞选主要是共和党和民主党这两大政党之间的竞争，其他小党和独立政治人士也可以参加，但成功的机会微乎其微，可以忽略。

在共和党和民主党之间正式竞选之前，两大政党先进行党内初选，然后举行党内大选。

由于美国是联邦制国家，党内初选的规矩各州自己定。

目前，共和党初选结果完全根据候选人中各州获得初选的票数决定，但是民主党除了各州的选票外，还有大约几百票的所谓超级代表选票，即该党那些议员，州长等大佬一人一票。一个民主党的候选人如果得到党内大佬的支持，他其实已经获得了大约百分之十几的选票。

在美国政治竞选的过程中，对于选民来说，党内竞选比正式竞选更重要，因为在党内初选中有时会有十几名甚至更多的政治候选人可供选择，在这么多的候选人中更可能选择可以代表广大选民的政治意志的选民，而在正式竞选时，往往只有两个政治候选人可供选择，这两个候选人就是共和党和民主党的候选人。

如果选民可以计算政治候选人的政治献金的各类统计数字，并用这些统计数字分析政治候选人和金钱政治的关系，那么政治候选人自然而然会心有忌惮，会拒绝不该收的政治献金，也许还会减少与超级政治行动委会合作。

结语

　　在民主国家，政治竞选必然有政治献金，有政治献金就可能有金钱政治，限制政治献金不但需要政党互相制衡，还需要选民积极参与，才可以尽可能抑制金钱政治！

4.10 文明理性的政治精神

不文明不理性的政治竞选

　　《竞选州长》是近代美国著名作家马克·吐温于1870 年发表的一篇讽刺小说，该篇小说写于美国南北战争结束后五年。1865 年，战争结束不久，林肯总统就遇刺身亡，接替林肯任总统的约翰逊赦免了一部分叛乱的奴隶主，并提出以平等的原则接受南方叛乱过的各州重新加入联邦。与此同时，北方南下的投机商、南方的奴隶主、臭名昭著的三 K 党肆意横行，对此有兴趣的读者可以阅读美国作家玛格丽特·米切尔的小说《飘》，这本书对那个时代的乱象有细致的描写，也可以观看美国的老电影《乱世佳人》，电影里渲染了那个时代的混乱。当时美国国会通过重建南部的法令，先后公布了黑人公民权法案，还颁布了宪法修正案。不稳定因素一起释放，南方叛乱过的各州乱成一锅粥，而政坛更是混乱的重灾区。

　　在《竞选州长》这篇小说里，一个平时品行良好的美国绅士要竞选州长，他成为州长候选人后，有人却在报纸上对这个绅士大肆进行人身攻击，控诉他是小偷、伪证犯、酒鬼、受贿犯，控诉他诽谤已经去世的人，控诉他纵火烧死精神病人，控诉他下毒杀死自己的叔叔，有人写信恐吓他，有一天一群人冲进他的住处，吓得他逃之夭夭，闯入者破坏他住处的家具门窗，抢劫财物，后来又有人教唆9个不同肤色的刚学走路的穿着破烂的小孩，冲到民众大会的讲台上来，抱住这位绅士的双腿叫他爸爸，最后这个绅士不堪骚扰退出竞选。

现代的媒体发达了，近年来美国政治竞选的相关资料非常丰富，从中可以看出来，现代美国政治竞选的过程远比《竞选州长》中描述的情节更刺激精彩，其中不乏暴力冲击和阴谋陷害，政治斗争中甚至有谋杀案发生，一个普通人无法经得起这种折腾，这不得不让人怀疑，美国民主政治的进程可能是一个逆向淘汰的过程，绅士淑女在美国政界根本没有立足之地，只有政客才能如鱼得水游刃有余。

在现代政治竞选中，政治候选人之间的政治竞争不仅仅是两个人的竞争，而是两方的斗争，是两方的政治团队、金主、支持者之间的斗争，斗争的激烈程度堪比擂台拳击比赛，双方的谩骂、抹黑、谣言、爆料、诬陷等斗争手段杀伤力不可小视，打擂台的拳击手可能在擂台上受伤被抬进医院，而竞选的双方人员可能在竞选中被爆料或被诬陷进监狱。

人们期待民主进步，但不能期待在一个充满粗暴和浮躁的政治环境中民主进步，其实最大的民主进步首先就是创造文明理性的政治环境，有了文明理性的政治环境，民主政治才不会扭曲变质，才会真正进步。

第三方塑造文明理性的政治精神

在美国，政治工作者往往过度关注竞选和博弈的结果，而忽视了政治活动过程。

在一个民主国家，政治的竞选和博弈的结果固然重要，但过程本身也非常重要，如果在政治过程中不同政党的政治工作者不仅仅互相怀疑对方的政治观念，还互相怀疑对方的政治道德，互相视对方为仇敌，最终无论谁输谁赢，竞选和博弈之后都有可能内卷内耗内斗内乱，也许双方都会输。

政治工作者为了赢得政治的竞选和博弈，要投入大量的金钱、时间、精力、激情，要组织政治团队，要筹集政治献金，要获得广大民众支持，要做出许多妥协，要牺牲许多利益，付出那么多，政治工作者必然异常渴望赢得政治胜利，而政治是残酷的，难以妥协，难以双赢，往往只有一方是胜利者，因此不难理解政治的竞选和博弈会那么激烈，因此在政治的竞选和博弈的过程中，要求政治工作者保持文明理性，不要有过度的攻击性，恐怕比要求散打比赛中的运动员点到为止还难。

要改变粗暴和浮躁的政治环境，不要指望政治工作者做出改变，需要政治的第三方介入，第三方愿意塑造文明理性的政治环境，可以是中立的媒体、智库和政治组织。

第三方可以和政治工作者探讨如何减少政治的分歧和怀疑，可以和广大公众讨论如何远离政治暴力，可以组织不同政党之间的文明互动，可以评价政治竞选活动，可以组织政治活动评出文雅的政治家，目的是整个国家可以就文明理性的政治精神达成一些共识，促使选民和政治支持者讲究政治礼节，甚至在政治竞选中增设专门的文明理性政治选票，投票选出文明的政治家，最终形成文明理性的政治环境。

美国需要政治第三方改变政治生态和塑造文明理性的政治环境。

政治表演的积极作用

《中国好声音》是中国的一个音乐节目，首播时间2012年7月13日，2023年8月25日因争议暂停举办。《中国好声音》经常举办音乐活动，每次活动主要邀请四位明星导师言传身教，为中国乐坛的发展选拔一批怀揣梦想、具有天赋才华的歌手，四位导师通过不看人先听声音的方式选择自己心仪的学员组成战队，并带领自己的战队进行战队内和战队间进行音乐对抗竞赛。

现在观众对《中国好声音》褒贬不一，但我觉得这个节目还是有许多精彩之处，否则也不会存在多么多年，其中最让我印象深刻的是，来自两个团队的两个歌手搭档演出，合作唱同一首歌，然后评委评分，评分低的歌手被淘汰出局，这种既合作又对抗的竞赛别出新意，不但比音乐素质，还比合作能力，特别考验歌手的表演才能。

在民主国家，对一个政治工作者的要求应该比一个歌手要高一点，不但应该有优秀的政治素质，还要有良好的合作能力，不但可以和相同政治阵营的政治工作者合作，必要时还可以和对方阵营的政治工作者合作。

民主政治不应该把一个国家分成我们的和你们的，全民的民主政治才是健全的民主政治。一个只会斗争不会合作的政治工作者不是一个全民的政治工作者。在民主政治竞选中，政治候选人不但应该表达自己的政治观点和未来政策，还应该表现出政治合作能力，尤其应该展现和对方阵营的政治候选人的合作能力。

在民主政治竞选中，不同阵营的政治工作者不但可以举办政治辩论会，还可以举办政治联谊会，互为竞争对手的政治候选人可以参加双方必须合作才能有良好效果的节目，如果双方合作的节目比较成功，即使双方其实没有合作的诚意，但也会给双方的政治阵营传递友谊第一竞赛第二的政治精神。

现实世界有时需要假的东西，比如假发、假牙、隐形眼镜、增高鞋等，民主政治也需要一些不真实但有必要存在的东西，比如政客的文明理性的政治精神。

政治工作者的工作有时和演员的工作比较类似，都是在表演，有时政治工作者的表演比演员的表演还成功，可以影响整个国家。一个政治工作者难以真正拥有文明理性的政治素质，但只要表演出文明理性的政治精神，就可能发挥巨大的政治积极作用，可以创造出良好的民主政治。

结语

　　一个民主国家，只有政治工作者文明理性了，才会有文明理性的民主政治！

　　只有选民崇尚文明理性的民主政治，政客才会做文明理性的政治表演，而这种表演会有积极的政治作用！

第五章 美国的民主改革

5.1 启动民主改革

不危及利益集团的核心利益

从古至今，改革失败的主要原因往往是改革触动了既得利益集团的核心利益，所以遭到致命打击，最终改革失败。

要进行民主改革，对于改革者来说，弄清楚谁支持谁反对，弄清楚改革的红线在哪里，是最优先最重要的事情，没有弄清楚就推行改革，那就有可能发生政治悲剧。

美国的既得利益集团应该包括共和党、民主党、国会、联邦政府、州议会、州政府、军队、军工集团、跨国大型企业、大型金融机构等。

在美国，要启动民主改革，至少在初期不要触动美国既得利益集团的核心利益，民主改革才能顺利进行。

独立政治人士和大小政党的机会

推动民主改革，独立民主人士可以起到积极作用。

一个独立政治人士虽然影响力不如一个政党，但一个独立政治人士有更多的政治自由，不用瞻前顾后就可以做好了推进民主改革的心理准备。

在二十世纪五六十年代，马丁·路德·金开始作为独立政治人士，积极为黑人群体争取自由、平等和人权，极大改变了美国的政府和社会对待黑人群体的观念和态度，改善了黑人群体的处境，他自己成为著名的社会活动家和黑人民权运动领袖，影响至今。

在美国，共和党和民主党互相竞争，交替掌握政府的权力，而小党派根本无法获得执政的机会，形成两党制的政治格局。如果美国的一个小政党，比如自由党，推进足以吸引广大美国民众的民主改革，那么这个小政党就有可能政治上位，挑战共和党和民主党。要知道，没有一成不变的政治格局，现在的美国两党制也是以前的美国政党分裂组合再分裂再组合形成的，只要符合进步的政治潮流，小政党就可能有成长的机会。

今天的美国民主党引领美国的政治正确，反对种族歧视，不但支持黑人、印第安人和其他有色种族的自由、平等和人权，尤其力挺黑人，可以说给了黑人政治特权，而共和党似乎有支持种族歧视之嫌，但在美国南北战争中，民主党支持蓄奴制，而共和党则支持废除奴隶制，时过境迁，为了政治进步，也为了得到黑人的选票支持，民主党也是拼了，来了个华丽的一百八十度政治大转身，多年来全力支持黑人，甚至在黑人弗洛伊德被白人警察跪杀后向黑人下跪赎罪，做了非常夸张的政治表演。

为了得到选民的选票支持，美国的共和党和民主党越来越不顾一切，只要民主改革可以吸引广大美国选民，共和党或民主党也有可能支持民主改革，哪怕民主改革多年以后会有损政党的利益。

民主改革可以给独立政治人士和大小政党都带来政治机会，可以因此而得以推行。

中产阶级的觉醒

在美国，尽管中产阶级衰落了，但大多数美国平民还是中产阶级，如果要推进真正的民主改革，主要就是惠及中产阶级的民主。

在美国，中产阶级不是一个有共同政治信念的社会群体，在这个群体里，有形形色色的阶层，有中小企业主，有企业高级管理人员，有律师、医生、教师，记者，有艺术家，有科技工作者，有技术工人，可以说，这个群体的一个共同点就是收入超过中产阶级的标准，这个群体还有一个共同点，那就是共同为美国政府的海量支出买单。

在美国，政治和经济的权利主要由三种分配方式，按资分配、按需分配和按劳分配。

美国是一个资本主义国家，资本控制了主要资源，渗透到政治和社会的每一个角落，赚钱的机会多，纳税的责任小，按资分配政治和经济的权利。

美国还是一个民主的国家，讲自由、平等、人权，崇尚普世价值，要照顾好美国的每一个族群，还要关照整个世界，资本优先按资分配权利之后，就轮到按需分配了，没钱不要紧，可以借钱发放福利，所以美国债务屡破上限。

美国还是一个有社会主义倾向的国家，对于美国中产阶级来说，不但按劳分配政治和经济的权利，还要按劳分配税务和债务，中产阶级或中产阶级的下一代要为国债买单。

如果推行民主改革，让中产阶级有更多的政治权力，以中产阶级稳中求进的精神治国，美国政府就不会再随便大撒币，不会再滥发国债，资本家会缴纳该缴纳的税，积极工作的人会更多，美国将再次伟大或更伟大。

从政机会和政绩奖金的诱惑

在美国，从政门槛比较高，政治精英和资本控制了政治，平民难以介入政界，只能做政治的观众，平民只能得到表面的政治权利，真正的政治利益实际归于政治精英和资本。

如果美国推行现代平民民主，平民就可以从政，那平民将可以有自己的政治话语权，可以维护平民的政治权利，改革带来的从政机会有可能激发平民对现代平民民主的狂热支持。

在美国，无论民选官员还是议员，薪资都不高，想要获取合法的高收入比较困难，许多出身于平民有志于从政的人才不得不放弃政治投入商界或其他收入更高的行业。

如果美国推行公民考核政绩的制度，民选官员和议员可以凭政绩得到高额奖金，参政和赚钱两不误，那优秀的平民参政就有了物质保障。

从哪里开始

如果美国要推行民主改革，改革应该从哪里开始呢？

首先，民主改革应该从最乱的地方开始。

在安全的城市和地区，民众的生活虽然不完美，但还算舒适，民众就不愿意改革。

美国是一个发达富裕的国家，但算不上是一个国泰民安的国家。美利坚民族虽然不是战斗民族，但由于个性强，枪支和毒品泛滥，暴力犯罪分子比较活跃，有些城市成了全世界出名的谋杀之都，生活在谋杀之都的居民希望谋杀之都发生改变，希望谋杀之都变成一个安全的城市。如果民主改革可以使得谋杀之都的居民同仇敌忾，铲除黑帮，实现和平，居民都会拥护民主改革。

除了暴力犯罪分子，美国各个阶级都不喜欢谋杀之城，恐怕连军火商也不喜欢谋杀之城谋杀不断。如果美国朝野上下都认为民主改革可以铲除谋杀之都的黑帮恢复谋杀之都的和平，那么就容易达成在谋杀之都进行民主改革的共识。

其次，民主改革应该从最穷的地方开始。

美国虽然是一个发达富裕的国家，但美国的铁锈带和贫困州不少，铁锈带包括匹兹堡、扬斯敦、密尔沃基、代顿、克利夫兰、芝加哥、哈里斯堡、伯利恒、布法罗、辛辛那提等，贫困州包括密西西比州、阿肯色州、田纳西州、西弗吉尼亚州、路易斯安那州等十多个州。美国总人口才3亿多，贫困人口竟然多达4千多万，许多铁锈带和贫困州的贫困人口似乎生活在发展中国家，这些贫困人口期待改变，希望改善生活。

美国的自治邦波多黎各经济落后，曾破产过，负债几百亿美元，人们生活贫困，期待改变。

如果民主改革可以提高贫困地区居民的生产积极性，实现经济增长，居民就会热切希望民主改革。

如果贫困地区进行民主改革，优秀的平民可以通过抽签选举成为官员和议员，官员和议员可以凭借政绩得到高额奖金，那么优秀的平民就会盼望民主改革。

最后，民主改革应该从政治需要的地方开始。

非法移民潮是美国比较无奈的社会问题，美国有比较多的就业机会，有源源不断的非法移民从落后贫穷的国家投奔美国，国内对非法移民的态度自相矛盾，导致美国的非法移民问题已经延续近百年仍无法解决。

中国历史记载着大禹治水的故事，当时黄河经常泛滥，大禹的父亲鲧用筑堤拦截的办法治水，结果总是失败，大禹用疏导的办法，疏通河道避免水患，用了 13 年终于治水成功。

同样，对于美国的非法移民潮，堵截不是良策，也许可以从非法移民的源头想办法。非法移民的祖国基本都是失败国家，这些国家都非常落后，却几乎都采用了现代民主体制，结果政治动荡，经济崩溃，民不聊生。

如果换个思路，也许这些失败国家因为落后，高级复杂的现代民主体制可能并不适用，也许原始简单的平民民主更适合这些国家，如果美国帮助这些国家民主改革，改革成功了，这些国家政治稳定了，经济增长了，向美国的非法移民自然而然就减少了。

结语

在政治资源非常集中的美国，启动民主改革绝对不是一件容易的事情，要避开致命的政治障碍，还要获得社会的广泛支持，如何启动民主改革，将是对改革者政治智慧的巨大考验。

5.2 平民民主专政

其实这是特殊的战争

"与芝加哥相比，阿富汗是个安全的地方。"

这是美国前总统川普对芝加哥治安的评价。

据《芝加哥论坛报》报道，美国时间 2019 年 10 月 28 日，时任美国总统川普出席在芝加哥举行的国际警察局长年度会议，在开幕式致辞时说了上面这句话。

"这是不可想象的。这里比阿富汗更糟糕，虽然我讨厌这样说，但这里比我们所处的任何战争地区都更糟糕。"

这是美国前总统川普对芝加哥治安的再次评价。

2022 年 7 月 13 日，时任美国总统川普说了上面这句话，说这句话的背景是，仅在上周末，芝加哥就发生了 88 起枪击事件，造成 22 人死亡，针对芝加哥在刚刚过去的周末中频发的枪击事件，川普在白宫圆桌会议上威胁称，可能会派遣美国联邦军队前往芝加哥。

川普是一个性情中人，尽管身为美国总统，但不象那些谨言慎行的政治工作者，说话喜欢直来直去，他说芝加哥是一个比阿富汗还危险的地方，这到底是不是真的？

芝加哥是老牌的谋杀之都，几十年来犯罪率从来就没有低过，数据显示，从 2021 年算起，在过去 10 年中，芝加哥有超过 3 万人中枪，其中六分之一的中枪者死亡，中枪死亡者超过 5000 人。其中，2016 年是芝加哥自千禧年以来凶杀案非常严重的一年，共发生了 762 起谋杀案、3550 起枪击事件，平均每天有 12 人遭枪杀，芝加哥在 2021 年记录了 804 起谋杀案件，成为 25 年来谋杀案最多的一年，2022 年相对好一点，记录了 695 起谋杀案件。

自 2001 年 10 月开始到 2021 年 8 月结束，阿富汗战争历时 20 年，成为美国历史上最长的战争。据美联社数据显示，这场战争造成阿富汗军队和警察部队至少 6.6 万人死亡，此外还有 4.7 万多名阿富汗平民死亡，死亡总数估计达到了 24 万余人。

判断芝加哥是否比阿富汗危险，可以把芝加哥和阿富汗比较一下，芝加哥是一个城，阿富汗是一个国家，人口数量差异很大，影响因素很多，只能粗略比较，两者要比较的话，只能比较两者的受害者死亡人口数量和人口总数量，由于人口数量是逐年变化的，只能粗算。

芝加哥人口 270.59 万，从 2021 年算起，在过去 10 年中，芝加哥有超过 3 万人中枪，其中六分之一的中枪者死亡，平均每年每 10 万人死亡 18.3 人。

阿富汗人口 3360 万，阿富汗战争历时 20 年，受害者死亡总数估计达到了 24 万余人，平均每年每 10 万人死亡 35.7 人。

从粗算数字来看，阿富汗比芝加哥危险，但芝加哥和阿富汗的危险程度绝对是一个量级的，从危险程度来看，可以说芝加哥是战区，是特殊的战区。

在美国，在那些谋杀之都中，在近几年，芝加哥不是犯罪率最高的城市之一，圣路易斯、劳德代尔堡、新奥尔良和底特律等城市的犯罪率已经超越芝加哥，芝加哥甚至排不上美国最危险城市前十名。

实际上，美国的谋杀之都都处于特殊的战争状态。

前总统川普曾威胁称可能会派遣美国联邦军队前往芝加哥，实际上，即使美国联邦军队进入芝加哥，可能暂时会降低犯罪率，但无法彻底铲除芝加哥的黑帮犯罪分子。

美国联邦军队无论武器装备还是训练水平都是世界一流水平的，打正规战争基本胜多败少，但美军不擅长应对游击战，上世纪持续八年的越南战争到本世纪初持续二十年的阿富汗战争再到持续八年的伊拉克战争，美军面对的主要敌人都是游击队，每一场战争无不耗资巨大，伤亡惨重，最终美军都不是被打败了，而是耗不起，不得不狼狈撤退。在国外战场上，美军可以用各种武器对付游击队，可以使用导弹、飞机、大炮和坦克等重武器，进攻和围剿过程中可以火力全开，基本没有顾忌，可如果美军在美国城市里围剿黑帮，很难识别黑帮和平民，也很难将黑帮和平民分开，用重武器很容易伤及无辜，只能使用轻武器，而面对犯罪游击队，没有重武器又缺乏敌我分辨能力又缺乏执法常识的军队还不如警察，根本无法战胜黑帮。

为什么美国的政府和民众意识不到谋杀之都的犯罪活动其实是特殊的战争呢？

首先，在谋杀之都，黑帮不以夺取政权为目的，而是以占领地盘争夺利益为目的，黑帮之间各自为政，力量分散，每个黑帮都实力有限，没有重武器，难以正面对抗警察，只能以隐蔽犯罪不让执法人员获取犯罪证据才得以存在，政府和执法部门感受不到颠覆性威胁，所以意识不到谋杀之都的犯罪活动其实是特殊的战争。

其次，在谋杀之都，黑帮主要用恐吓、殴打、袭击、凶杀和谋杀等手段控制社区、娱乐场所和酒店宾馆等地盘，平时几个警察甚至都不敢去巡逻，如果黑帮在自己的地盘上作案，警察未必能保护居民，居民一般不敢反抗，不敢报警，不敢告发，不敢出庭作证，但城市仍然有基本的社会秩序，甚至表面看上去发达繁荣，民众还有生存空间，可以上学、工作、经商和生活，在富人聚集的社区和公共场所，治安并不比其他城市差，所以民众也没有意识到其实自己身处特殊的战争中。

虽然美国的政府和民众意识不到谋杀之都的犯罪活动其实是特殊的战争，但源源不断的不亚于战争的伤亡数字说明这些频发的犯罪活动就是特殊的战争，要想打败黑帮，首先要确定谋杀之都的黑帮正在进行犯罪游击战争，然后根据犯罪游击战争的具体情况制定特殊战争法，然后依据特殊战争法铲除谋杀之都的黑帮。

特殊战争法

在谋杀之都，警察不可能铲除黑帮，原因很简单，光凭警察不可能打赢一场战争。

在谋杀之都，大大小小的黑帮进行犯罪游击战争，贫困混乱的社会环境让青少年源源不断地成为犯罪生力军，服刑期满的释放人员也有可能重返黑帮，贫困象邪恶的鞭子，驱赶贫困者向有钱有毒品的黑帮和犯罪集团靠拢，犯罪活动带来的英雄错觉维持着黑帮分子的战斗意志，自由开放的枪支市场可以提供充足的武器，大多数黑帮分子都有合法的身份做掩护，可以隐身于社区之中，可以隐身于居民之间，即使美国联邦军队开进来也无能为力，如果没有改革，这样的犯罪游击战争完全可以再持续一百年。

只有制定特殊战争法，让平民民主专政，整合全城的资源和力量，才能战胜黑帮。

生活在谋杀之都的人们值不值得和黑帮及犯罪分子打一场激烈的战争？要知道，战争是要死人的。

美国总统富兰克林·罗斯福 1941 年在美国国会大厦发表演说时提出四大自由，包括言论自由、信仰自由、免于贫困及免于恐惧的自由，可在谋杀之都，贫民区的人们生活在恐惧中，无法免于贫困，也不敢和黑帮硬怼，也许还有信仰自由，人们的自由就象断了三条腿的桌子，是残缺的，是没有尊严的，崇尚不自由毋宁死的美国人真的可以永远苟且于这种生活吗？

平民民主专政，就是要让平民做主，对黑帮专政。

在过去几十年里，政治精英在谋杀之都对黑帮无能为力。政治精英虽然是精英，其实在战场可能还不如平民，逃跑最快的往往是精英，消极避战的往往也是精英。精英太聪明太会算计，总想在战场上还能毫发无伤，而对黑帮发动特殊战争必然会带来牺牲和损失，所以要对黑帮发动特殊战争，精英难当重任，平民做主反而会有希望。

谋杀之都的平民是黑帮的主要受害者，可以说苦大仇深，深受其害又避无可避，有消灭黑帮的充分动机和强烈意愿。制定特殊战争法，就要让平民有机会成为议员和官员，只有平民主事了，才能发动对黑帮的战争，只有平民可以主导对黑帮的战争，才会和黑帮战斗到底。

下面设想美国有了特殊战争法，并在某个谋杀之都施行。

特殊战争法可以让总统可以提名某个犯罪率特别高的城市为特殊战区，然后交给参众两院投票支持，如果投票通过，总统可以宣布这个城市某段时期内为特殊战区，在特殊战区施行特殊战争法。

在特殊战区，通过抽签选举，从居民中选出守法且有担当的平民担任市议员，抛弃投票选举，避免共和党支持警察而民主党要取缔警察的政治局面，避免两个政党之间的支持者互不信任互相攻击，这样才能整合社会力量对付黑帮。

两千几百年前，古雅典的民主时代平民主政，弊端很多，现代平民主政会不会重蹈历史覆辙呢？

古雅典时代的绝大多数平民都是文盲，政治素质堪忧，可平民主政仍然创造了辉煌灿烂的古希腊文明，现代平民有文化，可以借助互联网和人工智能支持，如果加上一个小数量公民推荐政治候选人的标准要求，可以保证家人、亲戚、朋友、同事、熟人和邻居信任的优秀平民成为议员候选人，再从议员候选人中抽签选出议员组建众议院和参议院。

让平民主导组建政府，可以先通过投票选举选出一批官员候选人，投票支持数量的要求比议员的要求高一点，但不要太高，要让没有资本支持的平民有机会成为官员候选人，然后通过抽签选举选出适量的抽签选举人，然后众议院和参议院从官员候选人中选出官员，那现代平民主政的城市应该远胜于平民主政的古雅典。

平民议员可以入驻警察部门和监狱系统，监督警察克服过度执法的恶习，让居民信任警察，让警民可以深度合作，警民合作了，黑帮就难以遁形。

光有警民合作还不行，还要实现警民联防，让警察和民兵联合打击犯罪活动，政府授权和支持警察组建民兵组织，警察可以授权民兵设卡、巡逻、抓捕犯罪嫌疑人和进攻黑帮等，警察有了民兵的帮助，警民联防就可以为黑帮编织一道紧密结实的法网。

在美国，合法拥枪是公民的基本权利，拥枪和控枪的支持者相持不下，控枪是一个大难题，但在谋杀之都控枪严格一些，居民应该可以理解。在特殊战区，可以禁止拥有手枪，黑帮喜欢手枪，手枪方便携带，还比较隐蔽，适合用于袭击，可以禁止居民拥有冲锋枪、突击自动步枪、机枪、狙击步枪和霰弹枪等全自动武器和进攻性武器，自卫不需要这些大杀器，只要拥有半自动步枪和霰弹枪即可。

美国的现代法律精神否定严刑酷法，极少使用死刑，宁纵勿枉，对犯罪嫌疑人定罪条件非常苛刻，比如：陪审团必须全票通过才可以给嫌疑人定罪，宁可放走大量的坏人，也不愿冤枉一个良民，这种法律精神固然有进步的一面，但也让有智商的恶人们可以肆意作案却免于法律惩罚，法律没有了威慑作用，这恐怕也是美国犯罪率非常高的一个重要原因。

畅销书《教父》讲述了以维托·唐·柯里昂为首的黑帮家族的发展过程以及柯里昂的小儿子迈克如何接任父亲成为黑帮首领的故事，书里的黑帮家族有精明的律师和冷酷的杀手做帮凶，还贿赂许多警察、检察官、法官和政客等有权有势的人物，运营规模庞大利润惊人的非法生意，违法犯罪杀人贩毒无所不为，警察却查不到罪证，对这个黑帮家族无可奈何。

其实在美国现实中，也有黑帮违法犯罪，众人皆知，但因为犯罪手段高明，警方无法获取黑帮的犯罪证据，所以黑帮很任性而警察很无奈。

在特殊战区，可以借鉴古雅典的陶片放逐法，制定放逐保护法，放逐保护法让平民可以放逐有罪证的罪犯，也可以让平民放逐没有罪证但感觉很危险的嫌疑人，违反放逐保护法者可以被判刑。

没有充分的证据就给嫌疑人定罪也太过分了，但在特殊战区，由于情况特殊，居民即使没有犯罪，也都有责任尽量不做引发警方怀疑的事情。因为无法排除嫌疑和威胁而放逐暴力犯罪嫌疑人，可以强调放逐不等于定罪，如果嫌疑人有犯罪意向，可以有效预防犯罪，如果嫌疑人没有犯罪意向，等于为战争尽了居民的责任和义务。在放逐嫌疑人的时候，如果嫌疑人表达愿意接受放逐并配合放逐，就等于做了贡献，可以礼送出城。

在特殊战区，动员每一个居民参加对黑帮的战争，众志成城，选民可以直接考核政绩并奖励公职人员和参战人员，奖励每一个为降低犯罪率做出贡献的官员、警察、检察官、法官、民兵和证人，重赏之下，必有勇夫，当平民比黑帮还勇敢的时候，黑帮必败无疑！

天选议员

在谋杀之都，可以从优秀的民众中抽签选举出议员，抽签选举排除了人为因素，其随机性有如天意，所以抽签选举产生的议员可以称之为天选议员。因为随机性，如果抽签选举范围大多数是平民，那抽签选举出来的议员大多数都是平民。

众议员候选人要求要低，这样才能让大多数平民有机会成为议员，从而有机会在议会里发声，比如可以要求如下：美国公民，本地居民，守法居民，近 4 年内没有犯罪记录，纳税人，近 4 年内连续缴纳个人所得税，有 10 名以上美国公民举荐，等等。

参议员候选人要求可以高一点，因为参议员的权力比众议员大，责任也大，要求自然要高一点，比如可以要求如下：美国公民，本地居民，守法居民，近 10 年内没有犯罪记录，纳税人，近 10 年内连续缴纳个人所得税，有 100 名以上美国公民举荐，等等。

在谋杀之都，抽签选举会让广大受害者有机会成为议员，让受害者可以在议会上发出自己的心声，让受害者可以拥有铲除黑帮的权力，没有受害者参与的议会，要消除犯罪活动，就缺乏实实在在的动机和勇气。

谋杀之都是特殊战区，如果出现空转内卷的政治局势，就会贻误战机，就会让黑帮有机可乘。如果参众两院分歧太大，僵持不下，那就召开参议院和众议院的联席会议，在联席会议上，参议员和众议员充分沟通交流，然后一起投票做出决议。

议会本来可以监督和弹劾公职人员，包括行政官员、检察官和法官，但议会一般不会太较真，很少使用弹劾的权力。虽然说美国不是一个人情社会，但美国公职人员之间低头不见抬头见，不是朋友也是熟人，还是有政治默契的，互查互纠都点到为止，没人轻易提议弹劾，正所谓做人留一线，日后好相见。

出身平民抽签选举上位的天选议员应该不会有竞选上位的议员那么多的顾忌和算计，可能比竞选上位的议员更认真履行监督的权力，可能弹劾一切该弹劾的公职人员。天选议员塑造了法律部门的政治正确，就会塑造新的法律秩序。天选议员可以组成小组，入驻警察部门和监狱，监督执法部门。

竞选官员

如果谋杀之都被设为特殊战区，那市长不但是市长，还是全城打黑总司令，民选官员可以调控整个城市的社会资源，有凝聚共识集结力量的责任和义务，只有凝聚共识集结力量，才不会给黑帮留下可乘之机，才有可能彻底铲除黑帮，而要凝聚共识集结力量，民选官员就应该是全民的官员，而不是某个政党的或某个种族的或某个民族或某个社会群体的官员。

在谋杀之都，要凝聚共识集结力量，在政治竞选时就要把整个城市设为全民全区。在全民选区，禁止政党参政，只允许独立政治人士举行政治活动，这样就会淡化党争，避免党争引发政治极化和族群分裂。

在美国，现有的竞选制度虽然限制了每个人和每个企业的政治献金数量，但利益集团仍然可以使用变通的方法影响或决定哪些候选人是否有入场竞选的机会，比如写支持或贬低的文章、邀请演讲、采访、出版相关书籍、拍政治广告片和组织辩论会等，当选民投票选举时，利益集团已经为选民选好了候选人，选民选出来的官员当然要为选民服务，但也要知恩图报，为支持自己上位的利益集团服务，这在美国恐怕不是秘密。

民选官员要打击黑帮，要有号召力和执行力，应该是精英，仅靠抽签选举大概率选不出合适的官员，需要投票选举和抽签选举相结合，保证官员是有才干的人，又要避免金钱政治，避免官员为利益集团提供特殊的政治服务，避免与黑帮勾结的利益集团阻碍政府打击黑帮，保证官员为全民服务。

下面设想民选官员通过投票选举、抽签选举、众议院投票选举和参议院投票选举产生。

在投票阶段，要让有才能但没有资本支持的平民也有参选机会，报名者只要争取到一定数量以上的选民投票支持就可以成为官员候选人，这个数量要能证明候选人有才能，而数量不能太高，比如 1000 人，大多数候选人完全可以不需要政治献金和资本介入就能争取到这个数量的选民投票支持，这个数量标准需要社会调研后再权衡利弊才可以确定，数量标准不能太高，太高了平民可以参与的机会就少了。

由于投票的要求不高，候选人数量可能比较多，需要抽签选出适当数量的候选人。

在抽签选举阶段，可以把投票阶段选出的候选人编号，然后通过抽签选举的方式从中选出适当数量的候选人。

在众议院选举阶段，选举可以象招聘，众议员可以象面试官，候选人可以提供简历和相关证明文书，可以自我介绍和演讲，众议员可以询问候选人，求证候选人的资历，然后众议员可以对每一个候选人投票，可以规定候选人至少要得到半数以上的众议员支持，通过投票选出几个候选人。

在参议院选举阶段，参议员可以复核候选人的信息，最终对每一个候选人投票，得票最高的候选人当选。

放逐保护法

在古雅典民主时代，曾施行过陶片放逐法，雅典公民可以通过陶片投票放逐威胁雅典民主的政客。

在美国，在谋杀之都，许多对居民有威胁的人或家族仍然可以合法居住，最让人无可奈何的是，有时整个美国乃至整个世界都知道某个人是黑帮成员，或某个家族是黑帮家族，但由于没有确切的证据，或者证人总是在法庭开庭前翻供或神秘死亡，没有办法给黑帮定罪，黑帮很嚣张，警察、检察官和法官却束手无策，民众敢怒不敢言。

严格依法治国，这确实不错，但法律总让恶人逍遥法外，不能保护良民，这法律就是迂腐无能的法律，好的法律，应该让良民扬眉吐气，让恶人胆战心惊。

如果谋杀之都被划为特殊战区，施行特殊战争法，可以推行放逐保护法。

放逐保护法可以规定，在谋杀之都犯罪的暴力罪犯被陪审团判定有罪后，陪审团还可以判定这个罪犯服刑期满后被放逐，终生不得进入这个城市。

放逐保护法可以规定，每年议会和检察院可以联合提名放逐多次涉嫌暴力犯罪的人，检察官可以提起诉讼，法官和陪审团可以决定是否放逐暴力犯罪嫌疑人。

战区不同于正常地区，其法理也应该不同于和平时期的法理，在战区，没有犯罪证据只能让嫌疑人不被定罪，但只要涉嫌暴力犯罪，为了避免重大损失，不会无所作为，会限制嫌疑人的自由或干脆驱逐嫌疑人。

在谋杀之都，放逐暴力罪犯和暴力犯罪嫌疑人，不但可以保护城市居民，其实还会保护罪犯和犯罪嫌疑人。黑帮成员会伤害其他人，而其他人也会伤害黑帮成员，黑帮没有伤害豁免权，黑帮会袭击警察，而警察也会依法攻击黑帮，黑帮之间为了争夺利益和复仇，会不择手段互相伤害，许多黑帮成员根本活不到成年。放逐暴力罪犯和暴力犯罪嫌疑人，让这些人脱离容易诱发犯罪的社会环境远离杀戮，可以让这些罪犯和嫌疑人尝试融入正常的社会，减轻谋杀之都执法人员的工作压力，当然，这些被放逐的罪犯和嫌疑人可能会继续违法犯罪，可放逐仍然有意义，这等于间接让更多的执法人员共同对付这些罪犯和嫌疑人。

特殊战区考核法

公民可以直接考核谋杀之都的政绩，要考核刑事案死亡人数，刑事案死亡人数减少了，间接说明暴力犯罪减少了，再加上公民满意比例，就可以比较客观地考核特殊战区的政绩。

相关参数说明：

1、奖金

民选官员、议员参加公民考核政绩，如果达到获奖条件，可以获得奖金。如果有必要，政府雇员和不是民选出来的重要官员，比如警察局长和警察，也可以参加公民考核政绩。

2、受害者死亡人数

受害者死亡人数是指一个地区或城市在指定时间内刑事案中受害者的死亡人数。

受害者死亡人数当然不包括警察击毙的或正当防卫者打死的犯罪分子。

在美国的谋杀之都，暴力犯罪率非常高，谋杀案和凶杀案常年多发，伤亡人数惊人，所以减少刑事案件中的死亡人数是衡量政府或议会的工作效果的重要参数。

3、受害者死亡人数标准值

受害者死亡人数标准值是衡量刑事案中受害者死亡人数的标准值。

4、公民满意比例

公民满意比例是指对政府或官员或议会表示满意的公民占所有公民的比例。

5、公民满意比例标准值

公民满意比例标准值是衡量公民满意比例的标准值，只有超过这个标准值，政府或官员或议会的工作效果才算达到评价标准。

选民满意比例是指对政府或官员或议会的工作效果表示满意的选民数量占选民数量的比例。

由于选举和考核可以同时进行，而选民满意比例和公民满意比例又非常接近，所以可以用选民满意比例代替公民满意比例。

特殊战区无法和普通的城市或地区相比较，公民满意比例标准值应该由谁确定，又如何确定，这是一个值得讨论研究的问题。

6、奖金系数

奖金系数指调节官员、议员、政府雇员的奖金计算的系数，该系数使计算出来的奖金额是一个比较合理的数字，可以根据具体情况设置奖金系数。

获奖条件：

1、受害者死亡人数<受害者死亡人数标准值

2、公民满意比例>公民满意比例标准值

奖金计算公式：

奖金=（受害者死亡人数标准值-受害者死亡人数）*（公民满意比例-公民满意比例标准值）*奖金系数

下面模拟计算某谋杀之都的市长、警察局长、参议员、众议员的奖金，职务和人名都是虚构的，如有雷同，纯属巧合。

2025 年 11 月，某谋杀之都的政治候选人安东尼当选市长。

2027 年 11 月，市长安东尼参加考核，考核近两年的政绩，受害者死亡人数 578 人，受害者死亡人数标准值 1500 人，市政府的公民满意比例 0.75，市政府的公民满意比例标准值 0.5，市长的奖金系数为 0.5。

安东尼的奖金=（1500-578）*（0.75-0.5）*0.5=115.25（万美元）

2029 年 11 月，市长安东尼再次参加考核，考核近两年的政绩，受害者死亡人数 462 人，受害者死亡人数

标准值 1200 人，市政府的公民满意比例 0.72，市政府的公民满意比例标准值 0.5，市长的奖金系数为 0.5。

安东尼的奖金=（1200-462）*（0.72-0.5）*0.5=81.18（万美元）

2031 年 11 月，安东尼卸任市长两年后参加考核，考核近两年的政绩，受害者死亡人数 398 人，受害者死亡人数标准值 1000 人，安东尼的公民满意比例 0.76，安东尼的公民满意比例标准值 0.5，卸任市长的奖金系数为 0.25。

考核卸任的市长，既要考核卸任的市长本人，还要考核现在的市政府，这样的混合考核可以促进前后两任市长衔接合作，还可能淡化党争。

安东尼的奖金=（1000-398）*（0.76-0.5）*0.25=39.13（万美元）

2025 年 11 月，某谋杀之都的刑警队长詹姆斯晋升为警察局长。

2027 年 11 月，警察局长詹姆斯参加考核，考核近两年的政绩，受害者死亡人数 578 人，受害者死亡人数标准值 1500 人，警察局的公民满意比例 0.89，警察局的公民满意比例标准值 0.5，警察局长的奖金系数为 0.4。

詹姆斯的奖金=（1500-578）*（0.89-0.5）*0.4=143.832（万美元）

2029 年 11 月，警察局长詹姆斯再次参加考核，考核近两年的政绩，受害者死亡人数 462 人，受害者死亡人数标准值 1200 人，警察局的公民满意比例 0.81，警察局的公民满意比例标准值 0.5，警察局长的奖金系数为 0.4。

詹姆斯的奖金＝（1200-462）*（0.81-0.5）*0.4=91.512（万美元）

重要官员不能主导全局，所以只考核在任的工作，不考核卸任的工作。

2025 年 11 月，某谋杀之都的政治候选人艾米莉当选市参议员。

2027 年 11 月，市参议员艾米莉参加考核，考核近两年的政绩，受害者死亡人数 578 人，受害者死亡人数标准值 1500 人，市参议院的公民满意比例 0.66，市参议院的公民满意比例标准值 0.5，市参议员的奖金系数为 0.3。

艾米莉的奖金＝（1500-578）*（0.66-0.5）*0.3=44.256（万美元）

2029 年 11 月，市参议员艾米莉再次参加考核，考核近两年的政绩，受害者死亡人数 462 人，受害者死亡人数标准值 1200 人，市参议院的公民满意比例 0.68，政府的公民满意比例标准值 0.5，市参议员的奖金系数为 0.3。

艾米莉的奖金＝（1200-462）*（0.68-0.5）

*0.3=39.852（万美元）

2031 年 11 月，市参议员艾米莉再次参加考核，考核近两年的政绩，受害者死亡人数 398 人，受害者死亡人数标准值 1000 人，市参议院的公民满意比例 0.73，市参议院的公民满意比例标准值 0.5，市参议员的奖金系数为 0.3。

艾米莉的奖金=（1000-398）*（0.73-0.5）*0.3=41.538（万美元）

2033 年 11 月，艾米莉卸任市参议员两年后参加考核，上次考核的数据，受害者死亡人数 398 人，受害者死亡人数标准值 1000 人，考核近两年的政绩，市参议院的公民满意比例 0.79，市参议院的公民满意比例标准值 0.5，卸任市参议员的奖金系数为 0.15。

考核卸任的市参议员，既要考核卸任的市参议员本人，还要考核现在的市参议院，这样的混合考核可以促进前后两届参议院衔接合作，还可能淡化党争。

艾米莉的奖金=（1000-398）*（0.79-0.5）*0.15=26.187（万美元）

2025 年 11 月，某谋杀之都的政治候选人肖恩当选市众议员。

2027 年 11 月，市众议员肖恩参加考核，考核近两年的政绩，受害者死亡人数 578 人，受害者死亡人数标准值 1500 人，市众议院的公民满意比例 0.68，市众议院的公民满意比例标准值 0.5，市众议员的奖金系数为

0.2。

肖恩的奖金=（1500-578）*（0.68-0.5）*0.2=33.192（万美元）

2029年11月，市众议员肖恩再次参加考核，考核近两年的政绩，受害者死亡人数462人，受害者死亡人数标准值1200人，市众议院的公民满意比例0.72，市众议院的公民满意比例标准值0.5，市众议员的奖金系数为0.2。

肖恩的奖金=（1200-462）*（0.72-0.5）*0.2=32.472（万美元）

2031年11月，肖恩卸任市众议员两年后参加考核，上次考核的数据，受害者死亡人数462人，受害者死亡人数标准值1200人，考核近两年的政绩，市众议院的公民满意比例0.76，市众议院的公民满意比例标准值0.5，卸任市众议员的奖金系数为0.1。

考核卸任的市众议员，既要考核卸任的市众议员本人，还要考核现在的市众议院，这样的混合考核可以促进前后两届众议院衔接合作，还可能淡化党争。

肖恩的奖金=（1200-462）*（0.76-0.5）*0.1=19.188（万美元）

结语

只有认识到在谋杀之都频发的犯罪活动其实是特殊的战争，才有可能让谋杀之都成为历史，而不是让这些城市的谋杀率和犯罪率在未来再创新高。

只有认识到谋杀之都进行的犯罪战争的特殊性，才有可能制定特殊战争法，不要寄希望躲在安全区的精英们，要让深受其害的平民主政，凝聚全城的资源和力量，最终铲除黑帮，让黑帮成为历史，让黑帮只能在书、电影、电视剧和游戏里活跃，而在现实中没有存身之地！

5.3 民主改革创造机会

独立选区是本书提出的新概念，指为了防止党争的消极作用和政治风险，在政治竞选期间把存在不良政治因素的选区设立为特殊选区，在特殊选区内允许独立候选人竞选，禁止政党参与竞选，要深入了解可看本书的《独立选区》一章。

守法居民选票是本书自定义的新概念，指一名居民因为在几年里没有犯罪行为而获得的一张政治选票，要深入了解可看本书的《守法居民选票》一章。

纳税人选票是本书自定义的新概念，指一名居民因为依法缴纳个人所得税而获得的一张政治选票，要深入了解可看本书的《纳税人选票》一章。

考核政绩票是本书自定义的新概念，指公民考核政府和议会的政绩的票，要深入了解可看本书的《公民考核政绩》一章。

如果民主改革可以让美国最贫困的密西西比州经济繁荣，那民主改革就可以让美国所有的铁锈带和贫困州都繁荣起来。

本章主要分析密西西比州的经济短板并提出民主改革促进经济增长的观念。

密西西比州最有改革的理由

美国有许多铁锈带和贫困州，如果民主改革可以摆脱经济困境，那么哪一个铁锈带或贫困州最应该改革呢？

密西西比州！

为什么是密西西比州？

因为密西西比州连续多年是美国最贫困的州！

2017 年全美贫困率为 13.7%，密西西比州贫困率高达 20.8%，居全美第一。

2022 年，人口普查数据显示密西西比州是全美贫困率最高的州之一。

全美贫困率一般百分之十几，密西西比州一般百分之二十几，在密西西比州的 Delta 郡的大部分地区，贫困率基本保持在 30% 到 40%。

密西西比州半数以上地区是长期贫困郡，几代人生活赤贫现象司空见惯。

在密西西比州，不同种族的贫困率差异较大。

2016 年统计数据显示，密西西比州生活在贫困线以下的白人人口比例为 11%，而非洲裔则为 36%。

密西西比州非裔群体的贫困率远高于白人群体，是白人群体的三倍。

在南北战争爆发之前，由于繁荣兴盛的种植园经济，密西西比州是当时美国最富有的五个州之一。

20 世纪 40 年代开始，农业机械化运动让这一地区陷入了困境。以前一个种植园有几百人在工作，现在只需要几个人，许多农民一夜之间失去工作。当种植园经济实现机械化后，基础设施、税收制度、劳动力状况、教育水平、健康状况等决定企业是否投资的因素，密西西比州都没有优势，企业不来投资，失业人口多，财政就越来越拮据，基础设施和教育长期投入不足，高失业率导致高犯罪率和吸毒人口增多，劳动力的健康水平和技能水平都偏低，因此密西西比州长期贫困，几十年过去了，除了种植园，没有建起来其他兴旺的产业。

在密西西比州，两党持续斗争几十年，共和党政治上一般倾向于白人群体，非洲裔一般支持民主党，但密西西比州总体上共和党势力占优，非洲裔民众难以得到改善自己社区、提高教育和医疗的水平、缩小贫富差距的政策。

密西西比州土地肥沃辽阔，森林覆盖率达 50%以上，气候温和宜人，四季皆可耕种，传统上为农业州，种植园经济十分发达，曾是美棉花主要产地。州内河流纵横，水产资源十分丰富，渔业、捕虾业和家禽饲养业发达，石油、天然气、褐煤、石灰石以及硬木和软木森林等自然资源丰富。州内有 4500 多公里铁路线路，公路长度居全美第 4 位，此外还有近 1300 公里可供商船航行的水路贯通全州。

密西西比州有发展经济的自然条件，只要找到合适的经济模式，就能促进经济增长，就能变成富裕的州。

政府和议会对经济和社会的积极影响

在自由市场经济中，企业是主角，但政府和议会也可以起到关键的作用。

以色列是发达的资本主义国家，以色列经济是高度发达的自由市场经济，主要是以科技为基础的经济，而以色列政府引导了以色列的科技发展，从而引导了以色列的经济发展。在农业方面，以色列可以把海水转化为淡水，发展了高度省水的滴水浇灌技术，可以在沙漠种出高产番茄，在军工、信息、药品研制方面都有领先世界的科技。

由于复杂的历史、宗教、种族、领土等原因，以色列和周边的穆斯林国家发生了五次中东战争，现在周围强敌环伺，身处四战之地，时不时仍然爆发小规模战争，我在写这本书的时候，以色列正在加沙进攻巴勒斯坦的哈马斯组织。除了战争之外，以色列资源相对贫乏，人口较少，劳动力成本较高，国内市场相对狭小，这些因素都不利于经济发展，但以色列政府长期以来制定了以能耗少、资金和技术密集型产业为主的经济发展模式，高科技产业、服务业非常发达，比传统的工农业更适合战时经济，另外，以色列政府选择了以基金引导科技的研究和生产等相对市场化手段支持企业，通过自由竞争在全球的高科技产业中取得领先优势。

以色列的经济模式难以模仿，但以色列政府引导科技经济发展的成功说明：即使在自由市场经济中，政府和议会也可以发挥至关重要的作用。

象密西西比州这样的美国贫困州，虽然没有经济发展条件，但可以通过民主改革让政府和议会对经济发挥重要的作用，从而促进经济增长实现经济繁荣。

民主改革可以创造不对称优势

美国的自由市场经济模式决定了美国联邦或州政府不会主导或引导经济发展，也决定了美国联邦救急不救穷，当密西西比州陷入经济困境后，美国联邦会救济这个州，但不会大规模投资这个州。密西西比州的贫困状况已经持续几十年，密西西比州要想摆脱贫困只能靠自己，只能靠自我改革产生积极因素，然后利用积极因素推动经济增长实现经济繁荣。

密西西比州的基础设施、整体劳动力素质、教育水平、医疗水平、社会治安等条件确实落后，导致企业劳动力、投资都离开了密西西比州，多年来，密西西比州陷入了一种经济僵局，那就是经济发展条件落后难以吸引企业、劳动力和投资，而缺少企业、劳动力和投资就缺少税收，缺少税收就没有资金改善经济发展条件，于是经济发展条件持续落后。

密西西比州要想和发达富裕的州争夺经济发展资源，难之又难，但也不是一点没有办法，可以创造不对称优势弥补自己的不足。

什么是不对称优势？

不对称优势是指在竞争的甲乙双方中，甲方在某些方面占有绝对优势，乙方并不在甲方占绝对优势的方面与甲方针锋相对地竞争，而是扬长避短，在自己比较擅长或有潜力的方面努力获取优势，乙方的这种优势就是不对称优势。

不对称优势纠正了一种错误的竞争观念，那就是一定要全方面的争夺优势才能取得胜利，有时单方面的优势可以抵得过对方的全面优势。

密西西比州需要新的思维，通过政治改革为经济发展创造新的条件，吸引整个美国的企业、劳动力和投资。

在美国，各级的政府和议会，包括联邦政府和国会，工作效率都不高，缺乏务实精神，原因比较多，包括两党互相拆台、政府雇员缺乏竞争性压力、缺乏降低成本的激励机制、缺乏监管机制等。

在美国，民选官员和议员都喜欢华而不实的政治表演和瞒天过海的政治公关，这其实不能全怪政治工作者们，因为权力是分散的，分散到不同的部门，分散到不同的政党，总统、州长、市长的政治承诺都不可靠，因为参众两院的不同政党势力可以否决总统、州长、市长的法案，当然总统、州长、市长也可以否决参众两院通过的法案，而否决的原因有可能反对提案，也有可能是要反对提出法案的人。

在美国，政府和议会没有象企业那样严格的考核和高额的奖金，没有竞争机制，政府雇员完全可以慢条斯理地工作，只要不出大的差错，就可以一直做下去，缺乏高效工作的动机和动力。

在美国，只要认真查政府采购数据，就可以发现许多订单的采购价格高于市场价格，政府项目成本总是高于企业项目成本，其中原因可能存在利益输送的问题，也有可能是因为缺乏节约成本的激励机制，负责采购的政府雇员懒得考虑性价比。

在美国的政治竞选中，选民投完票就完事了，没有考核的权力，无法对民选官员和议员的工作表现做出量化的评价，也没有奖励民选官员和议员的权限，民选官员与议员也就没有向选民完全负责的政治心态，也就没有严格督促政府雇员努力工作的必要。

如果密西西比州进行民主改革，可以淡化党争，可以创建民众考核和奖励政府和议会的机制，民选官员和议员及政府雇员可以同心协力又互相监督，那么密西西比州就可以创造出不对称优势，这种不对称优势达到一定水平，解决了社会治安差、种族不和谐等问题，可以弥补基础设施、整体劳动力素质等不足，就可以吸引企业和劳动力迁入，吸引投资的关注。

如果密西西比州可以民主改革，可以创建诚信廉洁高效务实的政府和议会，密西西比州就可能开启了本州经济繁荣的时代。

独立选区、守法居民选票、纳税人选票、考核政绩票

密西西比州要创建诚信廉洁高效务实的政府和议会，就要民主改革。

密西西比州可以设立独立选区。

在独立选区，在竞选期间，政党停止政治活动，共和党和民主党等政党的政治工作者可以以独立政治人士

的身份参加竞选，选民不再分为两大政党的阵营，投票不再受限于政治立场先选党后选人，有了更多的选择，更可能选出可以解决贫困问题的政治家。设立独立选区，不但可以停止党争，可以消除党争引发的内卷、内耗、空转，还可以让共和党和民主党之外的有德能的独立政治人士有了施展政治抱负的机会。

密西西比州可以增加守法居民选票。

密西西比州的犯罪率非常高，州的首府就是罪恶之城，如果密西西比州想要成为宜居宜商之地，可以增加守法居民选票，公民除了凭公民身份可以拥有一张选票，还可以凭良好的守法记录得到守法居民选票，守法居民选票可以鼓励公民守法，而守法居民更可能把自己所有的选票都投给注重法治的政治候选人。

密西西比州可以增加纳税人选票。

密西西比州要促进经济增长，可以增加纳税人选票，选民除了因为公民身份而拥有的一张选票，还可以因为缴纳了个人所得税多一张纳税人选票，纳税人参加过社会生产或提供过社会服务，了解经济细节，更可能选择比较契合实际的政治候选人。

密西西比州可以增加考核政绩票，考核指标是 GDP 增长量和公民满意比例。

有了考核政绩票，选民可以在大选和中期选举投考核政绩票，对民选官员和议员做出政治评价，可以决定官员和议员的奖金，也就有了监管政府和议会的政治权限，官员和议员为了可以拿到奖金，为了可以拿到更多的奖金，会象企业管理人员那样卖力工作，尽力促进经济增长，并尽量让经济增长惠及更多的民众。

民主改革可以创建创建诚信廉洁高效务实的政府和议会，可以给整个社会带来信心、希望和积极性，然后可以带来财富和幸福！

GDP 增长考核法

铁锈带和贫困州的最大问题是经济低迷，考核铁锈带和贫困州的政绩当然要重点考核经济是否增长，还有居民是否生活满意。

下面简单模拟考核政绩，模拟考核铁锈带或贫困州的一个城市。

相关参数说明：

1、奖金

民选官员、议员参加公民考核政绩，如果达到获奖条件，可以获得奖金。如果有必要，政府雇员和不是民选出来的重要官员，也可以参加公民考核政绩。

2、GDP 增长量

GDP 增长量指一个地区或城市在一段时间内 GDP 比上一段相同时间内 GDP 的增长量。

美国还有许多经济相对贫穷落后的铁锈带和贫困州，经济长期低迷，发展经济仍然是民选官员和议员的首要工作，而 GDP 增长量是衡量民选官员和议员工作绩效的重要参数。

3、GDP 增长量标准值

GDP 增长量标准值是衡量 GDP 增长量的标准值，超过标准值，只有超过这个标准值，民选官员和议员的政绩才算达到 GDP 增长标准，才有获奖的资格。

4、公民满意比例

公民满意比例指对政府或议会施政表示满意的选民占所有选民的比例。

5、公民满意比例标准值

公民满意比例标准值是衡量公民满意比例的标准值，只有超过这个标准值，政府或议会施政水平才算达到标准，才可以获奖。

公民满意比例标准值应该由谁确定，又如何确定，这是一个值得讨论研究的问题。

美国是一个政治两极分化比较明显的国家，一个政府或议会要获得超过一半选民的支持比较困难，所以公民满意比例标准值的默认值可以设定为 0.5，让达到标准有点难度，以激励政府或议会为更多的选民服务，同时又不至于政府或议会都无法达到标准。

6、奖金系数

奖金系数指调节官员或议员或政府雇员的奖金计算的系数，该系数使计算出来的奖金数额是一个比较合理的数字，可以根据具体情况设置奖金系数。

获奖条件：

1、GDP 增长量＞ GDP 增长量标准值

2、公民满意比例＞公民满意比例标准值

奖金计算公式：

奖金=（GDP 增长量-GDP 增长量标准值）*（公民满意比例-公民满意比例标准值）*奖金系数

下面模拟计算密西西比州某贫困郡的郡长、郡参议员和郡众议员的奖金，职务和人名都是虚构的，如有雷同，纯属巧合。

2025 年 11 月，密西西比州某贫困郡的政治候选人艾娃当选郡长。

2027 年 11 月，郡长艾娃参加考核，考核近两年的政绩，GDP 增长量 38.6 亿美元，GDP 增长量标准值 5 亿美元，郡政府的公民满意比例 0.69，郡政府的公民满意比例标准值 0.5，郡长的奖金系数为 18。

艾娃的奖金=（38.6-5）*（0.69-0.5）*18=114.912（万美元）

2029 年 11 月，郡长艾娃参加考核，考核近两年的政绩，GDP 增长量 30.3 亿美元，GDP 增长量标准值 10 亿美元，郡政府的公民满意比例 0.75，郡政府的公民满意比例标准值 0.5，郡长的奖金系数为 18。

艾娃的奖金=（30.3-10）*（0.75-0.5）*18=90.35（万美元）

2031 年 11 月，艾娃卸任郡长后参加考核，考核近两年的政绩，GDP 增长量 41.7 亿美元，GDP 增长量标准值 12 亿美元，艾娃的公民满意比例 0.78，艾娃的公民满意比例标准值 0.5，卸任郡长的奖金系数为 9。

考核卸任的郡长，既要考核卸任的郡长本人，还要考核现在的郡政府，这样的混合考核可以促进前后两任郡长衔接合作，还可能淡化党争。

艾娃的奖金=（41.7-12）*（0.78-0.5）*9=74.844（万美元）

2025 年 11 月，密西西比州某贫困郡的政治候选人朱利安当选郡参议员。

2027 年 11 月，郡参议员朱利安参加考核，考核近两年的政绩，GDP 增长量 38.6 亿美元，GDP 增长量标准值 5 亿美元，郡参议院的公民满意比例 0.68，郡参议院的公民满意比例标准值 0.5，参议员的奖金系数为 8。

朱利安的奖金=（38.6-5）*（0.68-0.5）*8=48.384（万美元）

2029 年 11 月，郡参议员朱利安参加考核，考核近两年的政绩，GDP 增长量 30.3 亿美元，GDP 增长量标准值 10 亿美元，郡参议院的公民满意比例 0.73，郡参议院的公民满意比例标准值 0.5，参议员的奖金系数为 8。

朱利安的奖金=（30.3-10）*（0.73-0.5）*8=37.352（万美元）

2031 年 11 月，郡参议员朱利安参加考核，考核近两年的政绩，GDP 增长量 41.7 亿美元，GDP 增长量标准值 12 亿美元，郡参议院的公民满意比例 0.74，郡参议院的公民满意比例标准值 0.5，参议员的奖金系数为

8。

朱利安的奖金=（41.7-12）*（0.74-0.5）*8=57.024（万美元）

2033年11月，朱利安卸任郡参议员后参加考核，上次考核的数据，GDP增长量41.7亿美元，GDP增长量标准值12亿美元，考核近两年的政绩，郡参议院的公民满意比例0.67，郡参议院的公民满意比例标准值0.5，卸任郡参议员的奖金系数为4。

考核卸任的郡参议员，既要考核卸任的郡参议员本人，还要考核现在的郡参议院，这样的混合考核可以促进前后两届郡参议院衔接合作，还可能淡化党争。

朱利安的奖金=（41.7-12）*（0.67-0.5）*4=20.196（万美元）

2025年11月，密西西比州某贫困郡的政治候选人洛根当选郡众议员。

2027年11月，郡众议员洛根参加考核，考核近两年的政绩，GDP增长量38.6亿美元，GDP增长量标准值5亿美元，郡众议院的公民满意比例0.82，郡众议院的公民满意比例标准值0.5，郡众议员的奖金系数为6。

洛根的奖金=（38.6-5）*（0.82-0.5）*6=64.512（万美元）

2029年11月，郡众议员洛根参加考核，考核近两年的政绩，GDP增长量30.3亿美元，GDP增长量标准值10亿美元，郡众议院的公民满意比例0.77，郡众议院的公民满意比例标准值 0.5，众议员的奖金系数为 6。

洛根的奖金=（30.3-10）*（0.77-0.5）*6=32.886（万美元）

2031 年 11 月，洛根卸任郡众议员后参加考核，上次考核的数据，GDP 增长量 30.3 亿美元，GDP 增长量标准值 10 亿美元，考核近两年的政绩，郡众议院的公民满意比例 0.71，郡众议院的公民满意比例标准值 0.5，卸任众议员的奖金系数为 3。

考核卸任的郡众议员，既要考核卸任的郡众议员本人，还要考核现在的郡众议院，这样的混合考核可以促进前后两届郡众议院衔接合作，还可能淡化党争。

洛根的奖金=（30.3-10）*（0.71-0.5）*3=12.789（万美元）

结语

作为世界超级大国，美国的发达富裕是超级的，美国的落后贫困也是超级的，从铁锈带到贫困州，从蜗居房车到常住帐篷再到流落街头，让人难以想象的是，美国竟然有几千万贫困人口！

如果美国无力改变本国的落后贫困，普世价值对整个世界就缺乏说服力，如果民主改革可以改变美国的贫富两极分化和地区贫富失衡，民主体制才可能对整个世界有普适价值！

美国应该通过民主改革创造摆脱落后贫穷的机会！

5.4 也许可以从海地开始

帮助非法移民的祖国推行民主改革

许多非法移民的祖国无法为国内公民提供最基本的人身安全保障，没有办法消除极度贫困的社会现象，这些国家对于非法移民来说就是没有希望的地狱。美国是世界上最大的移民国家，许多非法移民为了偷渡到美国，可以长途跋涉几千公里，可以穿越几个国家的边境，可以跨越高山荒漠，可以渡过大海大河，不怕严寒酷暑，不怕疾病和意外伤害，甚至不怕死亡，冒着被抢劫被强暴被抓捕的危险，翻越或绕过美国的边境墙，就为了进入美国从事那些劳动条件非常差工资非常低甚至没有社保的工作。许多非法移民即使被遣返了还会想办法再次偷渡进入美国。

许多非法移民进入美国的意志如此坚定，除非非法移民的祖国民生改善了，居民才不再想移民，否则美国难以阻止源源不断的非法移民进入美国。

那些意志坚定的非法移民的祖国未来可能民生改善吗？

说实话，太难了。

非法移民问题至少存在几十年了，尽管美国一年又一年向非法移民的祖国提供各种各样援助，可中间从来没有发生过让人惊喜的变化，所以非法移民问题在可预见的未来还没有可能解决的迹象。

如何才能解决非法移民问题呢？

也许直接改变非法移民的祖国才是上策。

非法移民的祖国绝大多数都是伪民主国家，在这些国家里有民主制度，有多个政党，有全民选举，有三权分立，但全世界都知道这些国家不是真的民主国家。如果这些国家实现了真正的民主，经济未必会立即好转，但至少可以国泰民安，可以为公民提供基本的人身安全，那些国际援助的物资可以全部发到赤贫者的手中，那么这些国家的居民就不会因为朝不保夕而逃离祖国了。如果这些国家实现了真正的民主，未必会实现快速发展，但可以保障私有财产安全，劳有所得，民众至少可以过上岁月静好的日子，就不会轻易放弃虽不富裕但还算安宁的日子冒险去遥远的国家。

虽然这些伪民主国家总是让人失望，但伪民主也是民主，在这样的国家里推行民主还是比在威权国家要容易多了，至少名正言顺，只要想办法把假的变成真的，让伪民主变成真民主，那这些国家就得救了。

换一个角度思考，也许就有新的思路。

普世价值虽然被世人推崇，但并不是普适价值，现代民主体制需要政治工作者和公民要有最基本的政治契约精神，但对于落后国家的政治工作者和公民来说要求太高了，落后国家的民众识字率低，现代民主体制对于文盲选民来说太复杂了，无法理解民主政治就无法真正参与民主政治。

现代民主体制通过投票竞选和政治博弈追求最佳政

治效果，但在落后的国家里，政党之间，政客之间，都缺乏基本的政治契约精神，投票竞选和政治博弈容易引发恶斗、谋杀和政变，容易导致政治局势不稳定，实事求是地讲，这些国家目前最需要的不是最佳政治效果，而是避免最坏的政治结果，这些国家最需要的应该是稳定、简单、可靠、实用的民主体制，比如：类似古希腊平民民主的政治体制，让国家和社会尽快稳定下来，然后再考虑其他政治目标。

在非法移民的祖国中，可以选择一个最乱最贫穷的国家，比如海地，推行民主改革，如果民主改革成功了，这个国家将成为改革的典范，非法移民的祖国将会纷纷效仿，这些国家的大多数居民可以安居乐业，到那时，非法移民问题即使没有彻底解决，至少不再是大问题了。

现代民主体制在海地也无能为力

2021 年 7 月 7 日，在名不见经传的小国海地，发生了一件令全世界震惊的国家级谋杀案。

2021 年 7 月 7 日凌晨，在海地总统莫伊兹的住所，一伙不明身份的武装人员发动袭击，莫伊兹身中 12 枪当场身亡，总统夫人玛蒂身受重伤，迅速被送往美国接受治疗。

在人们的印象里，无论一个国家多么混乱，总统府也应该是全国最安全的地方，至少需要一只军队才可能攻破，一伙武装分子怎么能如此轻易地攻入总统府还杀死了总统？

随着海地警方抓捕了部分参与袭击的武装分子，曝出了总统遇刺的诸多细节。

据海地警方的描述，这伙武装分子人数大约在二十几个，其中不少人都是专业的雇佣军和职业杀手，装备有各种样式轻型武器，7日凌晨，他们伪装成美国缉毒署人员，冲进总统府邸枪杀了总统。令人惊讶的是，除了总统和总统夫人，没有人受伤，包括当晚负责总统府警卫的卫兵和警察，卫兵和警卫也许被收买了。

海地总统被刺杀不是偶然的，海地过去数十年持续遭受政变、动荡、帮派暴力与自然灾害的困扰，是美洲最贫困的国家，这个国家有1206万人口，将近60%生活在贫困线以下。

海地经济脆弱，抗自然灾害能力薄弱，2010年海地发生了一场大地震，超过20万人遇难，对全国基础设施和整体经济造成大破坏，影响深远，加重了海地的苦难。

由于海地政治动荡不安，2004年联合国向海地派出维持和平部队，直到2017年才撤走。莫伊兹2017年就任海地总统，任内并不太平，他被指控贪污腐败，2021年2月7日反对党派要求他下台，被枪杀前要求他辞职下台的抗议活动持续不断。

海地总统莫伊兹被刺杀后，由于犯罪嫌疑人涉嫌在美国组织了海地总统谋杀案，美国和海地联合办案，2023年6月2日已经对一名参与刺杀海地总统的商人定罪。

如果翻阅历史，会发现海地的历史起步并不低。

海地原来是法国的殖民地，经过革命战争后，海地获得独立，建立海地共和国。海地是拉丁美洲第一个独立共和国，也是世界上第一个黑人共和国。

1801 年 7 月 1 日海地颁布第一部宪法，宣布永远废除奴隶制度，居民在法律面前一律平等，私人财产不可侵犯，提倡贸易自由。

1862 年 9 月 22 日，美国总统林肯发表《解放黑奴宣言》，宣布美国 400 万黑人奴隶从次年 1 月 1 日起获得解放。1865 年 12 月 18 日，南北战争以北方胜利而告终，美国从而彻底废除了奴隶制。

海地比美国早几十年废除了黑人奴隶制。

遗憾的是，独立后的海地命运多舛，政权总是被独裁者把持，绝大多数独裁者自封终身总统，个别独裁者还称帝，而每一个独裁者政权都不稳定，政变频发，政权更迭频繁，时不时就爆发内乱和内战，1843 年到 1847 年，海地先后出了四位总统，1908 年到 1915 年，海地发生了 6 次政变，更换了 8 位总统，可以说，独立后的海地不是在内乱和内战中就是在奔向内乱和内战的路上，直到 1988 年才举行首次民主选举。

海地的政体仿照了法国的半总统共和制。

海地现行宪法于 1987 年 3 月 29 日通过,宪法规定：海地是不可分割、主权独立、自由、民主的共和国；国家主权属全体公民；三权分立是神圣原则，国民议会享有立法权，总统和以总理为首的政府内阁分享行政权；政府向议会负责，议会有权弹劾政府；公民直接选举总统、议员；总统任期 5 年，不得连任，任期不超过两届。

修改宪法须经参议院和众议院各 2/3 成员的同意。

自从施行现代民主体制后，海地的政局仍然动荡不安。

1990 年，让-贝特朗·阿里斯蒂德被选举为总统，但他的任期被军事政变打断。

1994 年，在联合国授权的国际干预下，阿里斯蒂德重返总统职位。

1996 年，勒内·普雷瓦尔当选总统。

2000 年，阿里斯蒂德再度当选为总统。

2004 年爆发动乱，阿里斯蒂德总统流亡国外，联合国海地稳定特派团（联海团）进驻。

在 2015 年大选中，莫伊兹胜选，继任受宪法限制不能竞逐连任的总统米歇尔·马尔泰利。官方结果显示，莫伊兹在首轮投票的得票率为 33%，超过其他候选人，但没有达到免除决选的多数票门槛。选举结果遭到排名第二的裘德·塞莱斯汀等人质疑，引起他们的支持者抗议。后来法定第二轮投票的时间一再推延，让示威活动演变成暴力冲突，结果最终被裁定废止。

时任总统马尔泰利任期结束后，立法机构指定参议长若瑟莱姆·普利韦尔代总统，直至 2016 年 11 月举行新一轮选举。

莫伊兹在新一轮选举中获得 56% 的票数，成功达到一轮决胜的门槛，于 2017 年 2 月 7 日宣誓就职。

2017 年 10 月，联海团维和任期结束，由联合国海地司法支助团接任。

莫伊兹在任期间，政治动荡及暴力活动持续不断，反政府示威接连不断。莫伊兹任期存在争议，引发宪政危机。

现行宪法规定总统任期为 5 年，但莫伊兹声称有权执政到 2022 年 2 月，也就是他就任的五年后。然而，满月党（Lunar Party）的伊桑·赞布拉诺（Ethan Zambrano）等反对派认为莫伊兹的任期到 2021 年 2 月，也就是 2015 年大选后宣誓就职的五年后结束。支持反对派的民众举行大规模示威活动，要求莫伊兹下台，反对派提名法官约瑟夫·梅塞纳·让-路易斯于 2021 年 2 月出任总统。另一方面，美国与美洲国家组织支持莫伊兹出任总统至 2022 年。原定于 2019 年 10 月举行的议会选举及宪法修正案公投推迟到 2021 年 9 月举行，这让莫伊兹可以依法令治国。

2021 年 2 月，莫伊兹挫败试图推翻他的政变阴谋，至少 23 人被捕。

莫伊兹在任内共提名七位总理，可以看出海地政局一直不稳定，最后一位总理是于 2021 年 7 月 5 日获任命的阿里埃尔·亨利，不过亨利在案发时尚未宣誓就任，且受到莫伊兹遇刺事件影响直至 7 月 20 日才得以就任。

2021 年 7 月 7 日，莫伊兹遇刺身亡。

2021 年 7 月 20 日，海地新政府成立，阿里埃尔·亨利出任总理，代行总统职务。

海地长期依赖国际外援，民生艰难，自从莫伊兹遇刺身亡后，海地的局势更加糟糕，暴力肆虐，武装帮派无法达成任何协议，械斗枪击事件不停上演，警察、检察官和法官都无法保证自己的人身安全，贫困、霍乱、洪灾和地震，导致海地人的困境雪上加霜，在现代社会，海地竟然每天还有数百万人处于饥饿状态，实在令人难以想象！

2023年6月，海地各派政治人士在牙买加举行会谈后无功而返，海地离和平越来越远！

海地就象被施了魔咒，现代民主体制、现代科技、国际援助和国际维和组织，都无法让海地摆脱动乱和贫困。

海地的希望在哪里？

尝试现代平民民主

给一台新电脑安装操作系统，一般都会安装最新的操作系统，比如安装windows11或windows10，但给一台古董级的旧电脑安装操作系统，就要考虑操作系统和电脑硬件是否匹配的问题。电脑硬件条件满足不了操作系统的最低要求，操作系统就无法正常运转，死机或蓝屏等异常状况就会频发。如果古董级的旧电脑硬件配置非常低，也许需要安装windows 8或windows7或windows xp，甚至需要安装windows 98或windows95，极端的情况下，甚至需要安装Linux操作系统，简单的操作系统功能虽然少了，但毕竟可以稳定运转。

操作系统要和电脑硬件匹配，同理，民主体制也需要和国家状况相适应才能发挥作用。如果现代民主体制在一个落后的国家不能发挥作用，那么可以考虑推行比较原始简单的民主，比如古希腊民主。

即使在比较成熟的民主国家，政治博弈也是比较喧嚣的，在政党之间，在政治竞选对手之间，在政治分歧比较大的政治工作者之间，在行政首脑和议会之间，在政府和公民之间，争吵、谩骂和骚扰等经常可见，但政治工作者还是有基本的合作，袭击、谋杀和政变比较罕见，政治工作者懂得政治有时需要妥协和合作。

在海地，现代民主体制引发的政治博弈远不止喧嚣，而是异常残酷，政客之间缺乏最基本的政治契约精神，政敌之间互相攻击可以说无所不用其极，威胁恐吓就算客气了，袭击、谋杀和政变随时可能发生，可以说，提倡政治博弈的现代民主体制本身就是海地政局的不稳定因素。

海地需要没有政治博弈的民主体制！

即使在比较成熟的民主国家，由于投票选举环节多，选民多，过程长，难以监督，容易发生金钱收买和人为操纵的事情，也难以完全保证投票选举的公正性。

在海地，城市有近一半市民是文盲，农村的文盲率则高达 85%，每天几百万海地人都为吃饱饭而苦苦挣扎，赤贫的选民很容易被收买和被欺骗，暴力威胁着每一个选民，生活在恐惧中的选民很容易被胁迫，选民难以表达自己的真实政治意愿。

海地需要不用投票选举的民主体制。复杂繁琐的现代民主体制不适合海地，也许古希腊那样简单直接的民主体制更适合海地。

我为海地做一些推行现代平民民主的简单设想。

大多数古雅典公民都是文盲或半文盲，但这没有妨碍古雅典成为西方文明的重要发源地。历史证明，文盲也能创建行之有效的民主文明，海地人民文化素质是差了一点，但这不会妨碍海地创建稳定可靠有效运转的民主政治。

古雅典有几万公民，有最大的政治机构公民大会，每次召开公民大会有几千公民参加共同决定国事，海地虽是小国，也有一千二百多万人口，成年人至少有几百万，仅首都太子港人口就接近300万，海地人口多，治安差，不适合设立公民大会这样的政治机构。

古雅典推崇平民民主，通过抽签选举决定议事会成员、立法会成员、审判员、官员和大部分公职人员，执政官这样重要的官职都是通过抽签选举决定的，只有军官和司库等专业性比较强的职务才通过投票选出。古雅典人偏爱抽签选举，抽签选举可以淡化政治争斗，还可以保证政治平等，保证平民和贵族有相同的机会被抽签选中。

现在海地国民议会分分参、众两院，如果推行平民民主，两院制对于海地平民来说太繁琐太复杂，容易引发争执，海地可能更适合一院制。

如果海地各级议员通过抽签选举产生，政治聚会、竞选谋略和示威游行等都失去了意义，没有选民，只有候选人，只要抽签选举公正，被选中的候选人会象中了彩票那样高兴，没被选中的候选人即使情绪有点沮丧，也不会抱怨被选中的候选人，也不会抱怨命运之神，参加抽签选举没有付出也没有失去，未来的希望还在，将来还有参加抽签选举的机会。

如果海地推行抽签选举，抽签选举候选人标准要低，因为海地平民参政素质不高，只有放低标准才可以让尽可能多的平民参与，比如：议员候选人不限学历，可以表达自己的政治见解就可以，但必须是自愿报名的海地公民，还要有3名以上的海地公民推荐，5年之内没有犯罪记录，等等。

在平民组成的议会里，每个议员都不属于任何政党，不属于任何一个政治团体，均衡地来自每一个社会角落，显然比政党组成的议会更能代表全民。

在平民组成的议会里，一个议员赞同或反对一个法案都是因为个人思考使然，在议会的会议中赞同或反对一个法案的议员们都是临时抱团，面对另一个法案时，议员们就不一定还能保持以前的临时抱团了，以前临时抱团之间引发的恩怨就难以延续下去，在上一次会议上还是政敌，在下一次会议上就可能成为盟友，所以平民组成的议会不太可能象政党组成的议会那样发生激烈的政党恶斗。

在古雅典民主时代，执政官等大多数公职人员都是通过抽签选举产生的，这虽然实现了政治平等，还防止了僭主复辟，但导致古雅典的公职人员素质良莠不齐，招致苏格拉底、柏拉图、亚里士多德和伪色诺芬等古雅典著名学者批评，招致古罗马著名学者西塞罗批评，招致近代霍布斯、孟德斯鸠、卢梭、亚当·斯密等著名学者反对，古雅典民主应该有令人难以忍受的弊端。

官员是政策的执行者，应该有才干，仅凭抽签选举不可能选出合适的官员。

近代的威尼斯先通过从公民中抽签选举出政治候选人，然后再投票选举从候选人中选出官员，流程比较繁琐，结果象现代投票选举类似，投票选举带来了贿选等问题，弱化了民主的平民性。

在海地这样的国家，抽签选举可以淡化政治恶斗，可以选出平民官员，投票选举可以选出有才干的人，如果两者巧妙结合，就可以避免投票选举的不公正和不平等，还可以选出有一定治理水平的官员。

现在我为海地做一个简单的选举官员的流程设计。

在报名阶段，报名条件要比较低，比如：海地公民，纳税人，自愿报名，还要有9名以上海地公民推荐，5年之内没有犯罪记录，等等，然后进入抽签选举阶段，从报名者中抽签选举出十几个到几十个候选人，然后进入投票选举阶段，在一段时期内，经过候选人向议员自我介绍、议员询问候选人和议员演讲等流程，经过一到两三轮投票，选出几个候选人，然后进入再抽签选举阶段，抽签选举出官员。

在海地这样的国家选举官员，报名条件低可以让广大平民报名，抽签选举至少可以保证大多数候选人都是平民，让议员投票而不是让广大选民投票，竞选经费几乎为零，投票人少，方便监督和保护，可以尽量避免利益集团贿选，也可以尽量避免黑帮暴力胁迫，即使有贿选和暴力胁迫，再次抽签选举也可以让利益集团和黑帮的介入大概率破功。

在古雅典民主时代，会从公民中抽签选举出几千审判员，每次法庭审案，再从这几千审判员中抽签选出若干人审案，我为了解说方便，称之为审判团制度。现代英美等国家和地区有陪审团制度，审判团和陪审团不一样，审判团的审判员其实是法官，审判团其实是法官团，审判团决定审判的程序、是否有罪和处罚结果，而陪审团只能判定案件的性质，不能决定审判程序和处罚结果，比如：陪审团可以判定犯罪嫌疑人有罪，但不能决定审判程序和处罚结果，而是由法官决定审判程序和处罚结果。

在海地，检察官和法官都是危险职业，时不时就有检察官和法官被谋杀，有的检察官和法官被恐吓，不得不推诿或消极怠工，有的检察官和法官被迫举家逃亡，如果检察官和法官枉法办案，政治反对派不会放过。也许海地应该既向民主时代的古雅典学习，也应该向现代的英法学习，同时设立审判团制度和陪审团制度，从公民中抽签选举出数以万计的司法候选人，这些司法候选人既是审判员也是陪审员，在一个案件中，如果有检察官或法官受到威胁，就从司法候选人中抽签选举出若干审判员组建审判团审案，如果有人怀疑检察官或法官不公正，就从司法候选人中抽签选举出若干陪审员组建陪审团审案。

在古雅典的民主时代，曾有一项政治制度，叫陶片放逐法，这项政治制度规定，雅典公民可以通过陶片投票强制将某个政客放逐出雅典，目的在于驱逐可能威胁雅典民主的政客。陶片放逐法由雅典公民大会执行，历史证明，这个法有实用价值，但也有其难以克服的弊端，这个弊端就是公民大会现场有几千公民，由于人多，公民们情绪容易激动，容易被别有用心的政客蛊惑，公民们做决定前难以做到深思熟虑，就容易误判。古雅典民主政治后期，党派斗争比较激烈，一些政客经常利用陶片放逐法打击政敌。

在海地，历届总统中大多数都有成为国王或独裁者的行动或欲望，同时还有许多有发动政变欲望或实力的危险人物，为了海地的长治久安，有必要在海地施行陶片放逐法放逐危险的政客。如果海地施行放逐法，鉴于古雅典施行陶片放逐法的弊端，可以通过从公民或司法候选人中抽签选举几十个人组成放逐团，在一段时期内，经过几次放逐团听证和被放逐候选人辩护，然后放逐团成员经过讨论后投票决定是否放逐某个政客，当然，为了慎重，可以把放逐条件设置高一点，比如三分之二的放逐团成员通过才会判定放逐。

海地这样的国家不适合施行复杂的现代民主体制，也许原始简单的民主体制更适合海地。

从小城市到大城市

海地是一个小国，国土面积不过 27800 平方公里，2022 年人口 1206 万，但帮派林立，经常火拼，暴力犯罪肆虐，治安极差。为了让海地人们怕黑帮，有的黑帮分子竟然随意向人群射击，海地的警察和军队加上国际维和部队竟然无法保障首都太子港的安全秩序。整个海地有如战区，所以要在海地全国营造一个可以民主改革的社会环境非常困难，要耗费大量资源，海地政府做不到，国际援助也很难做到。

在海地全面开展民主改革难以做到，但可以先从一个地方开始，改革的关键是，改革要彻底。可以先在一个小城推行改革，集中国内和国际的优势兵力、警力、人力、财力和物力，营造安全稳定的社会环境，组织公正的民主选举，选出平民执政的政府和议会。新的政府和议会改组警察队伍，组建民兵，收缴黑帮武器，解散黑帮，审判和处罚犯罪分子，发放救援物资，恢复生产。当外援力量撤出后，警察和民兵可以保障整个城市安全，政府和议会可以有效自治，民众可以自力更生，改革第一步就算成功了。如果改革后的小城可以自行组织下次选举选出平民执政的政府和议会，那改革就基本成功了。

小城市的民主改革成功了，改革的相关人员积累了丰富的经验，民众期盼改革，就可以在大城市推行改革了，在大城市改革成功了，就可以在首都太子港改革了，当太子港改革成功了，就可以在整个海地改革了。

公民满意比例考核法

海地自从建国以来就政治动荡，整个社会都没有形成契约精神，需要科学量化考核政绩，以激励公职人员努力工作，创建行之有效的各级政府和议会。

海地政治局势不稳定，无论选举还是统计社会相关数据都困难，要推行对官员和议员的考核和奖励，可以采取简单可靠的考核方法。

公民满意度算法是本书提出的考核政绩计算奖励的一个算法，公民满意比例是唯一的考核内容，简单直接，比较适合海地这样的国家。

相关参数说明：

1、奖金

官员、议员参加公民考核政绩，如果达到获奖条件，可以获得奖金。如果有必要，政府雇员和不是民选出来的重要官员也可以参加公民考核政绩。

2、公民满意比例

公民满意比例指对政府或议会表示满意的公民数量占公民数量的比例。

统计公民满意比例可以象政治选举那样，每个公民可以投票对参加考核的政府或议会表示满意或不满意。

在海地这样的国家，要统计出公民满意度的真实数据是比较困难的事情，只有能保证公民自由表达政治意愿的时候才可以推行考核工作，否则考核就没有意义。

3、公民满意比例标准值

公民满意比例标准值是衡量公民满意比例的标准

值，只有超过这个标准值，才算达标，才可以获奖。

如何设置一个公民满意度标准值，需要大多数公民认可，否则大多数公民考核时可能随意做出不满意的评价泄愤。

4、奖金系数

奖金系数指调节官员、议员、政府雇员的奖金计算的系数，该系数使计算出来的奖金数额是一个比较合理的数字，可以根据具体情况设置奖金系数。

获奖条件：

公民满意比例>公民满意比例标准值

奖金计算公式：

奖金=（公民满意比例-公民满意比例标准值）*奖金系数

下面模拟计算海地的某个小城市的市长和议员的奖金，职务和人名都是虚构的，如有雷同，纯属巧合。

假设在这个小城市进行了民主改革，市长任期两年，只有一个议会，议员任期两年，每年都举行抽签选举选出议员，每年都考核市长和议员，奖金的货币单位是欧元。

2025年11月，海地的某个小城市的政治候选人莫泊桑当选市长。

2026年11月，市长莫泊桑参加考核，考核近一年的政绩，市政府的公民满意比例0.64，市政府的公民满意比例标准值0.5，市长的奖金系数为50。

莫泊桑的奖金=（0.64-0.5）*50=7（万欧元）

2027 年 11 月，市长莫泊桑参加考核，考核近一年的政绩，市政府的公民满意比例 0.68，市政府的公民满意比例标准值 0.5，市长的奖金系数为 50。

莫泊桑的奖金=（0.68-0.5）*50=9（万欧元）

2028 年 11 月，莫泊桑卸任市长一年后参加考核，市政府的公民满意比例 0.72，市政府的公民满意比例标准值 0.5，卸任市长的奖金系数为 25。

在海底，政治工作者互相合作非常重要，所以考核卸任的市长，却考核现在的市政府，就是为了让卸任的市长协助现在的市政府。

莫泊桑的奖金=（0.72-0.5）*25=5.5（万欧元）

2025 年 11 月，海地的某个小城市的政治候选人亨利当选市议员。

2026 年 11 月，市议员亨利参加考核，考核近一年的政绩，市议会的公民满意比例 0.67，市议会的公民满意比例标准值 0.5，市议员的奖金系数为 20。

亨利的奖金=（0.67-0.5）*20=3.4（万欧元）

2027 年 11 月，市议员亨利参加考核，考核近一年的政绩，市议会的公民满意比例 0.69，市政府的公民满意比例标准值 0.5，市议员的奖金系数为 20。

亨利的奖金=（0.69-0.5）*20=3.8（万欧元）

2028 年 11 月，亨利卸任议员一年后参加考核，考核近一年的政绩，市议会的公民满意比例 0.71，市议会的公民满意比例标准值 0.5，卸任市议员的奖金系数为 10。

在海底，政治工作者互相合作非常重要，所以考核卸任的市议员，却考核现在的市议会，就是为了让卸任的市议员协助现在的市议会。

亨利的奖金＝（0.71-0.5）*10=2.1（万欧元）

结语

如果一双鞋实在不合脚，应该换一双鞋还是削足适履？

没有人会削足适履，哪怕这鞋是金子做的或水晶做的或镶了钻石，但有人既不换鞋也不削自己的脚，而是忍受痛苦坚持穿着不合脚的鞋，结果导致脚变形了。

如果国家状况和民主体制不适应，应该改变国家状况还是应该民主改革？

民主体制为国家服务，而不是国家为民主体制服务。当国家状况和民主体制不适应时，如果改变国家状况非常难，而民主改革相对容易些，即使现有的民主体制再高级，也应该民主改革改变民主体制，不推行民主改革，现有的民主体制会使国家状况更糟糕。

特殊的民主国家需要特殊的民主体制，没有现成的所需民主体制，就应该想办法创造一个适合自己的民主体制！

5.5　把鸡肋变成牛排

守法居民选票是本书自定义的新概念，指一名居民因为在几年里没有犯罪行为额外获得的一张政治选票，要深入了解可看本书的《守法居民选票》一章。

纳税人选票是本书自定义的新概念，指一名选民因为依法缴纳个人所得税额外获得的一张政治选票，要深入了解可看本书的《纳税人选票》一章。

考核政绩票是本书自定义的新概念，指公民考核政府和议会的政绩的票，要深入了解可看本书的《公民考核政绩》一章。

开放选区是本书自定义的新概念，指选区对移民开放，移民可以有守法居民选票、纳税人选票、考核政绩票，可以成为政治候选人竞选官员和议员，可以应聘政府雇员，要深入了解可看本书的《开放选区》一章。

波多黎各对美国联邦来说有如鸡肋，那波多黎各这块鸡肋能不能变成美国联邦的牛排呢？

波多黎各的希望是民主改革

波多黎各之于美国，是一个奇特的存在，既不是美国的一个州，也不算美国的殖民地，只是美国的自治邦，其实是直辖邦，被美国联邦管得紧，做点重要的事都要美国联邦授权。波多黎各人算美国公民，却没有选举权，美国总统可以否决波多黎各的法律，美国在当地有驻军，近代曾多次镇压了波多黎各人的独立起义。

波多黎各远离美国大陆 1600 公里，共和党和民主党都不愿意到波多黎各开展政治活动。虽然现在大部分波多黎各人都想让波多黎各成为美国的一个州，但波多黎各不向美国联邦纳税，还指望美国联邦帮助偿还债务和提供援助，对美国联邦来说，现在的波多黎各有如鸡肋，波多黎各还一直有从美国联邦独立出来的政治势力，共和党和民主党都缺乏让波多黎各成为美国一个州的政治意愿，对援助和振兴波多黎各都不热心。

虽然现在的波多黎各对美国来说有如鸡肋，但不代表将来对美国没有价值。

当年美国从俄罗斯廉价购买了阿拉斯加，当时的阿拉斯加是缺乏资源不宜居住的苦寒之地，全世界人们，包括美国民众，都认为这是浪费国家公费，但若干年后从阿拉斯加探测出了许多矿产资源，阿拉斯加成为宝藏之地。

美国联邦绝对不会放弃波多黎各，因为也许哪一天波多黎各会象阿拉斯加那样成为美国的宝藏，而波多黎各的独立力量和美国联邦的实力相比太微不足道了，波多黎各不可能从美国联邦独立出去。

波多黎各在政治上难以成为美国的第五十一个州，也难以从美国独立出去，在经济上，波多黎各破产后难以摆脱经济困境，波多黎各的未来是暗淡的。

波多黎各的希望是什么？

波多黎各的希望是民主改革！

现在美国联邦不愿意让波多黎各成为美国的一个州，也不愿意让波多黎各独立，但不会阻止波多黎各自我发展。

波多黎各可以通过民主改革把积极因素整合起来，全力发展经济，成为一个发达富裕的自治邦。

波多黎各的思想文化和社会习俗都属于拉丁美洲，缺乏发展经济的观念和思维，波多黎各的资本、企业和青壮劳动力大量出走，波多黎各依靠自身难以发展，只有进行民主改革，采取政府主导市场经济模式或政府引导市场经济模式，让波多黎各成为宜居宜商之地，吸收外来的投资、企业和移民，波多黎各才可能实现经济的复苏和繁荣。

波多黎各只有成为发达富裕的自治邦，有了可以向美国联邦大量纳税的经济实力，才有可能成为美国联邦的第五十一个州，波多黎各人才可能拥有美国公民所有的政治权利。

两种市场经济模式

美国的自由市场经济模式确实非常成功，但不代表自由市场经济模式适合世界上所有的国家，也不代表适合美国所有的地区和城市。

自从成为美国的殖民地，再到成为美国的自治邦至今，时间长达一百二十多年，波多黎各的经济一直是自由市场经济，与加勒比岛国比是最高的，经济竞争力也是加勒比地区最高的之一，但低于美国本土各州。近年来，波多黎各经济持续多年衰退，失业率和贫困率高企，当地政府常年靠大举发行市政债券来弥补财政缺口和提振经济，最后造成债务负担大幅攀升。

纵观整个世界，许多发达富裕国家的市场经济模式并不是自由市场经济模式，新加坡和日本的市场经济模式是政府主导型市场经济模式，德国的经济模式是政府引导型市场经济模式。

如果波多黎各选择政府主导型市场经济模式或政府引导型市场经济模式，波多黎各应该选择哪个模式呢？

政府主导型市场经济模式是政府主导市场的经济模式，政府会制定内向型的工业化战略或外向型的经济发展战略，会不断升级和调整产业政策，政府往往同企业界密切联系，会主动协调投资和技术的引进，国有企业与民营企业有可能相互合作。

政府主导市场经济的国家，一般都是中央集权或有自上而下的隶属关系的单一行政结构，中央政府有非常高的权威，可以对经济进行强有力的干预或管理，可以在短期内完成制度改革，可以调动全国资源发展经济。

波多黎各只是美国的直辖邦，受制于美国联邦，做任何重大的改革都需要美国联邦授权，又有多个政党，各级政府之间没有隶属关系，即使推行颠覆性的改革，也难以建立政府主导的市场经济。

政府引导型市场经济模式的主要特点是，自由竞争与政府调控并存，经济杠杆与政府引导并用，经济增长与社会福利并重。这种经济模式并不否定自由经济竞争，国家不干预企业的经营和就业者的工作，每个企业和就业者都有自由处理自己经济事务的权利，国家维护自由经济竞争的良好秩序。另外，为了保持公正的自由经济竞争，为了保持长期稳定均衡的经济发展，除了市场调节作用之外，还加上适度的政府调控。

政府引导型市场经济模式的政府调控，其具体的措施是，在经济利益和经济权力分配方面尽可能地保持公平、公正和均衡，即通过税收、公共项目建设、收入分配、财产分配、公共福利分配和实行员工参与经济决策持有股份等办法，达到社会各群体共同富裕。这种经济模式也惠及失业者、无力参加经济竞争的人和丧失劳动能力的人，通过社会保险、社会救济和社会服务来保障这些弱势群体，尽量让他们能拥有基本的生活，而不是勉强地生存。

政府引导型市场经济模式以德国为代表，德国施行联邦制，有多个政党，政府引导市场经济，经济非常发达，波多黎各是自治邦，有多个政党，各级政府不是简单的上下级关系，而是各司其职，波多黎各和德国的政治倒是有点类似之处，如果波多黎各尝试政府引导型市场经济模式，有成功的可能性，有一定程度的可行性。

在整个美国范围内同时施行自由市场经济模式和政府引导型市场经济模式，这是难以想象的，两种模式需要不同的法规和管理方式，有可能互相矛盾，有可能引发经济混乱

波多黎各远离美国大陆，经济规模与整体美国经济

相比小之又小，对美国经济的影响也小之又小，又深受美国联邦制约，如果在波多黎各施行政府引导型市场经济模式，不会冲击美国经济，还可能与美国经济相辅相成。

波多黎各应该尝试政府引导型市场经济模式。

政府引导市场经济

波多黎各是一个曾经破产的自治邦，至今仍有几百亿美元的债务需要偿还，只有政府和议会积极改革，积极引导市场经济，波多黎各才有可能摆脱经济困境。

波多黎各政府要想引导市场经济，要先自我改革，可以象企业招聘精明的企业管理人员那样，选出能干的官员和议员，还要象企业考核奖励出色的管理者那样，奖励优秀的官员和议员，有了奖金，官员和议员才会有努力工作的动机和动力。

要选出能干的官员和议员，先要有务实的选民。

波多黎各虽然没有罪恶之城和谋杀之都，但治安并不好，如果想要吸引移民到波多黎各居住、就业、创业，想要吸引投资，可以增加守法居民选票，让守法记录良好的公民多一张守法居民选票，这不但可以鼓励公民守法，而且守法居民更可能注重法治，更可能选择注重法治的政治候选人。

波多黎各要增加税收，要经济增长，可以增加纳税人选票，选民除了因为公民身份而拥有的一张选票，还可以因为缴纳了个人所得税多一张纳税人选票，这不但可以鼓励公民纳税，而且因为纳税人参加了社会生产或提供了社会服务，比较了解社会现实，更可能选择比较务实的政治候选人。

增加考核政绩票，选民可以在大选和中期选举投考核政绩票，对在任的官员和议员做出满意或不满意的评价，官员和议员卸任后还要做一次考核，并以此为依据奖励官员和议员，这样公民就可以监管政府和议会，让官员和议员即使要卸任了也不敢懈怠，一直积极工作。

拉丁美洲的经济提供拉丁美洲的福利

波多黎各是美国的自治邦，但波多黎各的经济是拉丁美洲的经济，和一些美国贫困州的经济相比还有所不如，但波多黎各的福利仍然参照美国大陆的福利，对于生产力水平不高的本地企业来说，劳动力的最低时薪和基本福利都是沉重的负担，这就象小引擎驱动大车，波多黎各的企业必然负载过重难以发展，这是波多黎各破产的主要原因之一。

波多黎各的经济和美国大陆的经济虽然比不了，但波多黎各作为美国的自治邦，其经济受美国大陆的影响还是比较大，和周边的拉丁国家相比算是发达富裕的地区，只要波多黎各的劳动保护法和福利比周边的拉丁国家都好，就不必执行美国联邦标准的劳动法，就不必提供美国联邦标准的福利。如果波多黎各想要走出经济困境，就要实事求是，拉丁美洲的经济就提供拉丁美洲的福利。

下面波多黎各和美国的人均 GDP 相比较，模拟计算比较现实的波多黎各的最低时薪：

波多黎各的最低时薪=波多黎各的人均 GDP/美国的人均 GDP*美国的最低时薪平均数。

假如模拟计算 2022 年波多黎各的最低时薪。

2022 年波多黎各的人均 GDP 为 3.52 万美元，2022 年美国的人均 GDP 为 7.63 万， 2022 年美国的最低时薪平均数没有数据，假定为 12 美元。

2022 年波多黎各法定的每小时最低工资
=3.52/7.63*12=5.54（美元）。

美国联邦法定的最低时薪是 7.25 美元，5.54 美元低于 7.25 美元，按照美国的法律，自治邦的最低时薪不能低于美国联邦法定的最低时薪，除非美国联邦允许波多黎各有特殊的权力，可以制定低于 7.25 美元的最低时薪，否则波多黎各想要制定最低的最低时薪，只能定为 7.25 美元。

制定一个合理的每小时最低工资比较复杂，这里只做简单探讨，不做深入研究。

移民效应

说实话，只要在今天的波多黎各做一个简单的经济调研，就会明白波多黎各本土居民缺乏拼经济的动力和实力。

由于波多黎各自身经济衰退，再加上 2017 年的飓风破坏，波多黎各投资机会减少，失业率上升，企业和青壮劳动力纷纷到美国大陆寻找新的机会，波多黎各人口流失严重，在美国大陆居住的波多黎各人的数量已经超过在波多黎各居住的人口数量，波多黎各对美国大陆人也缺乏吸引力，迁移到波多黎各的美国大陆人少之又少。波多黎各要想经济复苏，只能依靠移民，要为移民提供宜居条件和创业机会，吸引来自世界的移民和投资。

美国是一个依靠移民发展起来的国家，美国的波多黎各也可以依靠移民成为经济繁荣的自治邦。

波多黎各要吸引移民，就要比美国大陆更有吸引力，否则移民直接移到美国大陆去了，为什么还要去波多黎各呢？

波多黎各能为移民提供什么呢？

政治的权利和权力。

当然，给政治的权利和权力是有条件的，条件就是守法纳税。在波多黎各，只要移民守法纳税，就可以竞选官员和议员，可以成为政府雇员，可以成为选民，如果移民通过纳税和守法可以拥有权利和权力，移民就会有归属感，就会有更高的工作和创业的积极性，就会有更多的移民愿意迁移到波多黎各。

要让移民发挥移民效应，就要让有德能的移民可以进入各个领域和行业发挥积极的作用，包括政治领域。移民本身就有积极进取的精神，如果有安邦理政才能的移民成为波多黎各的官员和议员，就可以为僵化教条的政府和议会注入新的政治活力，继而把这种政治活力扩散到整个波多黎各。移民出身的政治精英也许会为波多黎各提供新的政治观念和改革思路，为波多黎各找出摆脱政治和经济的双重困境的好方法。

波多黎各要想吸引移民，可以在波多黎各设立开放选区，鼓励移民做贡献。在开放选区，移民只要守法，就可以获得守法居民选票，只要纳税，就可以获得纳税人选票，移民只要守法纳税，就可以获得考核证机票，就可以成为政治候选人，竞选官员和议员，就可以应聘政府雇员。

财政考核法

波多黎各政府曾经破产，现在仍有几百亿美元的公共债务，整个地区经济发展缓慢，要想走出困境，需要创建一套考核加奖励的机制，以激发官员和议员的工作积极性。

波多黎各要偿还债务，要发展经济，可以采用财政考核法考核官员和议员。

财政考核法是本书自定义的考核政绩计算奖励的一个考核方法，主要强调政府的财政收支平衡，避免政府过度借债陷入财政危机，同时政府还要尽量让民众生活满意。

相关参数说明：

1、奖金

民选官员、议员参加公民考核政绩，如果达到获奖条件，可以获得奖金。如果有必要，不是民选出来的重要官员也可以参加公民考核政绩。

2、政府债务总额

政府过度借债，光债务利息就是地区的沉重负担，减少政府债务可以避免政府违约或破产，所以要考核政府债务总额。

3、政府债务总额标准值

政府债务总额标准值是指衡量政府债务总额的标准值。

4、公民满意比例

公民满意比例指对政府、官员、议会的工作效果表示满意的公民民占所有公民的比例。

选民满意比例指对政府、官员、议会的工作效果表示满意的选民民占所有选民的比例。

由于选民满意比例和公民满意比例比较接近，考核和计算可以用选民满意比例代替公民满意比例。

由于议会的议员数量比较多，无法逐个考核每个议员，考核议员只考核议会。

5、公民满意比例标准值

公民满意比例标准值是衡量公民满意比例的标准值，只有超过这个标准值，政府、官员和议会的政绩才算达到标准。

选民满意比例标准值应该由谁确定，又如何确定，这是一个值得讨论研究的问题，标准值过高，会导致获奖难度过大，无法调动官员和议员的工作积极性。

波多黎各和美国大陆的州政治情况不同，是一个多党制的地区，所以要先做社会调查才能制定合理的公民满意比例标准值。

6、奖金系数

奖金系数指调节政府、官员和议会的奖金计算的系数，该系数使计算出来的奖金数额是一个比较合理的数字，可以根据具体情况设置奖金系数。

获奖条件：

1、政府债务总额>政府债务总额标准值

2、选民满意比例>选民满意比例标准值

奖金计算公式：

奖金=（政府债务总额标准值-政府债务总额）*（公民满意比例-公民满意比例标准值）*奖金系数

从这个公式可以看出，如果一个政府要获取奖金，既要减少政府债务，还要让尽可能多的公民满意，这样才有可能得到奖金。

减少政府债务就可能减少社会福利，就有可能引发公民们不满意，那么公民满意比例可能下降，低于标准值就达不到获奖条件，减少政府债务和让公民满意，两者是对立的关系。

如果波多黎各采用财政算法考核政府的工作，那民选官员、议员和政府雇员要拿到奖金就不是件容易的事。

下面模拟计算波多黎各某个城市的市长、参议员、众议员的奖金，职务和人名都是虚构的，如有雷同，纯属巧合。

2025年11月，波多黎各某个城市的政治候选人曼纽埃尔当选市长。

2027年11月，市长曼纽埃尔参加考核，考核近两年的政绩，政府债务总额40.6亿，政府债务总额标准值50亿，市政府的公民满意比例0.72，市政府的公民满意比例标准值0.5，市长的奖金系数为25。

曼纽埃尔的奖金=（50-40.6）*（0.72-0.5）*25=51.7（万美元）

2029年11月，市长曼纽埃尔再次参加考核，考核近两年的政绩，政府债务总额34.6亿，政府债务总额标准值45亿，市政府的公民满意比例0.68，市政府的公民满意比例标准值0.5，市长的奖金系数为25。

曼纽埃尔的奖金=（45-34.6）*（0.68-0.5）*25=46.8（万美元）

2031年11月，曼纽埃尔卸任市长两年后参加考核，考核近两年的政绩，政府债务总额28.9亿，政府债务总额标准值42亿，曼纽埃尔的公民满意比例0.64，曼纽埃尔的公民满意比例标准值0.5，卸任市长的奖金系数为12.5。

考核卸任的市长，既要考核卸任的市长，还要考核现在的市政府，这样的混合考核可以促进前后两任市长衔接合作。

曼纽埃尔的奖金=（42-28.9）*（0.64-0.5）*12.5=22.925（万美元）

2025 年 11 月，波多黎各某个城市的政治候选人纳沃兹当选市参议员。

2027 年 11 月，市参议员纳沃兹参加考核，考核近两年的政绩，政府债务总额 40.6 亿美元，政府债务总额标准值 50 亿美元，市参议院的公民满意比例 0.67，市参议院的公民满意比例标准值 0.5，市参议员的奖金系数为 16。

纳沃兹的奖金=（50-40.6）*（0.67-0.5）*16=25.568（万美元）

2029 年 11 月，市参议员纳沃兹再次参加考核，考核近两年的政绩，政府债务总额 34.6 亿美元，政府债务总额标准值 45 亿美元，市参议院的公民满意比例 0.66，市参议院的公民满意比例标准值 0.5，市参议员的奖金系数为 16。

纳沃兹的奖金=（45-34.6）*（0.66-0.5）*16=26.624（万美元）

2031 年 11 月，市参议员纳沃兹再次参加考核，考核近两年的政绩，政府债务总额 28.9 亿美元，政府债务总额标准值 42 亿美元，市参议院的公民满意比例 0.69，市参议院的公民满意比例标准值 0.5，市参议员的奖金系数为 16。

纳沃兹的奖金=（42-28.9）*（0.69-0.5）*16=39.824（万美元）

2033 年 11 月，纳沃兹卸任市参议员两年后参加考核，上次考核的数据，政府债务总额 28.9 亿美元，政府债务总额标准值 42 亿美元，考核近两年的政绩，市参议院的公民满意比例 0.61，市参议院的公民满意比例标准值 0.5，卸任市参议员的奖金系数为 8。

考核卸任的市参议员，既要考核卸任的市参议员本人，还要考核现在的市参议院，这样的混合考核可以促进前后两届市参议院衔接合作。

纳沃兹的奖金=（42-28.9）*（0.61-0.5）*8=11.528（万美元）

2025 年 11 月，波多黎各某个城市的政治候选人埃琳娜当选市众议员。

2027 年 11 月，市众议员埃琳娜参加考核，考核近两年的政绩，政府债务总额 40.6 亿美元，政府债务总额标准值 50 亿美元，市参议院的公民满意比例 0.78，市参议院的公民满意比例标准值 0.5，市参议员的奖金系数为 12。

埃琳娜的奖金=（50-40.6）*（0.78-0.5）*12=31.584（万美元）

2029 年 11 月，市众议员埃琳娜再次参加考核，考核近两年的政绩，政府债务总额 34.6 亿美元，政府债务总额标准值 45 亿美元，市参议院的公民满意比例 0.81，市参议院的公民满意比例标准值 0.5，市众议员的奖金系数为 12。

埃琳娜的奖金=（45-34.6）*（0.81-0.5）*12=38.688（万美元）

2031 年 11 月，埃琳娜卸任市众议员两年后参加考核，上次考核的数据，政府债务总额 34.6 亿美元，政府债务总额标准值 45 亿美元，考核近两年的政绩，市参议院的公民满意比例 0.75，市参议院的公民满意比例标准值 0.5，卸任市众议员的奖金系数为 6。

考核卸任的市众议员，既要考核卸任的市众议员本人，还要考核现在的市众议院，这样可以促进前后两届市众议院衔接合作。

埃琳娜的奖金=（45-34.6）*（0.75-0.5）*6=15.6（万美元）

结语

近年来，波多黎各债务居高不下，经济低迷，两场飓风加重了本来就糟糕的经济困境，未来飓风仍然有可能重创波多黎各的经济，波多黎各面临着不进则退的窘境。

世上没有救世主，波多黎各要发展只能靠自己，可以推行民主改革，尝试激发政府和民众的积极性和能动性，吸引移民和投资，寻找走向发达繁荣的道路！

后记：IT 的跨界

从二十世纪末到二十一世纪初，IT 行业几乎跨界到所有的行业，IT 工作者几乎颠覆了所有的领域，创造了无数的奇迹，但有些领域和行业似乎例外，比如：政治领域和演艺领域。

从全世界范围来看，那些大获成功的 IT 天才们向其他行业跨界并不少见，但几乎没有 IT 天才跨界到政治领域，在涉及政治领域的时候，那些 IT 天才们的聪明才智往往失灵，几乎都没有比较好的表现，倒是有可能犯下大大小小的错误，甚至犯下战略性错误。

阿桑奇，全名朱利安·保罗·阿桑奇，英文全名 Julian Paul Assange，他是一个传奇人物，是一个自学成才的黑客高手，在 2006 年创建了维基解密，开发了维基解密的官方网站。

维基解密又称维基揭密或维基泄密，英文名称是 WikiLeaks，是一个国际性非营利的媒体组织，专门公开来自匿名来源和网络泄露的文件，阿桑奇是维基解密的创始人，曾长期担任维基解密的主编和总监。

阿桑奇为维基解密官方网站开发的让爆料者网络隐身的上传文件功能非常有效，至今没有爆料者因为在维基解密官方网站上传爆料文件被反查到身份信息，那些被查到的爆料者都是因为自己口风不严或其他原因而暴露了身份。

阿桑奇借助维基解密，揭开了一些政府、政客、政党、大银行、商业集团、大型企业的黑幕，并因此名扬世界。

2010 年，维基解密曝光了关于阿富汗战争和伊拉克战争的秘密文件，其中有美军杀害无辜者的丑闻，令美国政府颜面尽失。

2019 年 4 月，英国警方以违反保释条例为由逮捕阿桑奇。次月，美国检察官以 17 项间谍罪和 1 项滥用计算机罪控告阿桑奇。2021 年 12 月 10 日，英国高等法院裁定，阿桑奇将被引渡至美国。

目前，阿桑奇正面临被从英国引渡到美国的风险，阿桑奇一旦被引渡到美国，有可能被判 175 年有期徒刑。

阿桑奇是一个传奇人物，他的爱情和婚姻都非常传奇。

阿桑奇的妻子是斯特拉，英文原名是 Sara Gonzalez Devant，后来更名为 Stella Moris，嫁给阿桑奇后更名为 Stella Assange，她是律师，拥有瑞典和西班牙的国籍，2011 年加入朱利安·阿桑奇的法律团队，2015 年斯特拉开始与阿桑奇交往，2017 年订婚，两人的第一个孩子加百列（Gabriel）在 2017 年出生，第二个孩子麦克斯（Max）在 2019 年 2 月出生，2022 年 3 月 23 日，斯特拉与阿桑奇在贝尔马什监狱举行婚礼。

据报道，婚礼仪式在贝尔马什监狱的探视时间内举行，阿桑奇与未婚妻的婚礼仪式规模小阵势大，有四名宾客、两名官方证人和两名保安人员出席他们的婚礼仪式，大约150名阿桑奇的支持者聚集在监狱外，为这对爱人献上祝福，斯特拉身穿婚纱走出监狱，在众多支持者前切开了婚礼蛋糕。

这场监狱里的婚礼竟然有点喜庆的气氛。

一个黑客挑战超级大国，传奇中还有浪漫，可以拍电影了，而且确实有人以阿桑奇为原型拍了一部电影《危机解密》。

其实我是从《危机解密》这部电影开始关注阿桑奇的，《危机解密》的英文名是《The Fifth Estate》。电影里一段情节吸引了我，一个演讲大会过一会就要开始了，阿桑奇插空登上讲台演讲，台下只有几个心不在焉的观众，还有调试音响和摄影机的工作人员，音响时不时发出杂音干扰阿桑奇的演讲，阿桑奇却越讲越兴奋，开始用绳连接为演讲大会准备的黑板上的纸板。阿桑奇的演讲很煽情，大致意思是，自己开发的网站有一个非常重要的功能，就是爆料者可以网络隐身把爆料文件上传到网站，百分百不会暴露爆料者的任何信息，这样爆料者就敢于讲出暴政、邪恶和腐败的真相，只要知道真相的人们有一个人爆料，内幕就可以大白于天下，演讲中说到动情处，他拉动绳子，把大量纸板从黑板扯落到地上。

阿桑奇批判了这部电影，据说这部电影是专门丑化阿桑奇的，我倒是没看出来，因为我知道，IT天才的缺点和优点往往同样突出。

斯诺登，中文全名爱德华·约瑟夫·斯诺登，英文全名 Edward Joseph Snowden，前 CIA（美国中央情报局）技术分析员，后供职于国防项目承包商博思艾伦咨询公司。

2013 年 6 月 13 日，斯诺登在香港曝光了美国政府秘密监视全球互联网活动的棱镜计划（PRISM 项目），将美国国家安全局关于棱镜计划的秘密文档披露给了《卫报》和《华盛顿邮报》，随即遭美国政府通缉。6 月 21 日，斯诺登通过《卫报》再次曝光英国"颞颥"秘密情报监视项目。6 月 23 日，斯诺登在维基解密的帮助下，搭乘俄罗斯航空公司客机 SU213 航班从香港飞往莫斯科。后来斯诺登长期在俄罗斯避难，2022 年 9 月 26 日，他获得俄罗斯国籍，拥有了美俄双重国籍。

《第四公民》（英语：Citizenfour）是一部 2014 年由劳拉·柏翠丝执导的美国纪录片，讲述了爱德华·斯诺登和棱镜计划。2014 年 10 月 10 日于纽约影展首映，10 月 24 日于美国上映。该片获得第 68 届英国电影学院奖最佳纪录片以及第 87 届奥斯卡金像奖最佳纪录片。

斯诺登为曝光棱镜计划和逃亡异国做了周密的思考和安排，他选择了当时严格保障言论自由和政治异见人士的香港作为中转站，在香港曝光棱镜计划并接受采访，其间屏蔽了自带的手机和电脑，避开了美国特工的追踪，后又逃到与美国长期对抗的俄罗斯藏身于未公开地点，他的反追踪和反抓捕的能力都非常高明。

编程随想，英文名 programthink，实名阮晓寰，IT

工作者、博客作家，他酷爱信息科技，先后从事入侵检测系统、安全运营中心、安全审计行业，曾在 2008 年北京奥运会期间任职大会信息安全系统总工程师。

近年来中国建了网络防火墙，阻止国内居民访问外网，阮晓寰从 2009 年开始在 Blogger 上以编程随想为名撰写文章，内容包括各种网络安全知识、翻墙方法，IT 工作者跨界媒体应该到此为止，但不知道为什么，他后来开始写政治评论，前后发表了七百多篇政评，一些评论依据数据分析，逻辑性比较强，非常有说服力。

2021 年 5 月 10 日，编程随想在上海家中以煽动颠覆国家政权罪被中共警察逮捕，2023 年 2 月 10 日，中共法庭以"涉及国家秘密"为理由不公开审判阮晓寰，他被中共法庭以煽动颠覆国家政权罪一审判刑七年，还被剥夺政治权利两年。

2019 年，编程随想曾发表一篇题为《为啥朝廷总抓不到俺——十年反党活动的安全经验汇总》的博文，透漏出对自己可以长期网络隐身挑战中共的骄傲和自信，其实他被捕前中共警察已经监视他一年多了。

编程随想的妻子告诉媒体，在他被捕前的一年多以前，警察就租下了他家楼上的公寓，用来监视他，并且他家的网络自此开始时不时的突然断掉。警察租下他家楼上的房子，说明那时他们就怀疑阮晓寰是编程随想，只是需要进一步确认和收集证据，结果用了一年多的时间，这说明编程随想的反监视能力非常强，但他如何泄露了网络身份还是一个谜。

阿桑奇、斯诺登、编程随想，让我想到了武艺高强为民伸张正义的侠客，最终不敌庞大的势力，或逃亡或被抓捕，侠客无法改变黑暗的社会，IT 的侠客也改变不了这个不太光明的当今世界，只能留下几段传奇的故事。

IT 行业跨界往往始于 IT 创业者，IT 创业者跨界可以获取巨大的财富，这是跨界的动机和动力，而跨界政治领域不但无利可图，还可能惹来灭顶之灾，所以极少有 IT 工作者跨界到政治领域。

阿桑奇、斯诺登、编程随想等有志于跨界到政治领域的 IT 天才们确实是天才，还富有献身精神，但因为几乎把所有的精力和时间都用来研究电脑，所以对人脑就不熟悉，常识和情商甚至低于常人，对社会及整个世界了解有限，政治认知简单，似乎只要揭露真相和曝光内幕铲除某个政客或某个集团就打败了暴政、腐败和邪恶，其实就是客串了高级记者的角色，这是类似围着烂鱼堆打苍蝇的行为，无济于事，只要滋生暴政、腐败、邪恶的政治环境不变，暴政、腐败、邪恶就必然前仆后继层出不穷。

只有实现真正的民主，才可能改变恶劣的政治环境，才可能创造良好的政治生态，而要改变政治环境，这就涉及到政治的改革或转型，改革复杂，转型更复杂，成功率都非常低，但这是唯一的办法。

IT 工作者要想跨界到政治领域有所作为，就要扬长避短，才有可能象在其他领域那样创造奇迹。

IT 工作者一旦成为 IT 天才或自认为自己是天才，

就会产生信息科技可以改变世界、一切皆有可能、超越权威等疯狂而执着的念头，这些念头可以是 IT 工作者跨界政治领域后创新的动力。

IT 工作者的长处是逻辑严谨，推演能力强，思维巧妙，富有创新思维，善于管理和分析数据，可以利用大数据和人工智能，擅长软件架构、软件设计、创造软件框架，可以结合高等数学、概率学、统计学等现代学科，最重要的是，IT 高手达到一种境界，对复杂的事物能很快看到问题的本质，还可以针对难题提供绝妙的解决方案。

IT 工作者如果要跨界到政治领域促进民主进步，可以先利用 IT 思维做出绝妙的政治架构、政治框架和政治设计，再理清通过政治改革或政治转型实现这些政治架构、政治框架和政治设计的条件和流程，然后验证和实践，当然这会是一个漫长的迭代过程，不可能一蹴而成。

即使在自由的民主世界，政治也是一个非常敏感的话题，我只能写这么多了。

下面我介绍一下本书的作者，也就是我自己。

我是一名软件工程师，写《民主的救赎》这本书，是想尝试着从 IT（信息科技）领域跨界到政治经济学领域。

提起软件工程师，会让人们想到不会和人打交道的 IT 直男，尤其不会和女朋友相处的 IT 直男。

我承认，许多 IT 工作者是 IT 直男，但我不是，至少不是典型的 IT 直男。

我视力还可以，不戴近视眼镜，有时会穿牛仔裤，偶尔才会穿格子衬衫。

我从事 IT 工作多年，做过程序员、软件工程师、架构师、测试工程师，坦白地说，我不是 IT 天才，甚至算不上一流的 IT 精英，但还是拥有了 IT 的精神和思维，熟悉信息科技，对软件的架构、框架和设计也比较熟悉，还经常和各类客户打交道，对社会还算比较熟悉，阅读了大量政治、经济、社会、军事和历史等方面的文章和书籍，喜欢独立思考。

我利用信息科技思维创造出一些民主的观念和理论，愿意和大家一起共享，希望大家有兴趣了解我的创意！

许多 IT 工作者对政治感兴趣，还实现了财务自由，有钱有时间有激情有才能，希望这些 IT 工作者可以跨界到政治领域创造美好的民主政治！

龙若来

2024 年 2 月 26 日

www.ingramcontent.com/pod-product-compliance
Lightning Source LLC
Chambersburg PA
CBHW062111020426

42335CB00013B/922